THÉATRE COMPLET

DE

EUGÈNE LABICHE

VIII

ÉMILE COLIN. — IMPRIMERIE DE LAGNY

LES PETITES MAINS

COMÉDIE

EN TROIS ACTES

Représentée pour la première fois, à Paris, sur le théâtre du VAUDEVILLE, le 28 novembre 1859.

COLLABORATEUR : E. MARTIN

THÉATRE COMPLET

DE

EUGÈNE LABICHE

AVEC UNE PRÉFACE

PAR

ÉMILE AUGIER

VIII

LES PETITES MAINS — DEUX MERLES BLANCS
LA CHASSE AUX CORBEAUX
UN MONSIEUR QUI A BRULÉ UNE DAME
LE CLOU AUX MARIS

PARIS

CALMANN LÉVY, ÉDITEUR

ANCIENNE MAISON MICHEL LÉVY FRÈRES

3, RUE AUBER, 3

—

1892

Droits de reproduction et de traduction réservés.

PERSONNAGES

	ACTEURS qui ont créé les rôles.
GEORGES DE VATINELLE.	MM. Félix.
COURTIN, commerçant, beau-père de Vatinelle.	Parade.
CHAVAROT, commerçant.	Saint-Germain.
JULES DELAUNAY.	Candeilh.
LORIN, domestique de Vatinelle.	Boisselot.
DESBRAZURES, employé.	Chaumont.
AMÉLIE, femme de Vatinelle.	Mlles Bérengère.
ANNA, fille de Courtin.	B. Pierson.
MADAME DE FLÉCHEUX.	Dubosq.
UN TAPISSIER.	MM. Roger.
UN MARCHAND DE CHALES.	Bachelet.

La scène se passe à Paris.

LES PETITES MAINS

ACTE PREMIER.

Le théâtre représente un salon; porte au fond, portes latérales; à gauche, cheminée garnie; à droite, petit secrétaire de Boule; à côté un tête-à-tête; mobilier très-élégant.

SCÈNE PREMIÈRE.

COURTIN, puis LORIN.

Au lever du rideau, la scène est vide, il fait petit jour. On entend sonner avec impatience à gauche, personne ne paraît.

COURTIN sort de sa chambre avec plusieurs lettres à la main ; il est courroucé.

Il n'y a donc personne dans cette maison? (Il prend une sonnette sur le guéridon et l'agite.) Holà !... quelqu'un !... c'est incroyable !

Il avise un cordon de sonnette près de la cheminée et le secoue avec violence, tout en continuant à agiter sa sonnette.

LORIN, entrant à moitié habillé.

Ah ! mon Dieu ! quel vacarme !... Tiens ! c'est monsieur Courtin, le beau-père de monsieur !

COURTIN.

Ah ! enfin ! te voilà ?

LORIN.

Vous êtes déjà levé, monsieur ?

COURTIN.

A sept heures du matin ! J'ai déjà écrit huit lettres !

LORIN.

Monsieur est indisposé ?

COURTIN.

Non ! Je t'ai sonné pour avoir des timbres-poste.

LORIN.

Comment ! c'est pour ça que vous réveillez toute la maison ! (Il prend sur la cheminée une petite boîte de timbres-poste et la remet à Courtin) Monsieur... pour une autre fois... on les met là !...

Il indique la cheminée.

COURTIN.

C'est bien.

Il va s'asseoir.

LORIN, à part.

Comme ça, je pourrai dormir !

COURTIN, tout en collant des timbres.

Ah ! Lorin !

LORIN.

Monsieur ?

COURTIN.

Demain, à six heures, tu entreras dans ma chambre pour me raser.

LORIN.

A six heures ?... du matin, monsieur ?

COURTIN.

Parbleu! est-ce que j'ai le temps de me raser le soir ? Dans les affaires, on ne se rase que le matin ! Ah çà ! mais je ne t'avais pas encore regardé !... c'est étonnant comme tu as engraissé !

LORIN, avec modestie.

Oh! monsieur est bien bon !

COURTIN.

Lorsque tu étais à mon service, à Caen, tu n'avais que la peau et les os...

LORIN.

Ah ! dame ! je trimais à votre service !

COURTIN.

J'ai eu tort de te donner à mon gendre Vatinelle... il te laisse rouiller!... mais, pendant mon séjour à Paris, je me charge de faire tomber ce ventre-là !

LORIN

Oh! monsieur, il ne me gêne pas !

COURTIN.

Si! si! la graisse précoce est un mauvais symptôme.

LORIN.

Est-ce que monsieur restera longtemps avec nous ?

COURTIN.

Trois semaines ou un mois... le moins possible, je ne suis arrivé qu'hier soir de Caen... et l'ennui me prend déjà à la gorge... j'ai besoin de mouvement, d'activité. Aussi je vais tâcher de terminer promptement mes affaires !

LORIN.

C'est ça, monsieur, dépêchez-vous !

COURTIN, tirant une longue liste de sa poche et à lui-même.

Voyons ma liste de courses... (Lisant.) « Passer à la Douane, passer à l'Entrepôt. Marier ma seconde fille. Acheter deux cravates solides. Prendre des renseignements sur un nommé Chavarot, qu'on me propose comme futur. Voir son compte à la Banque. » (A Lorin.) A quelle heure le déjeuner ?

LORIN

A onze heures.

COURTIN.

Très-bien !... j'aurai le temps de pousser jusqu'à la gare d'Ivry... J'attends des sucres d'Orléans !... Bonjour!
Il sort par le fond.

SCÈNE II.

LORIN, puis CHAVAROT.

LORIN, seul.

Et ça a cent mille livres de rente !... Oh! oui, j'étais maigre ! M'a-t-il fait trotter à Caen ! Il ne peut pas rester cinq minutes en place... Ce n'est pas un homme, c'est du vif-argent !... Tandis que M. de Vatinelle, son gendre... voilà un maître ! il se lève à onze heures... il est doux, tranquille et bon enfant. Sa maison est un lit de plume, un oreiller. (Regardant la pendule.) Sept heures et demie !... je vais me recoucher... (Il se dirige vers la droite. On sonne à la porte extérieure.) On sonne ! ça ne peut être que M. Courtin !... il aura oublié quelque chose.

CHAVAROT ; il paraît à la porte du fond, il est très-affairé.

Mon ami, pourriez-vous me dire s'il est venu un tapissier ce matin présenter une facture pour M. de Vatinelle ?

LORIN.

Un tapissier! à sept heures du matin! on ne l'aurait pas reçu !

CHAVAROT.

Dieu soit loué! j'arrive à temps. (Il ôte son chapeau et ramène ses cheveux sur son occiput chauve.) Veuillez dire à Vatinelle que son ami Chavarot désire lui parler... Son ami Chavarot !... Vous entendez bien ?...

LORIN.

C'est que monsieur dort... et j'ai ordre de ne pas troubler son sommeil.

CHAVAROT.

Je prends tout sur moi... Il n'y a pas de consigne pour Chavarot, vous entendez bien ?

LORIN.

Alors, monsieur... je vais voir.

Il entre à droite.

SCÈNE III.

CHAVAROT, seul.

De Vatinelle va bien rire... à moins que Vatinelle ne se fâche!... Je lui ai emprunté son nom pour arriver près d'une danseuse... charmante! Chavarot, ça sonne mal... Tandis que Georges de Vatinelle!... J'ai été admis tout de suite... à offrir un mobilier... 3,800 francs!... c'est un peu raide! mais j'ai fait un bon inventaire cette année... (Ramenant ses cheveux.) Je suis un drôle de bonhomme, moi!.. Le 1er janvier, je me fixe une somme pour mes petits... égarements! je la passe sur mes livres à l'article *Bienfaits*... à cause de mes commis... et jamais je ne la dépasse!... Je suis dérangé, c'est vrai, mais j'ai de l'ordre ! l'ordre dans le désordre... comme disait... chose !... J'ai donc offert le bois de rose... mais, quand le tapissier est venu présenter sa note à cette petite bête de Coralie, elle lui a répondu : « Est-ce que ça me regarde ? » et v'lan elle lui a jeté la porte au nez... Naturellement cet industriel a fait des recherches... il a découvert l'adresse de mon ami de Vatinelle... et je sais qu'il doit se présenter aujourd'hui... Mais j'arrive à temps pour faire les fonds... Vatinelle ne peut pas se fâcher... il est garçon !... Ah ! s'il était dans le commerce !...

SCÈNE IV.

CHAVAROT, LORIN.

CHAVAROT, à Lorin.

Eh bien ?

LORIN.

Eh bien, monsieur dormait... je l'ai réveillé.. il m'a appelé imbécile !... je lui ai dit : « C'est de la part de M. Chavarot ! »

CHAVAROT.

L'ami Chavarot ?

LORIN.

Oui... l'ami Chavarot !

CHAVAROT

Qu'a-t-il répondu ?

LORIN.

Il m'a répondu : « Chavarot ?... ah ! il m'ennuie, Chavarot !... » et il s'est rendormi.

CHAVAROT.

Il n'est pas changé depuis deux ans que je ne l'ai vu !... J'ai un rendez-vous à huit heures... un rendez-vous d'affaires... je reviendrai... Priez-le de m'attendre.

LORIN.

Oui, monsieur.

CHAVAROT.

L'ami Chavarot, n'est-ce pas? l'ami Chavarot !

Il sort par le fond.

SCÈNE V.

LORIN, puis AMÉLIE et ANNA. Elles viennent de gauche.

LORIN, seul.

Je suis comme monsieur, moi... il m'ennuie, l'ami Chavarot ! (Apercevant Amélie et Anna qui entrent.) Ah! madame et mademoiselle Anna...

Il se retire.

ANNA.

Ainsi, ma chère Amélie, tu es heureuse ?...

AMÉLIE.

Oui, petite sœur.

ANNA.

Et tu ne regrettes pas d'être mariée ?

AMÉLIE.

Oh! non; M. de Vatinelle est charmant pour moi.. il est complaisant, aimable, dévoué...

ANNA.

C'est le modèle du genre.

AMÉLIE, riant.

Je le crois!... nous ne nous quittons pas d'une minute, il m'accompagne jusque chez ma marchande de modes !

ANNA.

Oh ! que c'est beau !... Est-ce qu'il s'y connaît ?

AMÉLIE.

Parfaitement !... comme une femme !

ANNA.

J'ai besoin d'un chapeau... Tu me prêteras ton mari, n'est-ce pas ?... D'abord, je ne veux pas de papa... il ne comprend que les chapeaux verts et les robes puce... C'est la grande mode à Caen !

AMÉLIE.

Tu ne sais pas à quoi je pense en te regardant ?

ANNA, s'asseyant sur le canapé.

Non.

AMÉLIE, s'asseyant près d'elle.

A te chercher un mari en tous points semblable à M. de Vatinelle.

ANNA.

Nous aurions la paire... Et ce mari... si je l'avais trouvé ?

AMÉLIE.

Que dis-tu ?

ANNA.

Chut ! ne me trahis pas ! c'est un bien bon jeune homme, qui a l'air doux, timide... ce qui ne l'empêche pas de se mettre très-bien ! il est venu passer un mois à Caen... a l'époque des courses.

ACTE PREMIER.

AMÉLIE.

M. Jules Delaunay?

ANNA.

C'est vrai ! tu le connais !... Eh bien... n'est-ce pas?

AMÉLIE.

C'est un jeune homme d'une excellente famille... de bonnes manières... distingué.

ANNA.

Je crois bien qu'il est distingué !... il fait courir !... il avait une lettre de recommandation pour mon père... et il venait le voir presque tous les jours... pendant qu'il faisait son courrier... Alors, c'était moi qui le recevais... Un jour, un mardi... j'aime le mardi, moi !... il m'a demandé, en rougissant, si j'aurais quelque aversion à devenir sa femme.

AMÉLIE.

Comment!

ANNA.

Je ne sais pas ce que je lui ai répondu... mais il m'a promis de nous faire une visite dès que nous serions arrivés à Paris.

AMÉLIE.

Alors, nous pourrons le voir, le juger.

ANNA.

Oui, mais comment saura-t-il que nous sommes arrivés à Paris?... Ce pauvre garçon !... il est si timide !

AMÉLIE.

Ah ! voilà le difficile !

ANNA.

Si on pouvait le faire prévenir... indirectement !...

AMÉLIE.

Oh! tu n'y penses pas !

SCÈNE VI.

Les Mêmes, LORIN, JULES.

LORIN, paraissant au fond et annonçant.

M. Jules Delaunay!

AMÉLIE, se levant.

Lui!

ANNA, à part.

Il est donc sorcier!

JULES, saluant.

Madame... mademoiselle... (A Amélie.) Veuillez m'excuser si je franchis votre porte si matin et sans m'être fait annoncer, mais, ayant appris l'arrivée de M. Courtin...

AMÉLIE.

Soyez le bienvenu, monsieur.

ANNA, étourdiment.

Nous parlions de vous!

JULES.

Ah!

AMÉLIE, bas, à Anna.

Tais-toi donc! (A Jules.) En vérité monsieur, cela tient du miracle!... mon père n'est arrivé qu'hier soir...

JULES; il s'assied.

A dix heures un quart, madame; je l'ai su à dix heures et demie.

ANNA et AMÉLIE, étonnées.

Ah bah!

ACTE PREMIER.

AMÉLIE.

Y a-t-il de l'indiscrétion, monsieur, à vous demander où vous puisez des renseignements si précis ?...

JULES.

C'est bien simple... et, si vous voulez me promettre de me pardonner...

ANNA, vivement.

Oh! de grand cœur.

AMÉLIE, bas

Tais-toi donc!

JULES.

J'ai donné vingt francs à votre concierge pour qu'il m'avertit de l'arrivée de M. Courtin.

AMÉLIE, à part.

Pour un homme timide !

ANNA, à part

Il a corrompu le concierge ! faut-il qu'il m'aime !

AMÉLIE.

Monsieur, mon père sera sans doute très-flatté des sacrifices que vous avez faits pour être le premier à lui rendre visite.

JULES.

Ah! M. Courtin a été si bienveillant pour moi !..

AMÉLIE.

Oui, sans doute... Mais est-ce bien à lui seul que cette visite s'adresse ?

JULES, embarrassé

Comment ?... je ne comprends pas..

ANNA.

Ma sœur sait tout... C'est une alliée!...

JULES, à Amélie.

Comment! madame, vous daignez vous intéresser.

AMÉLIE.

Au bonheur de ma sœur? Oui, monsieur.

JULES.

Alors je ne vous cacherai pas que ma visite n'est pas tout à fait pour M. Courtin... et je venais vous prier de vouloir bien recevoir ma sœur... madame de Flécheux... elle doit se présenter aujourd'hui pour demander la main de mademoiselle Anna.

AMÉLIE.

Comment! si tôt?

ANNA, avec reproche.

Si tôt? On voit bien que tu es mariée, toi!

JULES; il se lève.

A quelle heure pensez-vous qu'elle pourra rencontrer M. Courtin?

Amélie et Anna se lèvent aussi.

SCÈNE VII.

Les Mêmes, COURTIN, paraissant au fond.

ANNA.

Mon père? Justement le voici!

COURTIN.

Suis-je en retard?

AMÉLIE, à son père.

Permets-moi de te présenter M. Delaunay...

COURTIN, cherchant à se rappeler.

M. Delaunay...

ANNA, bas.

Tu sais bien... M. Jules... qui est venu l'année dernière à Caen !

COURTIN.

Ah ! oui ! M. Jules !... (A Jules.) Vous faites courir... des chevaux maigres... enveloppés dans des couvertures ? C'est très-bien ! très-bien ! (Saluant.) Monsieur...

JULES, saluant.

Monsieur...

COURTIN, à part

A quoi est-ce bon, ces petits-là ?

JULES, à Courtin.

Je tenais à vous remercier, monsieur, de l'accueil bienveillant que vous avez bien voulu me faire à Caen...

COURTIN.

Il n'y a pas de quoi !... Vous m'étiez recommandé par Dumirail... un de mes correspondants... avec lequel je fais beaucoup d'affaires... Il va bien, Dumirail ?

JULES.

Mais... parfaitement !

COURTIN.

Il a fait cette année un bien beau coup sur les colzas... J'allais le faire, il m'a prévenu ; c'est le commerce !... je ne lui en veux pas... Mes amitiés à Dumirail.

Il le quitte et va à la table.

ANNA, bas, à Jules.

Mon père est préoccupé... revenez à midi... avec votre sœur... d'ici là, nous l'aurons préparé à vous recevoir...

JULES.

A midi!...(Saluant Amélie.) Madame...(A Courtin.) Monsieur...

COURTIN.

Mes amitiés à Dumirail!

JULES.

Je n'y manquerai pas. (A part.) Il est ennuyeux avec son Dumirail.

Il sort.

ANNA, bas, à Amélie

Je vais achever de m'habiller... je te laisse avec papa... Parle-lui de M. Jules! prépare-le!... prépare-le!

Elle sort

SCÈNE VIII

COURTIN, AMÉLIE.

AMÉLIE.

Il est fort aimable ce M. Delaunay!

COURTIN.

Quel M. Delaunay?

AMÉLIE.

Eh bien, le jeune homme qui sort d'ici.

COURTIN.

Ah oui! sa cravate est très-bien mise... ça doit lui prendre beaucoup de temps... A propos de cravate... je viens d'en acheter deux... (Dépliant un papier.) Comment trouves tu ça?

AMÉLIE.

Ah! c'est trop épais.

COURTIN.

J'ai demandé du solide... Dans le commerce, il nous faut du solide ! (Les remettant dans sa poche.) Je prierai ta sœur de me les ourler. Ah çà ! où est donc ton mari ?... Je ne l'ai pas encore vu...

AMÉLIE.

Il ne tardera pas à se lever.

COURTIN.

Comment, se lever ?

AMÉLIE.

Oui... Il n'est pas très-matinal.

COURTIN.

A dix heures !

AMÉLIE.

Et puis, hier, nous avons eu une journée très-fatigante... Nous sommes allés voir une exposition de camélias....

COURTIN.

Qu'est-ce que c'est que cela ?... des fleurs ?...

AMÉLIE.

Ah ! il y en avait de magnifiques !... Après, Georges m'a accompagnée chez ma modiste... et, en revenant, nous avons fait trois visites... trois !... et tout cela à pied !

COURTIN.

Parbleu !... j'arrive bien de la gare d'Ivry.

AMÉLIE.

Et, le soir, nous sommes allés au Gymnase voir la pièce nouvelle.

COURTIN.

Des camélias ! des modistes !... Eh bien, et ses affaires... quand les fait-il ?

AMÉLIE.

Quelles affaires?

COURTIN.

Sa place ! son bureau !... ou son comptoir ! car je ne sais pas au juste ce qu'il fait... Dans ses lettres, il ne m'en parle jamais... Quand il t'a demandée en mariage, il a été convenu que M. de Vatinelle prendrait une occupation... Je n'aurais jamais voulu d'un gendre oisif ! Voyons, que fait-il ?

AMÉLIE.

Ne te fâche pas !... D'abord il touche nos loyers...

COURTIN.

Ça, c'est bien. Après ?

AMÉLIE.

Après ?... Il m'aime !

COURTIN.

Il t'aime !... c'est un devoir... mais ce n'est pas une profession !

AMÉLIE.

Puisque nous sommes heureux !

COURTIN.

Heureux ! sans rien faire !... C'est-à-dire que j'ai un gendre qui se croise les bras !

AMÉLIE.

Mon bon père...

COURTIN.

Ah ! voilà qui est fort !... Le gendre de la maison Courtin de Caen !... Mais ça ne me va pas !... ça ne peut pas m'aller... nous ne sommes pas convenus de ça !

SCÈNE IX.

Les Mêmes, VATINELLE.

VATINELLE, sortant de sa chambre.

Eh ! bonjour, cher beau-père !...

COURTIN, sèchement.

Bonjour, monsieur... (A part.) Il est devenu énorme.. Ils sont tous gras dans cette maison !

VATINELLE.

J'ai appris que vous étiez levé, et je me suis empressé...

COURTIN.

Moi, j'arrive de la gare d'Ivry, monsieur !

VATINELLE.

Vraiment ?... C'est une bien jolie promenade !

AMÉLIE, tendant son front à Vatinelle.

Bonjour, Georges.

VATINELLE.

Bonjour, petite femme ! (Il l'embrasse.) Vous permettez beau-père ?

COURTIN.

Faites, monsieur, faites !

VATINELLE.

Ah ! c'est que, sans vous en douter, vous êtes tombé dans un nid de tourtereaux.

AMÉLIE.

Tais-toi donc !

VATINELLE.

Je ne sais pas si le Grand Turc est heureux... mais je n'échangerais pas mon bonheur contre le sien, ou plutôt contre les siens, car il parait qu'il en a une collection très-variée... (Embrassant de nouveau sa femme.) Vous permettez, beau-père ?

COURTIN.

Encore !... Mais votre lune de miel est passée, que diable!

VATINELLE.

Elle est passée... mais elle repousse tous les matins !

AMÉLIE.

As-tu fini de débiter tes folies ?

Elle s'approche de la cheminée et arrange des fleurs dans les vases.

VATINELLE.

Jamais ! Je suis heureux... j'ai mon beau-père sous la main et je m'épanche... (A Courtin.) Vous ne pouvez pas vous figurer quel ange c'est que votre fille !... Bonne, douce, gaie, charmante ! Je ne me sens pas vivre... Il me semble que je glisse sur un ruisseau de lait dans un petit bateau de sucre candi fabriqué au *Fidèle Berger*.

COURTIN.

Ah! à la bonne heure ! voilà une bonne maison !

VATINELLE

Quoi?

COURTIN.

Le *Fidèle Berger !* des inventaires magnifiques!

VATINELLE.

Qu'est-ce qui vous parle d'inventaire ?... Tenez, vous ne savez pas aimer, dans le commerce !

COURTIN, blessé.

Nous ne savons pas aimer?... Monsieur, j'ai donné deux

enfants à madame Courtin !... et vous, jusqu'à présent...

VATINELLE, l'arrêtant.

Chut! ça viendra !... ça viendra !

AMÉLIE, se rapprochant.

Georges... que fais-tu ce matin?

VATINELLE.

Rien... je te regarde !

AMÉLIE.

Et tantôt?

VATINELLE.

Ce sera ton tour !

COURTIN, à part.

Jolie occupation ! (Haut.) Et ce soir?

VATINELLE.

Ce soir... Beau-père, vous êtes indiscret !

COURTIN, à part.

Oh! c'est trop fort ! ça me fait sauter au plafond, ces choses-là. (Bas, à Amélie.) Laisse-nous... va rejoindre ta sœur !

AMÉLIE.

Pourquoi?

COURTIN.

Il faut que je cause avec ton mari !

AMÉLIE, à Vatinelle.

Au revoir, Georges ! (Bas.) Mon père est mal disposé, ne le taquine pas. (De la porte, à son mari.) Adieu !

VATINELLE, lui envoyant des baisers.

Adieu !... adieu !... adieu !

COURTIN, à part.

Je vous demande si c'est comme ça qu'on fait les bonnes maisons !

Amélie sort.

SCÈNE X.

COURTIN, VATINELLE.

VATINELLE, à part, regardant Courtin.

Rendons-lui justice... il n'a pas la mine folâtre. (Haut.) Eh bien, beau-père, avez-vous fait bon voyage? tout le monde va bien à Caen?

COURTIN.

Oui, monsieur... on se porte bien à Caen... on travaille !

VATINELLE.

Allons ! tant mieux !

COURTIN.

Mon gendre, j'ai à vous parler... asseyons-nous.

VATINELLE.

Volontiers, beau-père... (A part.) Quel air solennel !

Ils s'assoient.

COURTIN, assis.

Je ne sais pas faire de phrases... je vais vous parler la langue des affaires... Il y a un an, vous m'avez fait demander la main de ma fille par M. Pontvinoy, un de nos amis communs... vous n'aviez pour tout apport qu'une galerie de tableaux; moi, je suis très-riche... donc ce mariage ne me convenait pas du tout.

VATINELLE, s'inclinant assis.

Je vous remercie.

COURTIN.

Mais vous plaisiez à ma fille... je ne sais pas trop pourquoi.

VATINELLE, s'inclinant de nouveau et à part.

Elle est polie, la langue des affaires !

COURTIN.

Vous aviez des gants blancs... de grandes relations... un certain jargon... et un titre de comte.

VATINELLE.

Oh! je m'en sers si peu!

COURTIN.

Vous avez tort!... maintenant surtout que la nouvelle loi sur les titres a créé la disette sur la place...

VATINELLE.

Ça a fait monter l'article...

COURTIN.

Naturellement.

VATINELLE, à part.

Toujours la langue des affaires !

COURTIN

Mais il ne s'agit pas de ça ! je vous ai donné ma fille, à vous qui n'aviez rien, avec une dot de cinq cent mille francs.

VATINELLE.

Pardon... je désire seulement constater que je n'ai connu ce chiffre que le jour du contrat... je ne savais qu'une chose... c'est que j'épousais un ange ! il s'est trouvé que l'ange était riche... cela m'a contrarié... mais je n'ai pas cru devoir le refuser pour cela.

COURTIN,

Parbleu !

VATINELLE.

Quoi, parbleu ? qu'entendez-vous par là ?

COURTIN.

Rien! je continue... Je vous ai accordé ma fille à la condition expresse, acceptée par M. Pontvinoy, que vous vous créeriez une occupation...

VATINELLE.

Ah!... j'ignorais cette clause secrète...

COURTIN, se levant.

J'arrive de Caen... et j'apprends que vous vous levez à dix heures, que vous allez voir des expositions de camélias, que vous vous promenez sur le boulevard avec un cure-dents... et un cigare à la bouche!

VATINELLE.

C'est exagéré! l'un me gênerait pour fumer l'autre.

COURTIN, se levant.

Enfin, vous ne faites rien! absolument rien!... vous n'avez pas même d'enfant! après un an!

VATINELLE, se levant.

Beau-père, je vous jure que ce n'est pas ma faute

COURTIN.

C'est honteux!

VATINELLE.

Permettez...

COURTIN.

Passer sa vie dans l'oisiveté, dans la paresse!... un gros garçon, fort et robuste comme vous l'êtes!

VATINELLE.

Pardon... j'ai des crampes d'estomac!

COURTIN.

Vous mangez trop! vous ne faites pas d'exercice!

VATINELLE.

Pourtant... vous ne prétendez pas me faire labourer la terre?

COURTIN.

Il n'est pas question de labourer la terre! mais il y a le commerce... l'industrie... on remue ses capitaux!

VATINELLE.

Oh! mes capitaux... c'est autre chose... ils travaillent, eux!... je commandite une raffinerie... ils font du sucre mes capitaux!

COURTIN.

Eh bien, et vous?

VATINELLE.

Moi?... je le mange!

COURTIN.

Ça n'est pas fatigant!

VATINELLE.

Dame! si personne ne le mangeait, à quoi servirait d'en fabriquer?... Le consommateur est un travailleur!

COURTIN.

Un travailleur!... (A part.) de la mâchoire!

VATINELLE.

Que voulez-vous! moi, j'ai horreur des entreprises, des spéculations... je n'estime la Bourse qu'au point de vue de l'art... comme monument... dorique et corinthien... panaché.

COURTIN.

Soit! tout le monde n'a pas l'intelligence des affaires... mais alors, quand on n'est pas doué, quand on n'a pas d'idées... eh bien, on demande une place!

VATINELLE.

Une place? à qui?

COURTIN.

Parbleu! au gouvernement!

VATINELLE.

Ah! je vous attendais là, beau-père! Ah çà! est-ce que vous prenez le gouvernement pour un bureau de placement?

COURTIN.

Non! mais avec vos relations... rien n'est plus facile!... Mais moi!... moi qui vous parle, quand je serai vieux, fatigué, usé, quand je ne pourrai plus faire d'affaires...

VATINELLE.

Enfin, quand vous ne serez plus bon à rien...

COURTIN.

Oui... eh bien, je demanderai quelque chose... pour me reposer... j'entrerai dans l'administration.

VATINELLE.

Comme on entre aux Invalides! Avouez, beau-père, que c'est une étrange manie que celle de notre époque!... et j'en enragerais... si je ne préférais en rire!

ACTE PREMIER

COURTIN.

Quoi donc?

VATINELLE.

Aujourd'hui, chaque Français vacciné croit avoir droit à une place... encore un peu, on priera le gouvernement de distribuer des numéros d'ordre à messieurs les nouveau-nés. Toi, petit, tu seras dans la diplomatie... tu as la vue basse... Celui-ci sera marqué pour la marine. Cet autre pour les finances, côté des contributions directes. Tout le monde aura son bureau, sa petite table, son encrier et sa plume derrière l'oreille... Joli petit peuple!... tout cela grouillera, griffonnera... et émargera! Qui veut des places?... prenez vos billets! Et à ces administrateurs, que manquera-t-il?... une seule chose... des administrés!... mais on en fera venir de l'étranger... en payant le port!

COURTIN.

Vous faites de l'esprit.

VATINELLE.

Beau-père, on fait ce qu'on peut... Mais ce qui est certain, c'est que je ne demanderai jamais de place... même quand je serai vieux.

COURTIN.

Et pourquoi?

VATINELLE.

Pour deux motifs : le premier, c'est que n'ayant pas fait d'études spéciales, je remplirais fort mal ma place.

COURTIN.

Mauvaise raison! Après?

VATINELLE.

Le second, c'est que, la remplissant fort mal, j'occuperais la position d'un autre qui la remplirait peut-être fort bien... je ferais tort au gouvernement d'une part... et de l'autre je volerais à un employé laborieux et capable des appointements dont je n'ai pas besoin... Vous voyez que tout le monde y perdrait.

COURTIN.

Dites tout de suite que vous ne voulez rien faire!

VATINELLE.

J'ai sur le travail une petite théorie à moi...

COURTIN.

Pourrait-on la connaître, sans indiscrétion?

VATINELLE, s'asseyant.

Volontiers... beau-père! Pourquoi travaille-t-on dans ce monde?... pour gagner de la fortune, apparemment...

COURTIN.

Parbleu! c'est bien malin!

VATINELLE.

Pourquoi veut-on gagner de la fortune?... pour en jouir et se reposer.

COURTIN.

Se reposer!... c'est-à-dire...

VATINELLE.

Oui, je sais qu'il y a de par le monde des loups maigres et voraces qui ne se reposent jamais... des joueurs avides et infatigables qui, après avoir ramassé tout l'or répandu sur le tapis, veulent encore gagner la table et les flambeaux! Moi, je ne suis pas de ceux-là, j'ai la fortune, vous me l'avez donnée... Bien plus, j'ai le bonheur. Je suis content de mon sort, je ne demande rien. Pourquoi voulez-vous que je travaille? pour faire aux pauvres une concurrence inégale? ou pour me ruiner?... ce qui serait encore plus bête!

COURTIN.

Mais cependant...

VATINELLE.

Ah! cela s'est vu, beau-père! il ne faut pas trop vouloir gagner les flambeaux! Tenez, vous allez crier au paradoxe! mais je trouve, moi, que, dans une société bien entendue, l'apport du riche... c'est le luxe, l'amour des belles choses, l'oisiveté magnifique et intelligente!

COURTIN, révolté, se levant.

L'oisiveté! mais c'est horrible! c'est révoltant! c'est le renversement de l'édifice social!... c'est... c'est stupide!!! Est-ce que la nature n'a pas donné deux mains à chaque homme?... c'est pour travailler.

VATINELLE.

Pardon... il y a des nuances, beau-père... elle a donné aux uns de grosses mains...

COURTIN.

Est-ce pour moi que vous dites cela?

VATINELLE.

Oh! beau-père! (Regardant les mains de Courtin.) Tiens! c'est vrai!... elles sont vigoureuses, vos mains!... Quel bel argument!... Mais tout le monde n'est pas aussi généreusement partagé... aux autres elle en a donné de petites.

COURTIN.

Eh bien, après?

VATINELLE.

C'est une révélation de la Providence qui dit à celui-ci : « Toi, tu seras maçon... ou casseur de pierres... Toi, tu seras artiste, penseur... flâneur... ou rentier! »

COURTIN, exaspéré.

Des petites mains! des petites mains!... Tenez, voulez-vous que je vous dise mon opinion sur votre théorie?

VATINELLE.

La défense est libre!

COURTIN.

Vous n'êtes qu'un fainéant!

VATINELLE.

Il y a eu des rois fainéants!... petites mains!

COURTIN, avec colère.

Vous m'ennuyez avec vos petites mains! Ce que je vois de plus clair dans tout ceci, c'est que vous vous êtes fourré dans la dot de ma fille comme un rat dans un fromage.

VATINELLE, sérieusement.

Monsieur Courtin... je crois avoir fait preuve d'un bon caractère... mais il est des expressions qu'un homme de cœur ne peut entendre deux fois... je vous prie de ne pas l'oublier, monsieur Courtin!

COURTIN.

Ah! ça m'est bien égal!

SCÈNE XI.

Les Mêmes, AMÉLIE, ANNA.

COURTIN, voyant entrer les femmes, court à Anna.

Toi, tu peux être tranquille! je ne te marierai qu'à un homme qui fera quelque chose... à un commerçant!

ANNA, effrayée.

Un commerçant? mais, papa...

COURTIN.

Et il aura de grosses mains, celui-là! j'en fais le serment!

ANNA, à part.

Allons bon! et M. Jules qui va venir avec sa sœur

Elle remonte.

AMÉLIE, bas, à Vatinelle.

Mon père est tout bouleversé.

VATINELLE, bas, à Amélie.

Il a ses nerfs.

ANNA, au fond, à part

Oh! mon Dieu! les voici!

SCÈNE XII.

Les Mêmes, JULES et MADAME DE FLÉCHEUX.

JULES, à Amélie

Madame... permettez-moi de vous présenter madame de Flécheux... ma sœur.

AMÉLIE.

Il y a longtemps, madame, que, M. de Vatinelle et moi, nous désirons faire votre connaissance.

VATINELLE.

Nous sommes aux regrets de nous être laissé prévenir.

COURTIN, à part.

Encore une visite! Ils ne font que ça, ces gens-là.

JULES.

Adèle... M. Courtin

MADAME DE FLECHEUX, le saluant.

Monsieur...

COURTIN, saluant.

Madame...

ANNA, bas, et vivement à Jules.

Pas de demande! c'est changé.

JULES.

Hein?

MADAME DE FLÉCHEUX, à Courtin.

La démarche que je fais aujourd'hui, monsieur...

JULES, bas, à sa sœur.

Pas de demande... c'est changé!

MADAME DE FLÉCHEUX, bas.

Quoi?

COURTIN.

Quelle démarche?

JULES, bas.

Je ne sais pas... Je te parlerai!

AMÉLIE, à madame de Flécheux.

Asseyez-vous, madame...

Madame de Flécheux s'assoit près d'Amélie.

MADAME DE FLÉCHEUX, à part.

La situation est embarrassante!... (Moment de silence, les personnages sont décontenancés. — A Amélie.) Ah! madame que votre robe est donc jolie!

ACTE PREMIER.

AMÉLIE.

Vous trouvez?.. C'est un cadeau de mon mari !... Vous avez là un point d'Alençon qui est d'un goût...

MADAME DE FLÉCHEUX.

Je préfère cela à la valencienne

AMÉLIE.

Oh! moi aussi! sans comparaison!

COURTIN, à part.

Et patati! et patata!

VATINELLE.

Moi, j'ai un faible pour le point d'Angleterre.

COURTIN, à part.

Mon gendre qui s'en mêle! il se fourre dans la dentelle

MADAME DE FLÉCHEUX.

Certainement... le point d'Angleterre...

AMÉLIE.

C'est charmant sur un mantelet de soirée!

TOUS, excepté Courtin.

Charmant! charmant!

COURTIN, à part, les imitant.

« Charmant! charmant! » Quelle fortune on ferait, si on pouvait ramasser tout ce temps perdu!

Il s'assied de l'autre côté de la scène et se plonge dans ses notes.
Les autres personnages forment un groupe de l'autre côté.

ANNA.

Le voilà dans ses notes!

MADAME DE FLÉCHEUX

Qu'est-il donc arrivé?

ANNA.

Papa vient de me déclarer à l'instant qu'il ne me marierait qu'à un homme qui ferait quelque chose... à un commerçant.

JULES et MADAME DE FLÉCHEUX.

Comment?

ANNA, à Jules.

Si vous preniez un état?

AMÉLIE.

Ah! voilà une idée!

JULES.

Moi?

VATINELLE.

Oui, un petit fonds de mercerie... avec une boîte aux lettres... c'est une douceur!

ANNA, à Vatinelle.

Taisez-vous donc, nous ne sommes pas en train de rire!

AMÉLIE.

Mon ami!

MADAME DE FLÉCHEUX.

Mais mon frère n'a jamais songé à se mettre dans le commerce.

AMÉLIE.

Je le crois bien!

JULES.

Et quel commerce, encore?

ANNA.

Oh! n'importe lequel!... Vendez! achetez!

JULES.

Mais quoi?

ANNA.

Ce que vous voudrez.

JULES.

Il faut que je cherche une profession à présent!

VATINELLE, à part.

Un homme qui fait courir!

ANNA, à Jules.

Une fois mariés... nous liquiderons.

JULES.

Je vais chercher, mademoiselle... et, avant demain, j'aurai trouvé.

AMÉLIE, à madame de Flécheux qui se lève.

Vous partez déjà?

Tout le monde se lève.

MADAME DE FLÉCHEUX.

Oui... quelques visites à faire.

JULES, à part.

Que diable pourrais-je bien vendre?

VATINELLE, prenant son chapeau.

Je sors avec vous... Je cours retenir une loge aux Italiens... Tamberlick chante... Serez-vous des nôtres ce soir, beau-père?

COURTIN.

Non, monsieur... Le soir, je fais ma correspondance,

VATINELL

Hélas!

COURTIN.

Quoi?

VATINELLE.

Rien... (A part.) Je pense aux malheureux qui seront obligés de la lire.

MADAME DE FLÉCHEUX, saluant.

Monsieur Courtin...

COURTIN, saluant.

Madame... (A Jules.) Mes amitiés à M. Dumirail.

Tout le monde sort, excepté Courtin.

SCÈNE XIII.

COURTIN, puis CHAVAROT.

COURTIN, seul.

C'est la peste que ces visiteurs-là!... Ça vient vous dévorer le plus pur de votre temps!... Moi, à Caen, j'ai écrit sur la porte de mon cabinet : « Je n'y suis jamais!... » (Consultant ses notes.) Les renseignements que j'ai pris sur ce Chavarot sont excellents.

LORIN, annonçant.

L'ami Chavarot!... (Se reprenant.) M. Chavarot.

COURTIN.

Chavarot!

CHAVAROT, à Lorin.

Il ne serait pas venu un tapissier?

COURTIN, allant à Chavarot.

Pardon, monsieur... Est-ce vous qui demeurez rue du Sentier, 12?

CHAVAROT.

Oui, monsieur.

COURTIN, à Lorin.

Laisse-nous... (Lorin sort. — A Chavarot.) Monsieur... vous faites l'exportation... Sept millions d'affaires par an...

CHAVAROT, étonné.

Mais...

COURTIN, continuant.

Deux cent mille francs en compte courant à la banque de France... Caisse exactement ouverte de trois à cinq... jamais de protêts, bonne signature, parole en barre!...

CHAVAROT.

Monsieur, permettez...

COURTIN, continuant.

Moi, j'ai une fille, dix-huit ans, jolie, bien élevée, pas trop de piano, je suis pressé... Voyons vos mains?

CHAVAROT, étonné.

Mes mains?

COURTIN, les regardant.

Très-bien... Elles sont de calibre... Je vous offre ma fille!

CHAVAROT.

Hein?... à moi?

COURTIN.

A vous.

CHAVAROT.

Pardon, monsieur... à qui ai-je l'honneur de parler?

COURTIN, avec fierté.

A la maison Courtin de Caen.

CHAVAROT, avec admiration.

Courtin de Caen! premier crédit!... signature...

COURTIN.

Je donne cinq cent mille francs... pas dix sous de plus, pas dix sous de moins... moitié comptant, moitié en valeurs à quatre-vingt-dix jours... Oui, ou non?

CHAVAROT.

Permettez... une proposition aussi inattendue...

COURTIN.

Réponse!... J'ai preneur!

CHAVAROT.

Je prends!

COURTIN.

Touchez là!... Nous ferons le mariage fin courant.

CHAVAROT, prenant son carnet.

Permettez que je prenne note de l'échéance.

COURTIN, tirant son carnet.

Je l'inscris également de parité...

CHAVAROT.

Et conformité...

Tous deux écrivent.

* Toute cette partie de la scène doit être jouée très-vivement.

COURTIN.

Voilà qui est fait! Est-ce que vous connaissez Vaunelle?

CHAVAROT.

Oui... un peu.

COURTIN.

Je ne vous en fais pas mon compliment.

CHAVAROT, à part.

Me voilà marié !... Ah ! mon Dieu ! et cette note qui va venir !... et mon mariage ! cinq cent mille francs !... Tout serait manqué !

COURTIN.

Qu'avez-vous donc ?

CHAVAROT.

Rien. (A part.) Il n'y a qu'un moyen ! Je cours chez le tapissier ! (Haut.) Adieu !... Je reviendrai.

COURTIN.

Au revoir, mon gendre.

Chavarot sort.

SCÈNE XIV.

COURTIN, puis AMÉLIE, puis UN TAPISSIER, puis VATINELLE.

COURTIN.

Il me plaît, ce gaillard-là !... il est actif... Il ne m'a pas même remercié !... Mais, dans les affaires, on ne se remercie pas... on se paye !

AMÉLIE, entrant.

Georges n'est pas rentré ?

COURTIN.

Non... il flâne, il promène ses petites mains sur le boulevard !

AMÉLIE.

Mon père, vous êtes cruel pour lui... qui est si bon !

COURTIN.

Ma fille, l'oisiveté est la mère de tous les vices ; je ne sors pas de là !

AMÉLIE, riant.

Oh ! c'est bien ancien, ce que vous dites là !

COURTIN.

J'y vois clair... Cela finira mal. Ton mari est dans une mauvaise voie, et... (Un tapissier paraît au fond.) Qu'est-ce ?

LE TAPISSIER.

M. Vatinelle ?

COURTIN.

C'est ici.

LE TAPISSIER.

Je viens pour une petite note... une fourniture de meubles.

AMÉLIE.

Nous n'avons pas commandé de meubles.

COURTIN, prenant la note.

Voyons ? (Lisant.) « Meubles fournis pour le compte de M. de Vatinelle, à mademoiselle Coralie, danseuse... »

AMÉLIE.

Hein ?

COURTIN.

A l'Académie impériale de musique, rue Tronchet, 24. »

AMÉLIE.

Une danseuse !

COURTIN, au tapissier.

C'est bien... On passera.

Le tapissier sort.

AMÉLIE.

Non !... ce n'est pas possible !

COURTIN, parcourant la facture.

« Un canapé Soubise, six chaises Cupidon... etc... etc... Total : Trois mille huit cents francs. »

AMÉLIE.

Une danseuse !... Il me trompait ! Ah !

Elle se jette dans un fauteuil et pleure.

COURTIN.

Je te le disais bien... L'oisiveté est la mère de toutes les danseuses... Non !... de tous les vices !...

VATINELLE, entrant gaiement.

J'ai la loge !... mais ça n'a pas été sans peine ! (Apercevant Amélie qui pleure.) Amélie !... ma femme !...

COURTIN, l'arrêtant.

Elle sait tout, monsieur !

VATINELLE.

Quoi ?

COURTIN.

Trois mille huit cents francs.

Il lui donne la note.

VATINELLE.

Qu'est-ce que c'est que ça ?

COURTIN, le repoussant.

Six chaises Cupidon !... Une danseuse !... Vous me faites horreur !

ACTE DEUXIÈME.

Même décor que l'acte précédent.

SCÈNE PREMIÈRE.

COURTIN, AMÉLIE, puis LORIN.

COURTIN, à Amélie.

Ainsi, c'est bien décidé... nous sommes d'accord ?

AMÉLIE.

Oui, mon père.

Courtin sonne. — Lorin paraît.

COURTIN, à Lorin.

Priez M. de Vatinelle de se rendre au salon.

Lorin sort.

AMÉLIE.

Il faudra qu'il s'explique... et, s'il n'avoue pas... s'il refuse de se justifier... agissez, mon père !

COURTIN.

Sois tranquille... tu peux compter sur moi.

SCENE II.

COURTIN, AMÉLIE, VATINELLE.

VATINELLE, entrant.

Vous m'avez fait demander, beau-père?... toi aussi, Amélie?

COURTIN.

Oui, monsieur... Avez-vous réfléchi?

VATINELLE.

A quoi?

COURTIN.

Je vous parle de cette note qui vous a été présentée hier soir... et que nous avons fait payer ce matin...

VATINELLE.

Comment! vous avez payé? vous! un commerçant! Mais c'est absurde! je vous répète que je ne connais ni ce tapissier ni cette danseuse!

AMÉLIE, indignée.

Oh!

COURTIN, à sa fille.

Du calme! (A de Vatinelle.) Votre système de défense est déplorable... et je crois pouvoir vous assurer qu'un aveu...

AMÉLIE.

Oui, un aveu.

COURTIN.

Suivi d'un repentir sincère.

VATINELLE.

Mais je n'ai pas à me repentir!... je suis victime d'une

mystification... il faut qu'un monsieur se soit servi de mon nom pour voiler ses fredaines, mais si jamais je le découvre !

COURTIN, froidement.

Mon opinion est que vous ne le découvrirez pas... Vous n'avez rien à ajouter?

VATINELLE.

Absolument rien !

AMÉLIE.

Georges !... avouez !... je vous en supplie...

VATINELLE.

Amélie, je vous ai donné assez de preuves d'affection pour avoir le droit de compter sur votre confiance... Vos soupçons me froissent et me blessent ! je ne veux plus que vous me parliez de cette affaire.

AMÉLIE.

Je ne veux plus ! (Avec résolution.) C'est bien, monsieur... (A Courtin.) Agissez, mon père... agissez !

Elle sort.

SCÈNE III.

COURTIN, VATINELLE.

VATINELLE, à part.

« Agissez ! » Est-ce qu'elle voudrait me faire administrer une correction par le beau-père ?

COURTIN.

Asseyons-nous, monsieur.

ACTE DEUXIÈME.

VATINELLE, à part, s'asseyant.

Ceci me rassure. (Haut.) Je suis assis, beau-père.

COURTIN, assis.

Nous allons parler la langue des affaires.

VATINELLE.

Encore ?

COURTIN.

Monsieur de Vatinelle, je suis un père sage et prévoyant : c'est vous dire qu'en vous donnant ma fille, j'ai songé à prendre mes précautions.

VATINELLE.

Vos précautions ?

COURTIN.

J'ai marié Amélie l'épée au côté... selon la coutume de Normandie.

VATINELLE.

Je ne comprends pas.

COURTIN.

Avez-vous quelquefois lu votre contrat de mariage ?

VATINELLE.

Ma foi, non !... je l'ai entendu bredouiller un jour par votre notaire de Caen... et je l'ai signé de confiance.

COURTIN.

C'est une sottise !

VATINELLE.

Plaît-il ?

COURTIN.

Moi, j'ai discuté le mien pendant deux mois... mais j'ai de grosses mains !... Puisque vous n'avez pas lu votre contrat... j'aurai donc l'honneur de vous apprendre que vous êtes marié sous le régime de la séparation de biens...

VATINELLE.

Ah !... Après, monsieur Courtin ?

COURTIN.

Sous ce régime, la femme conserve l'entière administration de ses biens meubles et immeubles et la jouissance de ses revenus... article 1536.

VATINELLE.

Ah !... Après, monsieur Courtin ?

COURTIN.

Jusqu'à ce jour, votre femme, confiante et aveugle, vous a laissé l'administration de sa fortune... Aujourd'hui, éclairée par moi...

VATINELLE, s'inclinant.

Vous êtes bien bon !

COURTIN.

Amélie vient de se décider à vous la retirer.

VATINELLE.

Ah ! je comprends ! (A part.) On me met au pain sec !

COURTIN.

Elle rentre dans les stipulations de son contrat, que j'ai fait confectionner moi-même...

VATINELLE.

A la mode de Caen !

COURTIN.

Vous ne serez donc pas surpris, monsieur, qu'elle ait fait choix, pour gérer sa fortune, d'une personne honorable, intelligente, capable... de votre serviteur, enfin !.

ACTE DEUXIÈME. 47

VATINELLE.

Ah !... enchanté !

COURTIN.

Dorénavant, donc, c'est moi qui payerai, toucherai, transigerai, donnerai quittance et ferai tous les actes généralement quelconques qui incombent au mandataire, et prévus par les articles 1984, 1985, 1986...

VATINELLE.

987, 88.

COURTIN.

89 et suivants.

VATINELLE.

Ah çà ! beau-père, vous êtes donc avocat ?

COURTIN.

Non, monsieur, je suis Normand.

VATINELLE.

C'est donc ça... Vous êtes né sous une feuille du... Code !

COURTIN, se levant.

Voilà, monsieur, les résolutions que j'étais chargé de vous transmettre... Avez-vous quelques observations à faire ?

VATINELLE, se levant aussi.

Une question, d'abord. (Avec émotion.) Je voudrais savoir si c'est bien Amélie... ma femme... qui vous a chargé de la mission que vous venez de remplir ?

COURTIN.

Elle-même...

VATINELLE.

Cela suffit, monsieur... je n'ai plus rien à dire... madame de Vatinelle est maîtresse de sa fortune... Je possédais sa confiance, elle me la retire... cela peut être humiliant pour moi... mais la coutume de Normandie est là!

COURTIN

La sauvegarde des familles.

VATINELLE.

Ah! vous avez bien raison! Au moins, sous ce régime, la position des époux est nette... Le mari n'est plus qu'une espèce de dame de compagnie... avec de la barbe! un masculin quelconque... nourri, logé, habillé et chauffé... Quand il a été bien gentil... on lui donne une montre en or... avec sa chaîne! S'il a été sage toute la semaine, s'il a été soumis, attentif, caressant... eh bien, le dimanche on le promène à la campagne avec un habit neuf... Mais qu'il s'avise d'élever la voix, de soumettre une observation à bonne maîtresse à lui... à genoux, Domingo!... au pain sec et à l'eau!... coutume de Normandie! Ah! le joli mariage pour un homme de cœur!... Touchez là, beau-père, que je vous remercie!

Il lui serre la main convulsivement

COURTIN.

Aïe! vous me faites mal!

VATINELLE.

C'est la joie, la reconnaissance.

COURTIN, à part.

C'est égal, je le tiens!

VATINELLE.

Maintenant, je vous ai remis mes pouvoirs; payez, touchez, contractez, transigez... je m'en lave les mains.

COURTIN.

Pardon... il reste encore une petite formalité.

ACTE DEUXIÈME.

VATINELLE.

Laquelle?

COURTIN.

La clef de la caisse?...

VATINELLE.

Ah! c'est juste! (La lui remettant.) La voilà! J'ai en poche trente-sept francs cinquante centimes, veuillez les encaisser?

COURTIN.

Oh! gardez! gardez! nous ne sommes pas des Turcs.

VATINELLE.

C'est ma semaine!... vous êtes bien bon.

Il lui serre les mains.

COURTIN.

Aïe! aïe! vous me faites mal... (A part.) Petites mains, petites mains!

VATINELLE.

C'est la joie, la reconnaissance.

COURTIN.

Nous avons même pensé, ma fille et moi, que vous ne pouviez rester sans argent.

VATINELLE.

Ah!

COURTIN.

Vous recevrez une allocation de cinq cents francs par mois pour vos plaisirs (Appuyant.) et vos vices!...

VATINELLE.

Assez, monsieur!... Je ne suis pas un mari à tant par mois!

COURTIN.

Nous sommes aujourd'hui le 14... Vous pourrez passer demain à mon bureau... et même, quand vous aurez besoin de quelques petites avances... ne vous gênez pas... on vous fera l'escompte... au taux légal.

VATINELLE.

Beau-père...

SCÈNE IV.

Les Mêmes, UN MARCHAND DE CHALES, paraissant.

VATINELLE.

Qu'est-ce? que veut-on?

LE MARCHAND.

J'apporte le cachemire que monsieur a acheté hier...

VATINELLE.

Ah! oui... Une surprise... pour ma femme!

COURTIN, examinant le châle.

Ah! c'est magnifique!...

LE MARCHAND.

Monsieur a prié d'apporter la facture.

VATINELLE.

Oui... Je paye toujours comptant. (Fouillant à sa poche. — A part.) Pas aujourd'hui, par exemple!... Trente-sept francs cinquante!

COURTIN, bas, à Vatinelle.

A votre place, je renverrais le châle... Dans votre position... c'est une folie!

ACTE DEUXIÈME.

VATINELLE, au marchand.

Laissez cela !... je passerai demain.

MARCHAND.

Très-bien, monsieur ! ça ne presse pas !

Il sort.

COURTIN.

C'est chevaleresque, ce que vous faites là... mais stupide !... car avec cinq cents francs par mois.

VATINELLE.

Je croyais vous avoir dit que je les refusais.

COURTIN.

C'est encore mieux ! Avec rien par mois !... payer des cachemires de deux mille cinq cents francs... Ah ! à moins que vous n'ayez l'intention de travailler... avec vos petites mains !... Voyons, Vatinelle ! vous êtes jeune, vous jouissez d'une bonne santé... pourquoi ne chercheriez-vous pas une place ? Et alors, foi de Courtin ! je passerai l'éponge sur le passé... je pardonnerai tout... tout ! même vos faiblesses... parce que, quand on travaille, on peut s'amuser, on peut...

VATINELLE.

Avoir des maîtresses ?

COURTIN.

Oui... C'est-à-dire non !... Vous me faites dire des sottises ? Adieu !... Cherchez une place !... cherchez une place !...

Il sort par le fond.

SCÈNE V.

VATINELLE, puis CHAVAROT.

VATINELLE, seul.

Ah! voilà un beau-père qui me le payera! Et Amélie!... Amélie!... sur un simple soupçon, me blesser, m'humilier, me déshonorer... Ah! je donnerais tout ce que je possède, trente-sept francs cinquante, pour causer avec le monsieur qui offre des mobiliers sous le nom de Vatinelle.

CHAVAROT, entrant par le fond.

Enfin, te voilà!

VATINELLE.

Chavarot... tu es venu ce matin... Excuse-moi... j'étais en affaires...

CHAVAROT.

Oui... tu dormais... Mon ami, je viens te conter une nouvelle à la main... une gaudriole.

VATINELLE.

Ah! tu tombes mal... je suis furieux... Connais-tu une danseuse du nom de Coralie, toi?

CHAVAROT, surpris.

Hein?... non... Pourquoi?

VATINELLE.

Figure-toi que cette demoiselle a pour sigisbée un monsieur... un polisson! qui capitonne son boudoir sous mon nom

ACTE DEUXIÈME.

CHAVAROT, à part.

Le tapissier est venu!

Il ramène ses cheveux avec inquiétude.

VATINELLE.

Cette fourniture frauduleuse m'occasionne de très-vifs désagréments dans mon ménage.

CHAVAROT.

Ton ménage? Comment! tu es marié?

VATINELLE.

Depuis un an... coutume de Normandie! J'ai l'honneur de t'en faire part.

CHAVAROT, à part.

Saprelotte! (Haut.) Mon, ami permets-moi de te féliciter.

VATINELLE.

Non! ne te presse pas! je te présenterai mon beau-père... Mais je jure bien que le soleil ne se couchera pas avant que j'aie corrigé ce monsieur... le monsieur qui capitonne. (Prenant son chapeau.) Tu n'as rien à me dire? Adieu!

CHAVAROT.

Où vas-tu?

VATINELLE.

Rue Tronchet, 24, chez cette Coralie! je lui arrache le nom de son Arthur et...

CHAVAROT, inquiet.

Et quoi?

VATINELLE.

Ce sera terrible! Je ne te dis que ça... Au revoir, Chavarot!

CHAVAROT.

Mais

VATINELLE.

Adieu!... je suis furieux!

Il sort par le fond.

SCÈNE VI.

CHAVAROT, puis COURTIN et ANNA.

CHAVAROT, seul; il ramène ses cheveux avec la plus grande agitation.

Nom d'un petit bonhomme!... où me suis-je fourré?... Je le croyais garçon... Quand on saura que le monsieur... qui capitonne... c'est moi!... Voilà mon mariage flambé! Cinq cent mille francs... et une jeune fille!... Je ne l'ai pas vue.. mais elle me convient, elle me convient même beaucoup! Que faire? une idée!... ma voiture est à la porte... je brûle le pavé, j'arrive chez Coralie avant de Vatinelle, j'achète son silence et je suis sauvé.

Il va pour sortir et se trouve arrêté par Courtin, qui entre avec Anna.

COURTIN.

Mon cher Chavarot, permettez-moi de vous présenter ma fille.

CHAVAROT, saluant à peine.

Mademoiselle... certainement!... mais les affaires... vous savez... J'ai bien l'honneur...

Il sort vivement.

COURTIN, enthousiasmé.

C'est admirable!... à peine s'il t'a regardée! Les affaires!... à la bonne heure... voilà un homme! n'est-ce pas qu'il est bien?

ANNA.

Il est bien... bien laid !

COURTIN

Oh ! dans le commerce !...

SCÈNE VII.

COURTIN, ANNA, LORIN.

LORIN, venant de gauche, à Courtin.

Monsieur, il y a dans votre cabinet plusieurs messieurs à qui vous avez donné rendez-vous.

COURTIN.

Ah ! oui... ce sont des courtiers... j'y vais ! (Se ravisant, à Lorin.) Ah ! qu'est-ce que tu fais dans ce moment ?

LORIN.

Rien, monsieur.

COURTIN, tirant un papier de sa poche.

Tiens, voici une petite liste de courses.

LORIN, prenant la liste.

Tout ça !

COURTIN.

C'est très-pressé ! va !

LORIN.

A pied, monsieur ?

COURTIN.

Tiens ! Si tu crois que je vais te donner un coupé ! je t'ai promis de faire tomber ce ventre-là... je le ferai tomber !... car je t'aime, moi ! (Rentrant.) Dépêche-toi.

Il disparaît à gauche.

LORIN, à part.

Douze courses!... il me met à l'entraînement comme un jockey!

Il sort par la droite.

SCÈNE VIII.

ANNA, JULES.

A peine Lorin est-il sorti, que Jules entr'ouvre la porte.

JULES.

Mademoiselle Anna!

ANNA.

Monsieur Jules!

JULES.

Êtes-vous seule?

ANNA.

Oui... entrez! Eh bien, êtes-vous commerçant?

JULES.

Pas encore! J'ai cherché toute la nuit, je n'ai rien trouvé...

ANNA.

Oh!

JULES.

Je ne sais pas quoi acheter...

ANNA.

Mais on va à la Bourse, monsieur... ça inspire! à la Bourse du commerce, de quatre à cinq...

ACTE DEUXIÈME.

JULES.

C'est justement ce que j'ai fait, mademoiselle.

ANNA.

Eh bien?

JULES.

Eh bien, j'ai entendu beaucoup de messieurs qui criaient... Il y en a un qui disait : « Je donne des savons au quinze et je prends du cacao au trente et un !... » Ah ! une grande nouvelle, mademoiselle, on dit que le sucre va diminuer !

ANNA.

Eh bien ! il fallait opérer sur les sucres.

JULES.

Je voulais vous consulter...

ANNA.

Ah ! vous n'avez pas d'énergie !... Tenez, je vais vous aider, moi...

JULES.

Vous?

ANNA.

Ce matin, j'ai entendu papa dire à une personne : « La hausse sur les cotons est certaine. »

JULES.

Ah !

ANNA, l'imitant.

Ah ! eh bien, achetez des cotons... puisqu'ils vont monter !... Vous n'avez pas l'air de comprendre le commerce !

JULES.

Mais si, mademoiselle !... je veux bien acheter des cotons... Mais c'est pour les revendre.

ANNA.

C'est bien difficile!... Quand vous aurez vos cotons et qu'ils auront monté... vous irez à la Bourse, et vous crierez : « Je vends des cotons au quinze... ou au trente et un. »

JULES.

Oui, mademoiselle.

ANNA.

Voyons, comment direz-vous cela? essayez!

JULES, tranquillement.

Je vends des cotons au quinze.

ANNA.

Pas comme ça!... vous avez l'air de dire : « Ah! le joli temps!... » il faut crier... On n'est pas timide à la Bourse!... recommencez!

JULES, criant.

Je vends des cotons au quinze!... qui veut des cotons? prenez-moi des cotons!

ANNA.

A la bonne heure! vous vendez très-bien! Soyez tranquille, maintenant, j'écouterai tout ce que papa dira, quand il parlera d'affaires... il est très-fort, papa!... je vous redirai ce que j'aurai entendu... et votre fortune est faite!

JULES.

C'est parfait! Au moins, si je me trompe... votre père ne pourra pas m'en vouloir, je me tromperai avec lui...

ANNA.

Papa ne se trompe jamais!... courez vite à la Bourse et achetez des cotons!... Avez-vous un carnet?

JULES.

Un carnet?... pour quoi faire?

ANNA.
Je ne sais pas... mais tous ces messieurs en ont...
JULES.
J'entrerai chez un papetier.
ANNA.
Non... voici le mien!
JULES.
Votre carnet de bal!
ANNA.
Il vous portera bonheur...
JULES.
Ah! que vous êtes bonne!
ANNA.
Allez!... et surtout ne cassez pas le crayon!

Jules sort.

SCÈNE IX.

ANNA, COURTIN.

COURTIN, à part, sortant de son cabinet.
Mes instructions sont données... je crois que je vais faire un joli coup de filet! (A Anna.) Tiens! tu es encore là?

ANNA, ourlant une cravate qu'elle a prise dans sa boîte à ouvrage
Oui, petit père... je travaillais...

COURTIN.
Ah! tu travaillais, toi?... (A part.) Elle n'a pourtant pas de grosses mains, celle-là!

ANNA.

Ce sont vos cravates... c'est joliment épais... j'ai déjà cassé deux aiguilles.

COURTIN.

Je crois que ça durera longtemps... Pour te remercier, nous irons tantôt, tous les deux, acheter un chapeau vert.

ANNA, à part.

La!... j'en étais sûre! (Haut.) Mais pourquoi un chapeau vert?

Elle se lève.

COURTIN.

C'est une nuance solide... et puis c'est riche!... Si tu avais vu, autrefois, à Caen, la belle madame Bocandin... lorsqu'elle passait devant la Bourse avec son chapeau vert et sa robe puce!... les transactions s'arrêtaient... net! pour un moment.

ANNA.

Je ne veux pas d'un chapeau qui arrête les transactions. D'abord, si j'avais été homme, j'aurais aimé le commerce, moi!

COURTIN

Je crois bien! Tu n'es pas dégoûtée!

ANNA.

Oh! le commerce! l'industrie! c'est si beau!

COURTIN, ravi.

Vrai, là, tu trouves?

ANNA.

Depuis les chemins de fer qui mettent en communication directe les grandes artères du monde civilisé! (A part.) J'ai lu ça dans le journal!

ACTE DEUXIÈME.

COURTIN, à part avec admiration.

Comme elle parle chemins de fer !... si jeune !... C'est un ange! (Haut.) Ainsi, tu n'aurais aucune répugnance à épouser un commerçant?

ANNA.

Aucune.

COURTIN.

Ah! **chère** enfant! merci! (Il l'embrasse.) **J'en** ai **un** en vue pour **toi.**

ANNA.

Ah!

COURTIN.

Un charmant garçon !... Tu le connais, il sort d'ici.

ANNA, à part.

C'est Jules... il l'aura vu s'en aller...

COURTIN.

Il est parti un peu brusquement.

ANNA.

Pour aller à la Bourse.

COURTIN.

Je m'en doute.

ANNA.

Dites donc, petit papa... il paraît que les cotons vont monter?

COURTIN.

Tiens! tu t'occupes de cotons? Est-elle gentille!

ANNA.

Oh! je m'en occupe... C'est parce que je vous ai entendu dire ce matin : « Les cotons vont monter. »

COURTIN

Chut!... C'est le contraire!... Ils vont baisser!

ANNA, effrayée.

Hein?... Ah! mon Dieu!

COURTIN.

Généralement, quand je veux vendre, je dis à tout le monde : « Ça va monter! » et, quand j'achète, je crie la baisse!... C'est vieux! mais ça réussit toujours!

ANNA.

Mais c'est affreux! tromper ainsi... c'est très-mal!

COURTIN.

Mais qu'est-ce que ça peut te faire? Tu es émue...

ANNA.

Moi? Du tout! les cotons... ça m'est bien égal! (A part.) Et ce pauvre Jules!... Voilà un joli début!... Comment le prévenir?

SCÈNE X.

Les Mêmes, LORIN.

LORIN, entrant.

Monsieur, c'est moi...

COURTIN.

Déjà de retour... Tu as fait toutes mes courses?

LORIN.

Oui, monsieur...

COURTIN.

A la bonne heure! tu es expéditif.

ACTE DEUXIÈME.

LORIN, à part.

Je crois bien... je me suis payé une voiture à l'heure.

COURTIN, tirant une autre liste de sa poche.

Tiens! pour te récompenser de ton zèle... je vais t'en donner d'autres...

LORIN.

Encore! mais, monsieur...

COURTIN.

Va... Dépêche-toi!... ça te fera du bien! (Lui frappant sur le ventre.) Je le trouve déjà diminué...

Il sort par la gauche.

LORIN, à part.

Ah! mais il est embêtant!

ANNA, à part, écrivant un billet à la hâte.

« N'achetez pas de cotons... ils vont baisser. » (Haut.) Lorin!

LORIN.

Mademoiselle?

ANNA.

Vite ce billet à M. Jules Delaunay... à la Bourse!

LORIN.

Encore une course!

ANNA, rentrant.

Dépêche-toi! dépêche-toi!

Elle rentre à la suite de Courtin.

SCÈNE XI.

LORIN, puis VATINELLE.

LORIN, seul, consultant sa liste.

Une... deux... trois, quinze courses!... et celle de mademoiselle... seize!... et douze ce matin... vingt-huit... C'est à dérater un facteur!... Je vais acheter tout de suite un numéro de régie.

VATINELLE, entrant par le fond.

Coralie n'était pas chez elle... Ah! Lorin!

LORIN.

Monsieur?

VATINELLE.

J'ai une course à te donner.

LORIN, à part.

Lui aussi!

VATINELLE.

Tu vas courir chez M. Chavarot, rue du Sentier, 12... et tu le prieras de passer ici tout de suite!

LORIN.

Bien, monsieur... (A part.) Ça fait vingt-neuf.

VATINELLE.

Dépêche-toi. (Voyant entrer Chavarot.) Ah! le voici!... C'est inutile... Laisse-nous.

LORIN, à part.

Reste à vingt-huit.

Il sort par la droite

SCÈNE XII.

VATINELLE, CHAVAROT.

CHAVAROT, à part.

Coralie n'était pas chez elle!... Je suis d'une inquiétude...

VATINELLE.

Tu arrives bien. J'ai un service à te demander...

CHAVAROT.

Parle!

VATINELLE.

Je me bats demain.

CHAVAROT.

Ah! bah!... Avec qui?

VATINELLE.

Avec mon sosie!... avec le faux de Vatinelle

CHAVAROT.

Comment! tu le connais donc?

VATINELLE.

Pas encore.

CHAVAROT, à part.

Je respire!

VATINELLE.

Mais, dans une heure, je le connaîtrai.

CHAVAROT, à part.

Bigre!

VATINELLE.

Cette demoiselle était sortie... mais j'ai fait jaser la femme de chambre.

CHAVAROT, à part.

Coquine de Juliette!

VATINELLE.

Elle m'a donné le signalement de l'animal...

CHAVAROT, inquiet.

Ah! elle t'a donné...?

VATINELLE.

Il est petit, laid, chauve...

CHAVAROT, mettant vivement son chapeau.

Aïe!

VATINELLE.

Et bête!

CHAVAROT, protestant.

Oh! bête!

VATINELLE.

Tu le connais?

CHAVAROT, vivement.

Moi? pas du tout!

VATINELLE.

Eh bien, tu le connaîtras! Tu seras mon témoin... Coralie dîne au pavillon d'Armenonville... je prends une voiture et j'y cours... Je puis compter sur toi, n'est-ce pas?

CHAVAROT.

Parbleu!

ACTE DEUXIÈME.

VATINELLE.

Et surtout, pas d'arrangements!... pas d'excuses!

CHAVAROT.

Ah çà! tu lui en veux donc beaucoup, à ce malheureux jeune homme?

VATINELLE.

Ah! oui! Si tu savais tout le mal qu'il m'a fait!

CHAVAROT.

Quoi donc?

VATINELLE.

Amélie!... ma femme!... que j'aimais!... (Se ravisant.) Rien! ça ne te regarde pas.

CHAVAROT.

Mais je ne te demande rien!

VATINELLE.

A propos, tu n'achèterais pas un Raphaël ou un Corrège pour l'exportation?

CHAVAROT.

Non... dans ce moment... je cherche des cuirs vernis...

VATINELLE.

Je vends ma galerie... (A part.) J'ai besoin de battre monnaie; je connais un commissaire-priseur, je vais lui écrire... (Haut.) Attends-moi!... nous irons ensemble chez Coralie.

Il entre à droite, deuxième plan.

SCÈNE XIII.

CHAVAROT, puis COURTIN et ANNA.

CHAVAROT, seul.

Ensemble chez Coralie!... merci! pour qu'elle me reconnaisse!... Non! j'aime mieux plonger, faire le mort! Coralie ne me connaît pas sous mon vrai nom; elle ne pourra que lui donner mon signalement... Il l'a déjà... et il ne m'a pas reconnu! Je suis sauvé! (Il ramène ses cheveux avec complaisance.) je suis sauvé! (Tout à coup.) Ah! sacrebleu! et mon portrait!... mon portrait que j'ai eu la faiblesse de lui donner! une broche... qu'elle porte toujours... là! c'est frappant! malheureusement! Je cours au pavillon d'Armenonville... ma voiture est à la porte... j'arriverai avant de Vatinelle.

Au moment où il va sortir, Courtin entre avec

COURTIN.

Ah! monsieur Chavarot!

CHAVAROT, à part.

Le beau-père!... que le diable l'emporte!

COURTIN.

Vous étiez pressé ce matin... j'ai à peine eu le temps de vous présenter ma fille...

CHAVAROT.

Mademoiselle... certainement... mais vous savez, les affaires!... J'ai bien l'honneur...

Il sort vivement par le fond.

SCÈNE XIV.

COURTIN, ANNA, puis VATINELLE.

COURTIN.

Eh bien, il s'en va?... c'est magnifique! seulement il est peut-être un peu trop commerçant... un peu trop!

ANNA, à part.

Mais pourquoi papa me présente-t-il toujours à ce vieux monsieur pressé?

VATINELLE, sortant de son cabinet.

Voici ma lettre au commissaire-priseur... le sacrifice de de Vatinelle, toutes mes économies de garçon. Que tirerai-je bien de tout cela?... — François, cette lettre à son adresse!

Il remet une lettre à un domestique dans l'antichambre et redescend.

ANNA.

Bonjour, Georges.

VATINELLE.

Bonjour, petite sœur. (Il l'embrasse. — Apercevant Courtin.) Ah! je vous salue, monsieur.

COURTIN.

Moi aussi, monsieur...

ANNA, à part.

Qu'ont-ils donc?

VATINELLE.

Chavarot est parti?

COURTIN.

Oui, monsieur.

VATINELLE.

Merci, monsieur... Chère petite sœur, veuillez prier Amélie de m'accorder un moment d'entretien. (A part.) J'irai plus tard chez Coralie.

ANNA.

J'y vais, Georges... (A part.) Bien sûr, il y a quelque chose.

Elle sort.

COURTIN.

Un moment d'entretien... Suis-je de trop, *monsieur ?*

VATINELLE.

Oui, *monsieur*.

COURTIN.

Ah! c'est différent... je vais à la Bourse. (Il fait un pas pour sortir et revient à de Vatinelle.) Avouez que vous êtes vexé, *monsieur ?*

VATINELLE.

Horriblement, *monsieur*.

COURTIN.

Eh bien, croyez-moi, cherchez une place!

VATINELLE.

On m'a promis quelque chose dans les pompes funèbres... je vous demande la préférence... si toutefois vous n'avez pas d'engagements!

COURTIN.

Monsieur, vous vous moquez!... A votre aise! Au revoir *monsieur petites mains!*

Il sort par le fond.

VATINELLE.

Au revoir, *monsieur Courtin!*

SCÈNE XV.

VATINELLE, puis AMÉLIE, puis COURTIN.

VATINELLE, seul.

Et on parle des belles-mères!... mais c'est de la pâte de guimauve à côté de ceci! O Seigneur qui m'écoutez, donnez-moi la richesse, et je fais vœu de fonder une cage au jardin des Plantes avec cette inscription : *Beau-père alligator...* donné par M. de Vatinelle!

AMÉLIE, entrant.

Vous m'avez fait demander, monsieur?

VATINELLE.

Oui, madame... Monsieur votre père m'a signifié vos nouvelles dispositions... avec une grâce qui n'appartient qu'à son institution et je désire vous rendre mes comptes.

AMÉLIE.

Oh! c'est parfaitement inutile!

VATINELLE.

Oh! pardon, madame!... j'y tiens!... tout caissier qui reçoit son congé doit rendre ses comptes... c'est l'usage dans toutes les maisons de commerce... demandez à votre père.

AMÉLIE.

Mais, monsieur...

VATINELLE, montrant une chaise.

Madame, je vous en prie. Voici les recettes et voici les

dépenses... Reste en caisse quatorze francs cinq centimes... Ah! nous avons fait peu d'économies ce trimestre... les hivers sont ruineux à Paris... et puis nous avons eu les étrennes... mais voici la belle saison... et votre nouveau gérant sera sans doute plus heureux... c'est un homme fort capable... un Normand!

AMÉLIE, avec dignité.

C'est mon père, monsieur!

VATINELLE.

Je ne le sais que trop, madame... Je relève ici pour mémoire une somme de deux mille cinq cents francs pour un cachemire non payé!

AMÉLIE.

Un cachemire!

VATINELLE.

Ceci rentre dans ma dépense personnelle... ne vous inquiétez pas... c'est moi qui le payerai.

AMÉLIE.

Je devine la destination de ce cachemire... il doit suivre sans doute certain mobilier...

VATINELLE.

Non, madame... le voici!... Veuillez me permettre de vous l'offrir... c'est une surprise.

AMÉLIE.

Comment! Georges...

VATINELLE.

La dernière sans doute... car, à mon grand regret, mes moyens ne me permettront pas de longtemps de vous en faire de semblables.

AMÉLIE.

Je n'entends pas que votre position soit diminuée.

ACTE DEUXIÈME.

VATINELLE.

Respectons la coutume de Normandie! On nous a maçonné là-bas un contrat avec des séparations, des compartiments, des cloisons... on nous a mariés sous le régime cellulaire... Soumettons-nous!

AMÉLIE, vivement.

Georges!... vous voulez me quitter?

VATINELLE.

Non madame... rassurez-vous... Je ne veux pas qu'on prenne madame de Vatinelle pour une de ces épouses sans mari, qu'on voit flotter à la surface des sociétés douteuses!... pour vous, pour moi, je resterai. Je resterai, mais je payerai pension.

AMÉLIE.

Vous êtes cruel, Georges...

VATINELLE.

Cruel, avec vous? non, madame!... Il y a des femmes avec lesquelles la raillerie serait une lâcheté... ce sont celles qui, se croyant trompées, se défendent avec leur cœur, avec leurs larmes, avec leur douleur... Mais il en est d'autres pleines de sang-froid, de présence d'esprit... dont l'œil reste sec, le cœur impassible... qui se contentent d'étendre le bras et de mettre la main sur l'argent... sur le *sac!*... Avec celles-là, madame, on ne craint jamais d'être cruel!

AMÉLIE.

Est-ce bien vous qui me parlez ainsi?... Georges, je ne vous demande qu'un mot... donnez-moi votre parole d'honnête homme que vous ne connaissez pas cette femme?

VATINELLE.

Non, madame... cela ne m'est plus permis, on m'accuserait d'avoir voulu reconquérir la clef de la caisse!

AMÉLIE.

Dites plutôt que vous avez peur de vous parjurer!

VATINELLE.

Comme vous voudrez. (Il remet son pince-nez et consulte ses notes.) « Exercice d'avril... »

AMÉLIE.

Assez, monsieur!... je ne me prêterai pas plus longtemps à cette odieuse comédie!

VATINELLE.

Je n'insite pas... Il me reste à vous remettre ces quatre mille francs à compte sur les loyers de votre maison... Le concierge... votre concierge! ignorant ma destitution, vient de me les apporter à l'instant, je me suis permis de les encaisser... Les voici... Comptez, madame!...

Il les lui remet.

AMÉLIE, les prenant.

C'est bien!

VATINELLE.

Comptez donc... Vous ne voulez pas?... alors je compterai moi-même. (Reprenant les billets.) Permettez! (Comptant.) Un, deux, vous regardez, madame? trois, quatre. C'est parfaitement exact.

Il les lui rend.

AMÉLIE, les froissant.

Merci!

VATINELLE.

Maintenant, madame, permettez-moi de former des vœux pour que monsieur votre nouveau gérant accroisse rapidement votre fortune... Il connaît les bonnes valeurs, les placements sûrs et avantageux. Je vous souhaite beaucoup d'Orléans, considérablement de Lyon...

AMÉLIE.

Assez, monsieur!

ACTE DEUXIÈME.

VATINELLE.

Je ne vous en fais pas de reproches... mais on paraît aimer l'argent dans votre famille, et vous-même...

AMÉLIE

Moi?

Elle jette au feu les billets de banque qu'elle tient.

VATINELLE

Amélie!...

Il les ramasse vivement.

AMÉLIE, avec dédain.

Oh! vous les ramassez!

VATINELLE, froidement.

Permettez que j'allume mon cigare...

Il allume un cigare avec les billets de banque, puis il les rejette dans la cheminée.

AMÉLIE, à part.

Il a bien fait!

VATINELLE, saluant.

Madame...

Il remonte.

COURTIN, entrant et rencontrant Vatinelle.

Eh bien, mon gendre... où allez-vous donc?

VATINELLE.

Chercher une place.

COURTIN.

Ah! enfin!...

Il lui ouvre ses bras. Vatinelle met son chapeau et sort.

ACTE TROISIÈME.

Même décor.

SCÈNE PREMIÈRE.

JULES, ANNA.

ANNA.

Ainsi, mon billet vous est arrivé trop tard?

JULES.

Oui, mademoiselle... Je venais d'acheter tous les cotons disponibles... la baisse est venue.

ANNA.

Et vous perdez beaucoup?

JULES.

Oh! une bagatelle... quinze mille francs! Mais comment se fait-il que monsieur votre père... qui ne se trompe jamais...?

ANNA.

Oh! mon père... je ne suis pas contente de lui... D'abord il m'a acheté un chapeau vert... de vive force!

JULES.

C'est un abus de pouvoir.

ANNA.

Ensuite il m'a trompée comme dans un bois.

JULES.

Comment?

ANNA.

Il paraît que, lorsqu'il annonce la hausse, cela signifie la baisse... et réciproquement! Je ne pouvais pas deviner cela! mais, maintenant que je connais ses ruses, nous allons jouer à coup sûr... Ce matin, il a dit à quelqu'un : « Les savons vont monter!... »

JULES.

Alors vous me conseillez d'acheter des savons?

ANNA.

Mais, pas du tout, ils vont monter... Ça veut dire qu'ils vont baisser... donc, il faut en vendre.

JULES.

Mais je n'en ai pas, mademoiselle.

ANNA.

Mon Dieu, que vous êtes jeune en affaires... Vous vendez à terme et à découvert... Suivez-moi bien

JULES, sans comprendre.

A découvert... bon!

ANNA.

Et, quand les savons auront baissé... vous les rachèterez. On vous payera la différence... Il n'y a rien de plus simple.

JULES.

Très-bien. Je vends du savon... sans savon... Ça monte; je rachète... et on me paye la différence.

ANNA, remontant.

Voilà.

JULES.

Voilà... (A part.) Quel gâchis! Et M. Courtin prétend que c'est utile à la société, ces machines-là!

ANNA.

Ayez confiance! J'ai une excellente nouvelle à vous annoncer. Mon père est parfaitement disposé pour vous.

JULES.

Est-il possible!

ANNA.

Hier, nous avons causé sérieusement... vous veniez de sortir. Vous lui plaisez.

JULES.

Cependant je ne suis pas encore commerçant.

ANNA.

Comment! vous avez perdu quinze mille francs sur les cotons. Il me semble que c'est un titre.

JULES, avec joie.

Oh! je ne les regrette pas!

ANNA.

Priez madame votre sœur de venir faire la demande aujourd'hui... et, cette fois, elle sera bien reçue..

JULES.

Tout de suite! Je cours chez elle.

ANNA.

Et ensuite à la Bourse... ne la quittez pas... marchez courez, criez! Il faut qu'on vous y remarque.

JULES.

La Bourse! Mon Dieu, que c'est ennuyeux! Adieu, mademoiselle... (Il lui prend la main.) Il faut avouer que nous avons de singulières conversations! Je me sentirais bien plus de courage si vous vouliez me permettre...

ANNA.

Quoi donc?

JULES.

D'embrasser cette petite main, qui tremble dans la mienne.

ANNA, retirant vivement sa main.

Non, monsieur... Après la Bourse.

JULES, tristement.

Allons! Allons à la Bourse!

Il sort.

SCÈNE II.

ANNA, AMÉLIE, puis COURTIN.

ANNA, seule.

Pauvre jeune homme! Il n'a pas le feu sacré!

AMÉLIE, entrant.

Ah! tu es là, petite sœur? Est-ce que notre père n'est pas rentré?

ANNA.

Pas encore.

AMÉLIE, à part.

Je suis d'une impatience!... Aura-t-il rencontré cette danseuse?

ANNA

Tu ne sais pas, M. Jules sort d'ici!

AMÉLIE, distraite.

Ah! très-bien... j'en suis bien aise... (A part.) Georges nie avec tant d'assurance... de dignité... Je ne sais plus que croire.

ANNA.

Sa sœur doit venir aujourd'hui pour la demande

AMÉLIE, distraite.

Ah! la demande !... certainement... (A part.) S'il était innocent...

ANNA.

Mais tu n'as pas l'air de m'écouter

AMÉLIE.

Ah! pardon !... Je suis inquiète... nerveuse... impatiente.

COURTIN, entrant par le fond.

Me voilà.

AMÉLIE.

Mon père !... (A Anna.) Laisse-nous!

ANNA.

Oui... prépare-le à la visite... la grande visite... C'est très-important.

Elle sort.

SCÈNE III.

AMÉLIE, COURTIN.

AMÉLIE.

Eh bien, mon père?

COURTIN.

Eh bien, je l'ai vue.

ACTE TROISIÈME.

AMÉLIE.

Ah!

COURTIN.

C'est une femme superbe!... grande, blonde, élancée.

AMÉLIE.

Mon père!

COURTIN.

Elle m'a rappelé la belle madame Bocandin... mais tu ne l'as pas connue... Sais-tu dans quoi elle danse? J'irai l'entendre.

AMÉLIE, impatientée.

Il ne s'agit pas de cela... Que lui avez-vous dit?

COURTIN.

Oh! si tu crois que j'ai pris des mitaines!... Je lui ai dit : « Madame, vous êtes la maîtresse de Georges Vatinelle... Georges Vatinelle a épousé ma fille, et je viens vous prier de me rendre mon gendre!... Je ferai un sacrifice. »

AMÉLIE.

Qu'a-t-elle répondu?

COURTIN.

« Marié?... lui?... Vatinelle?... Ah! le monstre! le gueux! » Elle est entrée dans une fureur verte... puis tout à coup elle est partie d'un grand éclat de rire... Elle a des dents exceptionnelles!

AMÉLIE.

Après?

COURTIN.

Après... elle a mis une bûche dans le feu, et elle m'a dit : « Si vous croyez que j'y tiens à votre Vatinelle! Il est laid, bête et chauve. »

AMÉLIE.

Chauve?

COURTIN.

Oui, elle a dit ça dans la colère.

AMÉLIE, à part.

Si ce n'était pas Georges!

COURTIN.

Puis elle m'a quitté en me priant d'attendre un moment... elle est revenue et m'a remis de ses mains blanches... elle a des mains exceptionnelles... petites... à la bonne heure! voilà comment je comprends les petites mains!

AMÉLIE.

Que vous a-t-elle remis?

COURTIN.

Un petit paquet pour Vatinelle.

AMÉLIE.

Un paquet?

COURTIN, le tirant de sa poche.

Le voici... Je crois qu'elle lui donne son compte.

AMÉLIE, le prenant.

Ah! il est cacheté.

COURTIN.

Eh bien! qu'est-ce que ça fait? A Caen, les femmes ne se gênent pas pour...

AMÉLIE.

Oh! non.

COURTIN.

Alors, tu ne sauras rien.

AMÉLIE.

Si. Je le remettrai moi-même à Georges, et je veux qu'il ouvre devant moi.

> Elle serre le paquet dans sa poche

COURTIN.

C'est exactement la même chose!... Où est-il, Vatinelle?

AMÉLIE.

Je ne sais pas, mais il s'occupe sans doute de la vente de ses tableaux... C'est pour aujourd'hui... Depuis trois jours, je ne le vois plus... depuis qu'il a une place...

COURTIN.

C'est vrai! il a une place... il travaille. Je ne sais pas ce qu'il fait, par exemple! T'a-t-il dit quelle était sa place?

AMÉLIE.

Non... depuis le jour où il a jugé à propos de me rendre ses comptes, nous avons à peine échangé quelques mots.

COURTIN.

Il a de belles relations. Il se sera fait nommer administrateur d'un chemin de fer. Si c'était celui de Caen! je lui demanderais une passe... ça me serait bien commode. Ce brave garçon! il faut absolument que je fasse la paix avec lui.

VATINELLE, en dehors.

Quatorze lettres à affranchir, c'est très-pressé.

SCÈNE IV.

Les Mêmes, VATINELLE.

Entrée solennelle de Vatinelle. Il porte des lunettes bleues, un petit manteau; il tient un grand portefeuille sous un bras et un parapluie sous l'autre. Il semble très-affairé; il fait, en entrant, une promenade, va au petit meuble à gauche, puis vient s'asseoir à la table, et se coiffe lentement d'un bonnet de velours.

AMÉLIE.

Georges!

COURTIN.

C'est ce cher Vatinelle... Mais que devenez-vous donc? On ne vous voit plus.

VATINELLE, à la table.

Tres-occupé! très-occupé!

AMÉLIE, bas, à Courtin.

Mon père, je voudrais être seule avec Georges.

COURTIN, bas.

Oui, je comprends... l'explication... le paquet cacheté... Sois indulgente, puisqu'il travaille. (Haut, à Vatinelle.) Monsieur...

VATINELLE, absorbé dans ses paperasses.

L'autre bureau à côté.

COURTIN.

Je vous laisse avec Amélie... Elle a quelque chose à vous dire.

VATINELLE, mettant du bois dans la cheminée.

Oh! dans ce moment... impossible! Je suis dans le contentieux.

ACTE TROISIÈME.

AMÉLIE, à part

C'est un système, un parti pris.

COURTIN.

Cependant, Amélie...

VATINELLE.

Vous m'excusez, n'est-ce pas? Quand on a une place...

COURTIN.

Une place! Ça n'empêche pas de causer avec sa femme!

VATINELLE.

Oh! pas dans notre partie... beau-père.

COURTIN.

Ah! et quelle partie?

VATINELLE.

Oh! c'est une partie, voyez-vous... Quand vous la connaîtrez, vous en serez stupéfait... peut-être plus!

COURTIN, à part.

Il paraît qu'il a attrapé une position magnique, ce gaillard-là!

VATINELLE, à lui-même, consultant un dossier.

Ce procès est excellent... (Courtin s'approche de Vatinelle.) On l'a déjà perdu deux fois, mais ce n'est pas en France... c'est à Romorantin! (A Courtin, se levant, ôtant son bonnet, et se plaçant une plume derrière l'oreille.) Ah! j'oubliais!... J'ai invité à déjeuner un employé supérieur de mon administration.

AMÉLIE.

Vous avez bien fait, mon ami.

VATINELLE.

M. Desbrazures.

COURTIN, à part

Le président du conseil, sans doute.

VATINELLE, à Courtin.

Vous aurez la bonté de donner des ordres, n'est-ce pas ?. Que ce soit bien ! Je payerai un petit supplément.

AMÉLIE.

Monsieur !

VATINELLE.

Pardon, je m'adresse à monsieur votre gérant. (A Courtin.) Je payerai un petit supplément.

COURTIN, de bonne foi.

Ne parlons donc pas de ça. Mon Dieu ! nous ne sommes pas regardants. D'ailleurs, les amis de mon gendre...

SCÈNE V.

Les Mêmes, LORIN, DESBRAZURES.

LORIN, annonçant.

M. Desbrazures!

VATINELLE.

C'est lui ! (A Courtin et à Amélie.) Faites-lui bon accueil... mon avenir en dépend.

COURTIN.

Soyez donc tranquille ! on sait vivre.

Desbrazures paraît au fond. C'est un petit vieux avec des lunettes et un parapluie, et un grand portefeuille. Tenue d'employé peu rétribué.

DESBRAZURES, saluant.

Messieurs... Madame...

ACTE TROISIÈME.

VATINELLE.

C'est bien aimable à vous, cher monsieur, d'avoir accepté notre invitation.

AMÉLIE.

Mon mari ne pouvait me faire un plus vif plaisir.

COURTIN.

C'est non-seulement un plaisir, mais un honneur.

DESBRAZURES, remerciant.

Ah! monsieur... madame... (A part.) Ils sont très-aimables, ces gens-là.

COURTIN, à part.

Il a le front intelligent! (Haut, avec empressement.) Permettez que...

DESBRAZURES.

Ne vous donnez pas la peine!

COURTIN.

Vous êtes ici chez vous.

VATINELLE.

Comme dans votre bureau.

DESBRAZURES, à Amélie.

Alors vous permettez...?

Il met une calotte semblable à celle de Vatinelle.

COURTIN, à part, montrant le parapluie.

Un homme qui occupe de si hautes fonctions! Quelle simplicité!

DESBRAZURES, à part.

Il est bien logé, Vatinelle... Tapis partout... moi qui royais venir dans un petit ménage d'employé.

il renfonce le goulot d'une bouteille qui sort de sa poche

COURTIN, qui a vu son mouvement, approchant une chaise
à Desbrazures.

Vous cherchez quelque chose?

DESBRAZURES, assis.

Non, rien... merci. (A part.) C'est une demi-bouteille de champagne que j'avais apportée pour faire une surprise au dessert.

Il la renfonce de nouveau.

COURTIN, s'asseyant.

Vous nous faites un grand sacrifice, monsieur Desbrazures, en vous arrachant à vos nombreuses occupations.

DESBRAZURES.

Le fait est que nous sommes bien occupés dans notre partie.

VATINELLE, derrière Desbrazures.

Très-occupés... très-occupés!

COURTIN.

Ah! et quelle partie?

DESBRAZURES.

Vous savez bien!

VATINELLE, à Courtin.

C'est la même.

COURTIN, à Amélie.

C'est la même... Je m'en doute... Moi, j'ai toujours admiré les rouages des grandes administrations. Dans les chemins de fer... par exemple...

DESBRAZURES.

Je n'y suis allé qu'une fois en chemin de fer... c'était à Creil!

ACTE TROISIÈME.

VATINELLE, criant.

Creil! Creil! Dix minutes d'arrêt!... Pardon c'est un souvenir.

DESBRAZURES.

Mais je n'étais pas rassuré.

COURTIN, à part.

Il n'est pas dans les chemins de fer.

DESBRAZURES, regardant l'ameublement.

Vous avez au moins quatre mille francs de loyer.

VATINELLE.

Cinq mille.

DESBRAZURES, à part.

Cinq mille! Je suis fâché d'avoir apporté ma demi-bouteille.

VATINELLE, à part.

Qu'est-ce qu'il a donc à fourrager dans sa poche?

DESBRAZURES, à Courtin.

Pourriez-vous mettre à ma disposition une plume et de l'encre? J'ai quelques notes à jeter... pour une affaire urgente. (A Vatinelle.) L'affaire Letourneur.

VATINELLE.

Affaire immense.

AMÉLIE.

Si vous voulez passer dans le cabinet de mon mari.

COURTIN, vivement.

Non! dans le mien... dans le mien! Cher monsieur Desbrazures, vous y serez comme chez vous.

DESBRAZURES.

Vous êtes mille fois trop bon ! (A part.) Elle me gêne beaucoup, ma demi-bouteille.

Il la renfonce et sort.

SCÈNE VI.

COURTIN, AMÉLIE, VATINELLE, ANNA.

COURTIN.

Quel homme! quelle activité! Je suis comme ça, moi!

ANNA, entrant un journal sous bande à la main.

Bonjour, petit père!... C'est ton journal *l'Écho des Halles*.

COURTIN, l'ouvrant.

Ah! voyons un peu les cours.

ANNA.

Oui, les savons.

AMÉLIE.

En quoi cela t'intéresse-t-il?

ANNA.

Il paraît qu'ils vont baisser.

COURTIN.

Mais pas du tout! ils vont monter.

ANNA.

Hein?

COURTIN, montrant le journal.

Tiens, regarde... une franc vingt-cinq de hausse!

ACTE TROISIÈME.

ANNA, à part.

Ah! mon Dieu! Et ce pauvre Jules qui a vendu! (Haut.) Mais vous avez dit à M. Chavarot : « La hausse est inévitable. »

COURTIN.

Eh bien?

ANNA.

Puisque vous dites toujours le contraire

COURTIN.

Aux autres! mais pas à Chavarot... C'est un ami, Chavarot! un ami qui sera bientôt mon gendre.

VATINELLE; il n'a plus sa calotte.

Ah bah!

AMÉLIE.

Comment?

ANNA.

Par exemple!

COURTIN.

Je ne voulais pas vous le dire si tôt... mais...

ANNA.

M. Chavarot! mon mari? Je n'en veux pas.

COURTIN.

Nous sommes engagés.

ANNA.

Vous vous dégagerez.

VATINELLE.

Elle a raison. L'avez-vous seulement regardé, Chavaro Il ramène... c'est un rameneur!

Il imite le geste de Chavarot.

COURTIN.

Qu'est-ce que c'est que ça?

VATINELLE.

Un rameneur? c'est un genou qui n'ose pas porter perruque, ou, si vous l'aimez mieux, un commerçant dégarni qui emprunte à son arrière-boutique quelques rossignols oubliés pour en parer sa devanture. Le fondateur de cette institution se nomme Cadet-Roussel. Après lui, je nommerais Chavarot... s'il n'était mon ami.

Tout le monde rit, excepté Courtin.

COURTIN.

Vous avez beau rire et beau dire, Chavarot est une **excellente signature.**

ANNA.

Mais je n'épouse pas une signature.

COURTIN.

Laissez-moi parler, mademoiselle.

ANNA.

Non! je ne l'épouserai pas! je ne l'épouserai pas!

COURTIN.

Ah! mais...

ANNA.

Ah! mais!

VATINELLE, embrassant **Anna.**

Charmante enfant!

UN DOMESTIQUE, annonçant.

Madame de Flécheux!

SCÈNE VII.

Les Mêmes, MADAME DE FLÉCHEUX.

AMÉLIE, remontant.

Madame de Flécheux!

ANNA, à part.

Elle vient faire la demande!

VATINELLE, à part.

Elle arrive toujours au bon moment

AMÉLIE, à madame de Flécheux.

Chère madame... que je suis heureuse de vous voir!

MADAME DE FLÉCHEUX.

Vous attendiez, je pense, un peu ma visite.

ANNA, bas, à madame de Flécheux.

Pas de demande! c'est changé!

MADAME DE FLÉCHEUX, étonnée.

Hein?

AMÉLIE, bas.

C'est changé!

VATINELLE, bas.

C'est changé!

MADAME DE FLÉCHEUX.

Encore!

AMÉLIE.

Prenez donc la peine de vous asseoir.

Elle lui avance un fauteuil.

COURTIN, à part.

Elle passe sa vie à faire des visites, cette femme-là! (Prenant son journal.) Voyons l'article sur les colzas.

MADAME DE FLÉCHEUX, à part.

Mon frère me fait jouer un rôle fort ridicule.

VATINELLE, s'approchant de madame de Fléchoux.

Le bruit court, madame, que vous venez d'acheter un hôtel ravissant.

MADAME DE FLÉCHEUX.

Oh! ravissant! c'est beaucoup dire!

VATINELLE.

On ne parlait que de cela à la dernière soirée de la comtesse de Goyant. Oserai-je vous demander si vous êtes assurée?

TOUS.

Hein?

COURTIN, à part.

Assurée! Cette question...

MADAME DE FLÉCHEUX.

C'est un détail dont je ne m'occupe pas. Cela regarde mon homme d'affaires... Mais je ne pense pas que cela soit encore fait.

VATINELLE.

Alors, madame, j'aurai l'honneur de vous demander la préférence.

TOUS.

La préférence!

COURTIN.

Qu'est-ce qu'il chante?

MADAME DE FLÉCHEUX.

Vous, monsieur?

VATINELLE, avec un ton de charlatan.

Nous avons plusieurs sortes d'assurances. Celle à prime fixe, qui devient mixte ou mutuelle ; c'est la meilleure. Nous avons aussi l'assurance au remboursement différé ; c'est encore la meilleure ! L'assurance proportionnelle, l'assurance simple, double, triple ! Enfin nous avons toutes les assurances.

COURTIN.

Vatinelle ! un mot.

VATINELLE, continuant.

Pardon, beau-père, je parle la langue des affaires. Diverses compagnies, sous le patronage des noms les plus illustres de la finance, se disputent la faveur du public. N'en recommander aucune, c'est les recommander toutes ! Il y a *la Paternelle, la Fraternelle, la Maternelle, le Phénix, le Soleil, la Garantie, la Prévoyance...*

MADAME DE FLÉCHEUX, se levant, ne pouvant plus se contenir, éclate de rire.

Assez ! assez ! monsieur de Vatinelle. Vous m'avez convaincue. (Se levant.) Entendez-vous avec mon homme d'affaires.

VATINELLE.

Très-bien, madame, je serai chez vous demain à cinq heures du matin

MADAME DE FLÉCHEUX, riant.

Ah . je ne prends pas l'engagement de vous recevoir.

VATINELLE.

C'est bien, je me présenterai à cinq heures et demie.

MADAME DE FLÉCHEUX, saluant.

Mesdames... Messieurs...

ANNA, accompagne madame de Flécheux.

J'ai à vous parler, je vous accompagne.

Madame de Flécheux et Anna sortent.

SCÈNE VIII.

COURTIN, AMÉLIE, VATINELLE.

AMÉLIE, à son mari.

Monsieur... ce n'est pas sérieux.

VATINELLE.

Parfaitement.

COURTIN.

Courtier d'assurances !

AMÉLIE.

Une pareille scène ! devant madame de Flécheux ! Nous allons devenir la fable de tout Paris.

COURTIN.

La voilà donc, la place que vous avez trouvée !

VATINELLE.

Beau-père, je me suis adressé au Gouvernement ; il était complet ! mais on m'a fait espérer quelque chose dans l'octroi... J'aurai l'uniforme.

COURTIN.

Gabelou !

VATINELLE.

Je suis inscrit. J'ai le numéro 732. Ce n'est plus qu'une

question de temps. Du reste, je ne me plains pas, ma position est indépendante. On marche, on court, on fait de l'exercice. Tenez, ce matin, je me suis présenté chez tous vos amis pour les assurer.

COURTIN.

Comment! vous avez osé...?

VATINELLE.

Ah! Dumirail a été charmant! Il m'a fait gagner vingt-huit francs.

COURTIN.

Mais vous nous déshonorez.

VATINELLE.

Vingt-huit francs n'ont jamais déshonoré personne.

AMÉLIE.

Et ce M. Desbrazures?

COURTIN.

Oui, ce Desbrazures que nous venons d'accabler de politesses.

VATINELLE.

C'est mon collègue!

COURTIN

Un petit coureur d'assurances!

VATINELLE.

C'est un homme très-solide... Et une écriture! il moule ses polices... (A Courtin, confidentiellement.) Dites donc, ménagez-le.

COURTIN.

Eh monsieur!...

VATINELLE.

Il me fera avoir une gratification de cent cinquante francs au jour de l'an.

AMÉLIE.

Georges, vous êtes cruel!

COURTIN.

C'est hideux! c'est ignoble!

VATINELLE.

Écoutez donc, beau-père, on ne vit que de ce qu'on mange... Coutume de Paris!

SCÈNE IX.

Les Mêmes, DESBRAZURES, puis LORIN

DESBRAZURES, entrant.

La! j'ai fini... Il me reste à vous remercier.

COURTIN, sèchement.

Il n'y a pas de quoi, monsieur. (A part.) Il a le front d'un crétin.

DESBRAZURES, à Amélie.

Mes compliments, madame; vous avez un appartement délicieux. Le mobilier est-il assuré?

AMÉLIE, sèchement.

Oui, monsieur.

Elle le quitte.

LORIN, entrant.

Le déjeuner est servi.

DESBRAZURES, offrant son bras à Amélie.

Madame veut-elle me faire l'honneur d'accepter...

AMÉLIE, sèchement

Non monsieur, je n'ai pas faim.

ACTE TROISIÈME.

COURTIN.

Ni moi! Je ne déjeunerai pas.

DESBRAZURES, à part.

C'est drôle, ils sont moins aimables que tout à l'heure.

VATINELLE, bas, à Courtin et à Amélie.

Ah! ce n'est pas gentil! vous nuisez à mon avancement

AMÉLIE, bas, à Vatinelle.

Monsieur, pourrais-je enfin vous parler?

VATINELLE.

Jamais en semaine. Dimanche, de neuf heures à neuf heures et demie. (Haut.) A table, mon cher Desbrazures!... Passez donc.

DESBRAZURES, à part.

Elle me gêne bien, ma demi-bouteille.

VATINELLE, à part.

C'est égal, je voudrais bien savoir ce qu'il a dans sa poche.

Il sort à la suite de Desbrazures.

SCÈNE X.

COURTIN, AMÉLIE, puis LORIN.

AMÉLIE.

Eh bien, mon père?

COURTIN.

Que veux-tu!... Ce n'est pas ma faute! Je ne lui ai pas dit de se faire courtier d'assurances.

AMÉLIE.

Nous étions si heureux! Nous nous aimions tant! Ah! vous avez soufflé sur un beau rêve; maintenant, je n'a plus de mari.

COURTIN, à part.

Elle pleure! Sapristi! J'aurais mieux fait de rester à Caen.

AMÉLIE.

Ah! pourquoi êtes-vous venu troubler notre repos!

COURTIN.

Moi?

AMÉLIE.

Vous ne comprenez que le mouvement... le travail.

COURTIN.

Le travail est la clef de voûte de l'édifice social! Je n'en démordrai pas!

AMÉLIE.

Mais en quoi l'édifice social est-il menacé parce qu'un mari mange tranquillement ses revenus auprès de sa femme qu'il aime?

COURTIN.

Certainement, il est menacé! Et dans sa base même... parce que... suis-moi bien... la société est un navire...

AMÉLIE.

Eh bien, dans un navire, il y a des passagers qui payent leur place et qui ne font rien!

COURTIN, démonté.

Oui.. je conviens qu'il y a des passagers... mais ça n'empêche pas que, d'un autre côté... parce que...

Bruit de bouteille de champagne qui se débouche dans la coulisse où est entré Desbrazures.

ACTE TROISIÈME.

LORIN, en riant et en essuyant son habit.

Ah! ah! ah! elle est trop drôle!

COURTIN.

Qu'est-ce qu'il a à rire, cet imbécile-là? Qu'est-ce que c'est?

LORIN.

C'est M. Desbrazures... le bonhomme! Je lui présentais une assiette... lorsque tout à coup, pan! une forte détonation sort de sa poche; elle se met à mousser, sa poche!

COURTIN.

A mousser?

LORIN.

J'en ai plein mon habit... Monsieur se tient les côtes... et moi aussi... Ah! ah!

Il sort en riant.

COURTIN.

Il est fou, ce garçon!

On entend rire Vatinelle dans la coulisse.

AMÉLIE.

Vous l'entendez... il rit... il ne songe plus à moi. Ah! vous m'avez fait bien du mal!

COURTIN.

Un instant! Ce n'est pas moi qui lui ai conseillé de meubler une danseuse.

AMÉLIE.

Oh! j'ai un pressentiment .. là... que Georges est innocent!

COURTIN.

C'est bien facile à savoir. Tu en as la preuve dans ce paquet cacheté.

AMÉLIE.

Ce paquet cacheté!...

COURTIN.

Quant à moi, je ne me mêle plus de rien. Ça ne me réussit pas, mais je conserve mon opinion. Le travail, c'est la liberté! Non! le travail... c'est tout! c'est tout!

Il sort par la gauche

SCÈNE XI.

AMÉLIE, puis VATINELLE.

AMÉLIE, seule.

La preuve, elle est là...

Elle tire de sa poche le paquet cacheté

VATINELLE, à la cantonade.

Je vais dire qu'on serve le café.

AMÉLIE, à part.

Georges!... Ah! il faut que mon sort se décide... Georges!

VATINELLE, entrant.

Madame...

AMÉLIE, lui tendant le paquet.

Ceci est pour vous.

VATINELLE.

Pour moi?

AMÉLIE.

De la part de la danseuse.

VATINELLE.

De plus fort en plus fort... Ouvrez, madame.

AMÉLIE.

Quoi ! vous voulez...?

VATINELLE.

Ouvrez, madame.

AMÉLIE, décachetant le paquet.

Un écrin et une lettre.

VATINELLE.

Lisez.

AMÉLIE, tenant la lettre du bout des doigts.

« Monsieur, je viens de recevoir la visite de papa beau-père. Il m'a offert trois billets de mille pour lui restituer son gendre. Je suis trop heureuse de le lui rendre gratis. Je ne vous renvoie pas de vos cheveux... »

VATINELLE.

De mes cheveux !

AMÉLIE, lisant.

« Et pour cause ! mais je lui remets votre petit portrait. »

VATINELLE, s'emparant du portrait.

Mon portrait?... Ah! par exemple, je ne serais pas fâché de le voir... Hein!... Chavarot!

AMÉLIE.

M. Chavarot!

VATINELLE.

C'est lui qui capitonnait!... Ah! l'infâme! l'infâme!

SCÈNE XII.

Les Mêmes, UN DOMESTIQUE, CHAVAROT.

LE DOMESTIQUE.

M. Chavarot.

VATINELLE.

Il arrive toujours en situation, celui-là... Amélie, j'ai l'honneur de vous présenter (Lui montrant le portrait.) M. Chavarot ! Regardez-le bien !

AMÉLIE, heureuse.

Il est ressemblant.

CHAVAROT, saluant.

Madame...

VATINELLE, à Amélie.

Tu l'as bien vu ! laisse-nous... (Il la reconduit.) Ah ! Chavarot, je suis bien aise de te voir !... Voyons, es-tu parvenu à découvrir mon sosie ?... ma doublure ?

CHAVAROT, à part.

Il faut en finir. (Haut.) Oui, mon ami, je l'ai enfin rencontré.

VATINELLE

Ah ! tu l'as rencontré ?

CHAVAROT.

Oui, hier soir, au foyer de l'Opéra... C'est un Belge.

VATINELLE.

Ah ! ma contrefaçon est belge !... Voyez-vous ça !

CHAVAROT.

J'ai marché droit à lui... « C'est à M. de Vatinelle que j'ai le désagrément de parler ?... — Oui, monsieur !... — En êtes-vous bien sûr ?... — Mais, monsieur !... — Pas un mot, pas un geste, vous n'êtes qu'un Vatinelle de contrebande... » Il réplique, la colère m'emporte, et je le frappe au visage d'un revers de mon gant !

VATINELLE.

Une gifle !

CHAVAROT.

Distinguée !... Ce matin, dès l'aube, sur la lisière d'un bois sinistre, deux hommes, la poitrine nue jusqu'à la ceinture, se trouvaient face à face, l'œil en feu et le sabre au poing.

VATINELLE.

Horrible ! horrible !

CHAVAROT.

Le combat fut long, terrible, acharné ! enfin, par une feinte savante, j'oblige mon adversaire à se découvrir, et, ma foi...

VATINELLE.

Tu l'as tué ?

CHAVAROT.

Moi !... Eh bien, oui. (A part.) Ça termine tout.

VATINELLE.

Noble et vaillant Chavarot, sublime Chavarot.

Il lui ramène les cheveux

CHAVAROT.

Ne parle de ça à personne... un commerçant, ça me ferait du tort.

VATINELLE.

Sois donc tranquille... Mais es-tu bien sûr de l'avoir tué?

CHAVAROT.

Comment!... si j'en suis sûr!

VATINELLE.

C'est bien fâcheux, tu n'as pas tué le bon. Il y en a un autre.

CHAVAROT.

Un autre? nomme-le-moi, je cours!

DE VATINELLE.

Non... Tu en as consommé un avant ton déjeuner; pour un commerçant, c'est très-gentil. Je me charge de l'autre.

CHAVAROT.

Ah! tu veux toi-même...?

VATINELLE.

Oui, je me suis procuré son portrait... Il a une bien drôle de tête, vois!

CHAVAROT.

Mon portrait!... (Il le prend.) Comment! Coralie!... (Il défaille.) Adieu, mon ami.

ANNA, entrant.

Ah! monsieur Chavarot!...

CHAVAROT.

Certainement mademoiselle... mais, vous savez, les affaires! Je suis attendu à Bruxelles. J'ai l'honneur de vous saluer.

Il sort.

SCÈNE XIII.

VATINELLE, ANNA.

ANNA.

Il est parti !

VATINELLE.

Pour ne jamais revenir.

ANNA.

Déroute complète ; je vais prévenir Jules.

Elle sort.

VATINELLE.

Maintenant que j'ai fait les affaires de ma petite sœur, je vais songer aux miennes.

Il se dispose à sortir.

SCÈNE XIV.

VATINELLE, AMÉLIE.

AMÉLIE, entrant.

Georges, où allez-vous donc ?

VATINELLE.

Madame... je vais aux Commissaires-priseurs... on doit me vendre en ce moment.

AMÉLIE.

Mon ami, j'ai une prière à vous adresser.

VATINELLE.

Laquelle ?

AMÉLIE.

Tiens, prends ceci

VATINELLE.

Quoi ?

AMÉLIE.

Une clef... que tu as bien voulu confier à mon père ; je veux que tu redeviennes le maître chez toi.

VATINELLE.

Madame ! madame !

AMÉLIE.

Je t'en supplie ; veux-tu que je te la présente à deux genoux comme à un souverain qui rentre dans sa bonne ville ?

VATINELLE, l'embrassant.

Amélie, ton père m'a fait durement sentir tout ce que ma position avait d'humiliant. Tu es riche, je suis pauvre. Je ne reprendrai ici ma place que lorsqu'il me sera permis de t'apporter une fortune, sinon égale à la tienne, du moins qui me mette dans une situation honorable et indépendante.

AMÉLIE.

Mais...

VATINELLE.

J'ai dit.

AMÉLIE, à part.

Heureusement que mon père est en train de réparer le mal qu'il a fait.

SCÈNE XV.

Les Mêmes, COURTIN, puis ANNA et LORIN, puis
JULES et MADAME DE FLÉCHEUX.

COURTIN, entrant, suivi de Lorin et d'Anna.

Monsieur, voilà ce qu'on vient d'apporter de l'hôtel des commissaires-priseurs. Il paraît que votre vente est terminée.

AMÉLIE, à part.

Ah!

VATINELLE.

Déjà!... Mon bordereau? mon bilan? (Tenant le papier et n'osant l'ouvrir.) Est-ce bête! je suis ému!

AMÉLIE.

Lisez donc, poltron!

VATINELLE.

Voyons. (Lisant.) « Une Sainte Famille attribuée à Raphaël... treize francs soixante-quinze. »

ANNA.

Ah bah!

AMÉLIE.

Ah! mon Dieu!... mon père!

Courtin reste immobile.

VATINELLE.

Pas même quatorze francs, c'est dur! (Lisant.) « Une Vénus du Corrège... »

AMÉLIE.

Ton beau Corrège!

VATINELLE, consterné.

« Vingt-six francs ! »

ANNA.

Avec le cadre ?

AMÉLIE, à Courtin.

Vingt-six francs, un Corrège ! mon père !...

COURTIN, impassible.

L'art est dans le marasme.

VATINELLE.

Sapristi ! il paraît que je me suis fait enfoncer avec ma galerie ! (Soupirant et lisant.) « Une pipe en écume de mer... fêlée.. seize mille huit cents francs. » (Étonné.) Hein ?

ANNA.

Ah

AMÉLIE, avec joie.

Enfin !

Elle se jette dans les bras de Courtin et l'embrasse.

VATINELLE.

J'ai bien lu... « Seize mille huit cents francs. » (A Courtin qui ne bronche pas.) Il paraît qu'il y a, à Paris, un imbécile qui aime les pipes fêlées, mais pas les Raphaëls. (Lisant.) « Quatrième lot... une paire de rasoirs anglais... un accordéon et une chope en verre de Bohême. »

LORIN, à part, montrant la chope.

Voilà !

VATINELLE, lisant.

« Treize mille quatorze francs ! et cætera, et cætera ! »

COURTIN, bas, à Amélie.

Je n'ai poussé que les choses utiles.

ACTE TROISIÈME.

VATINELLE.

Treize mille... Qu'est-ce que ça signifie?

LORIN, s'avançant.

Monsieur, c'est bien simple... Figurez-vous...

COURTIN, à de Vatinelle.

Il y avait beaucoup d'Anglais à la vente, énormément d'Anglais, et alors... (Il laisse tomber de sa poche une boîte de rasoirs.) Oh !

VATINELLE, ramassant la boîte et l'ouvrant.

Ah ! beau-père ! je les reconnais... je me suis longtemps coupé avec... et, aujourd'hui, c'est votre tour !

COURTIN.

Je ne sais pas ce que vous voulez dire, on me les aura fourrés dans ma poche.

Madame de Flécheux et Jules paraissent au fond

TOUS.

Ah ! madame de Flécheux.

VATINELLE.

A la bonne heure ! cette fois-ci, elle entre bien.

MADAME DE FLÉCHEUX, à Anna et à Amélie.

Est-ce encore changé ?

ANNA.

Non !

VATINELLE.

Allez !

MADAME DE FLÉCHEUX.

Monsieur Courtin...

COURTIN.

Madame?

MADAME DE FLÉCHEUX, avec résolution.

Mon frère aime mademoiselle Anna et j'ai l'honneur de vous demander sa main.

COURTIN.

Comment! la main de ma fille? Vous? un homme qui fait courir?

JULES.

Pardon... je suis commerçant... J'ai perdu quinze mille francs hier sur les cotons, et vingt mille aujourd'hui sur les savons.

ANNA.

Vous voyez, papa!

COURTIN, à Jules.

Je ne puis que vous féliciter, monsieur, d'être entré dans cette voie... mais j'ai donné ma parole à Chavarot. Il est inscrit pour fin courant.

VATINELLE.

Chavarot? il est parti! vous ne le reverrez plus: Il ramène à l'étranger.

COURTIN.

C'est impossible!

VATINELLE.

Le monsieur aux chaises Cupidon... c'était lui!

COURTIN.

Comment! la maison Chavarot? Ah! pouah! (A Jules.) Jeune homme, du moment que vous travaillez sérieusement...

VATINELLE.

Je crois bien! trente-cinq mille francs de perte!...

COURTIN.

Le fait est qu'au bout de l'année... (A Jules.) Votre main, jeune homme.

ACTE TROISIÈME.

JULES.

Ah! monsieur...

COURTIN, à part, examinant la main de Jules.

Elle est bien petite! (Haut.) Ma fille est à vous!

JULES.

Est-il possible!

COURTIN, bas, emmenant Jules à l'avant-scène.

Mais à une condition... c'est que vous ne travaillerez pas. Chut!

JULES, étonné.

Plaît-il?

COURTIN, avec emphase.

Et rappelez-vous, mes enfants, que le travail est la clef de voûte de l'édifice social!

VATINELLE.

Et n'oubliez pas, beau-père, que la dépense est le travail du riche. Ce soir, je donne ma démission.

COURTIN.

Eh bien, j'aurai là une jolie collection de gendres. Quatre petites mains! heureusement, les miennes...

VATINELLE.

Sont de taille à couvrir toute la famille!

FIN DES PETITES MAINS.

DEUX MERLES BLANCS

COMÉDIE-VAUDEVILLE EN TROIS ACTES

Représentée pour la première fois, à Paris, sur le théâtre des Variétés,
le 12 mai 1858.

COLLABORATEUR : M. DELACOUR

PERSONNAGES

| | ACTEURS |
| | qui ont créé les rôles |

MOUILLEBEC, maître d'école.   MM. Leclère.
ALIDOR DE BOISMOUCHY.   Lassagne.
WILLIAM TRACK, riche Américain.   Christian.
M. DE MONTDÉSIR.   F. Hruzey.
JUSTIN, domestique de Rosa.   Delière.
PREMIER DOMESTIQUE de la marquise.   Vidrix.
DEUXIÈME DOMESTIQUE, id.   Hector.
ROSA DE SAINT-ALBANO.   Mmes Alphonsine.
NINI TAUPIN, femme de chambre de Rosa.   Sophie.
MINETTE, amie de Rosa.   De Géraudon.
LA MARQUISE DE BOISMOUCHY.   Nerval.
MARIE, fille de Montdésir.   Rose Deschamps.

Un Piqueur, un Domestique de William Track.

Le premier acte, en Bretagne, au château de Boismouchy. — Le deuxième, à Paris, chez madame de Saint-Albano. — Le troisième, à Trouville, chez William Track.

DEUX MERLES BLANCS

ACTE PREMIER.

Le théâtre représente un vieux salon gothique, ouvrant par trois portes sur un parc. — Portraits d'ancêtres. — Vieux meubles. — Portes à droite et à gauche. — A droite, une table avec papier, plumes et encre. — Ouvrage de femme. — A gauche, un canapé.

SCÈNE PREMIÈRE.

DEUX DOMESTIQUES, puis LA MARQUISE DE BOISMOUCHY.

PREMIER DOMESTIQUE, *assis à droite, regardant son camarade frotter les meubles avec acharnement.*

Mais arrête-toi donc!... S'il n'a pas l'air d'une manivelle !

DEUXIÈME DOMESTIQUE, *s'arrêtant.*

C'est fini... Ah! j'ai chaud!

PREMIER DOMESTIQUE.

Pas moi !...

DEUXIÈME DOMESTIQUE.

Je crois bien! tu me regardes toujours.

PREMIER DOMESTIQUE.

Oui, j'ai une névralgie dans les doigts... mais... pendant que tu frictionnais les fauteuils... il m'est venu une idée!...

DEUXIÈME DOMESTIQUE.

Laquelle?

PREMIER DOMESTIQUE.

Depuis trois jours, madame la marquise de Boismouchy nous fait nettoyer son vieux château, frotter les meubles, ôter les toiles d'araignées... ce qui, en Bretagne, est contraire à tous les usages...

DEUXIÈME DOMESTIQUE.

Eh bien?

PREMIER DOMESTIQUE, se levant.

Eh bien, je parie qu'il s'agit d'un mariage.

DEUXIÈME DOMESTIQUE.

Pour qui?

PREMIER DOMESTIQUE.

Pour M. Alidor de Boismouchy, notre jeune maître...

DEUXIÈME DOMESTIQUE.

Tiens! tiens! tiens! est-ce que cet étranger qui est arrivé hier soir, avec sa fille...?

PREMIER DOMESTIQUE.

Précisément... M. de Montdésir; il habite Nantes, il est très-riche et très-gaillard avec les femmes... à ce que m'a dit son domestique! Quant à sa fille... dix-huit ans...

LA MARQUISE, entrant par la droite.

Eh bien, est-ce fini?

ACTE PREMIER.

PREMIER DOMESTIQUE.

Oh!... oui, madame la marquise, nous terminons à l'instant.

LA MARQUISE.

Mon fils est-il levé?

PREMIER DOMESTIQUE.

Oh!... il y a longtemps...

LA MARQUISE.

Priez-le de venir.

DEUXIÈME DOMESTIQUE.

Mais il est parti...

LA MARQUISE.

Comment, parti?

PREMIER DOMESTIQUE.

A quatre heures du matin... pour la chasse!

LA MARQUISE.

Encore la chasse! c'est une passion, une monomanie!... Je tremble toujours qu'il ne lui arrive quelque chose... (Aux domestiques.) C'est bien... laissez-moi.

Elle s'assied près de la table à droite. — Les domestiques remontent pour sortir. — Mouillebec paraît au fond, venant de la gauche avec un cahier et des livres sous le bras.

PREMIER DOMESTIQUE.

M. Mouillebec!

Les deux domestiques sortent par le fond.

SCÈNE II.

MOUILLEBEC, LA MARQUISE.

LA MARQUISE, qui a pris un tricot et travaille.

Ah! notre maître d'école!...

MOUILLEBEC, saluant.

Permettez-moi, madame la marquise, de déposer mes très-humbles et très-respectueuses..

LA MARQUISE, l'interrompant.

Vous venez donner à mon fils sa leçon de latin?

MOUILLEBEC, tirant sa montre.

Il est neuf heures... et tous les jours, depuis douze ans, quand neuf heures sonnent, j'arrive... avec mon *Cornelius nepos*...

LA MARQUISE.

Malheureusement, le marquis n'y est jamais!

MOUILLEBEC.

C'est vrai... mais ça m'est égal... J'entre dans son cabinet d'étude... quand le temps est frais, je mets une bûche, je me permets de mettre une bûche dans le feu...

LA MARQUISE.

Et vous faites bien!

MOUILLEBEC.

Quand le feu est allumé... je me récite ses leçons... je me dicte son thème...

LA MARQUISE.

Comment! tout seul?

MOUILLEBEC.

Que M. le marquis y soit ou n'y soit pas... la leçon va toujours !... je suis un homme consciencieux, moi.

LA MARQUISE.

Oh! très-consciencieux !

MOUILLEBEC.

A dix heures... un de vos domestiques m'apporte mon cachet... je le mets dans ma poche... je me permets de le mettre dans ma poche... je me lève... je salue M. le marquis... comme s'il était là... et je lui donne respectueusement un pensum pour avoir manqué la classe...

LA MARQUISE.

Un pensum, au marquis !...

MOUILLEBEC.

Pour le principe ! car, entre nous, c'est moi qui le fais ! ce qui me retarde même beaucoup pour mon jardin... Croiriez-vous que mes pommes de terre ne sont pas encore plantées ?...

LA MARQUISE, posant son tricot et se levant.

Vraiment !... Ah çà ! monsieur Mouillebec, pouvez-vous me dire quand mon fils aura terminé ses études ?

MOUILLEBEC.

Dame !... s'il ne vient jamais... je ne vous cache pas que ce sera un peu plus long...

LA MARQUISE.

Encore s'il savait parler sa langue !... mais il lui échappe des énormités... Hier, par exemple, il m'a demandé si ma migraine était *guérite.*

MOUILLEBEC, indigné.

Guérite !... Je vais de ce pas lui flanquer une leçon sur les participes !

LA MARQUISE.

C'est inutile... puisqu'il n'y est pas !

MOUILLEBEC.

Ça m'est égal ! *guérite !* le malheureux ! permettez-moi de le comparer à une vache espagnole... respectueusement !

LA MARQUISE.

Voyons... monsieur Mouillebec... tâchez de le rejoindre !

MOUILLEBEC.

Le rejoindre ! si vous croyez que c'est facile... Hier, savez-vous où je l'ai trouvé ?

LA MARQUISE.

Non...

MOUILLEBEC.

Au beau milieu de l'étang Robert !

LA MARQUISE, effrayée

Ah ! mon Dieu !

MOUILLEBEC.

Piqué dans la vase et incorporé dans une botte de roseaux.

LA MARQUISE.

Mon fils... dans les roseaux !

MOUILLEBEC.

Il appelle ça chasser le canard ! Soyons juste ! je ne peux pourtant pas me mettre à la nage et me déguiser en roseau pour lui ingurgiter son *Cornelius nepos !*

LA MARQUISE.

Mon pauvre Alidor ! il finira par se rendre malade !...

ACTE PREMIER.

MOUILLEBEC.

Lui? il n'y a pas de danger!... c'est une vraie borne... pour la santé!... car pour l'intelligence...

LA MARQUISE, avec orgueil.

Oh! pour l'intelligence!...

MOUILLEBEC, à part.

C'est exactement la même chose!

LA MARQUISE.

Aussi je crois qu'il plaira...

MOUILLEBEC.

Il plaira?... à qui?...

LA MARQUISE.

Ah! c'est juste... vous ne savez pas... je suis bien heureuse!... Une grande nouvelle!... que je puis vous confier, car vous êtes presque de la famille, mon bon Mouillebec!

MOUILLEBEC.

Madame m'émeut!...

LA MARQUISE.

Je suis sur le point de marier Alidor...

MOUILLEBEC.

M. le marquis?

LA MARQUISE.

Une jeune personne charmante... qui est arrivée hier au soir avec son père... M. de Montdésir...

MOUILLEBEC.

Quel événement! je donne huit jours de congé à mes élèves!... (A part.) Ça me permettra de planter mes pommes de terre!

LA MARQUISE.

Mon fils habitera Nantes... Ah! cette séparation me coûtera bien des larmes... un enfant que je n'ai jamais quitté!...

MOUILLEBEC.

Madame la marquise ira le voir souvent.

LA MARQUISE.

Tous les dimanches... sans compter les jeudis... et les jours de fête... Quant à vous, Mouillebec, vous n'en continuerez pas moins à lui donner sa leçon tous les jours...

MOUILLEBEC.

A neuf heures précises!... Très-bien, madame la marquise.

LA MARQUISE, apercevant Montdésir, qui arrive par le fond à gauche.

Voici M. de Montdésir, le beau-père!...

SCÈNE III.

MOUILLEBEC, MONTDÉSIR, LA MARQUISE, puis **MARIE.**

MONTDÉSIR, saluant.

Madame la marquise, je vous présente mes devoirs...

MOUILLEBEC, à part.

C'est un joli homme.

MONTDÉSIR.

Je ne vous cache pas que je suis impatient de voir mon futur gendre... que je ne connais pas encore.

LA MARQUISE, embarrassée.

On va servir le déjeuner... et je pense...

ACTE PREMIER.

MONTDÉSIR.

Hier à huit heures, quand nous sommes arrivés, il était déjà couché... et ce matin... est-ce qu'il ne serait pas levé?

LA MARQUISE.

Oh! depuis longtemps! Il se lève avec le soleil... quelefois auparavant... mais il est sorti.

MONTDÉSIR.

Sorti? Ah çà! à quelle heure le voit-on?

LA MARQUISE.

Il est à la chasse!... il ne peut tarder...

MONTDÉSIR.

A la chasse?... Il me semble qu'il aurait pu remettre sa partie... Certainement je ne suis pas un homme cérémonieux...

MOUILLEBEC.

Lui non plus! Pour la rondeur, c'est un matelot... (Saluant.) Monsieur, j'ai bien l'honneur...

MONTDÉSIR, le saluant.

Monsieur... (A la marquise.) Quel est ce...?

LA MARQUISE.

M. Mouillebec...

MOUILLEBEC.

Maître d'école...

LA MARQUISE.

Le précepteur du marquis...

MONTDÉSIR.

Son précepteur! Voyons, l'avez-vous bien bourré de grec et de latin?

MOUILLEBEC.

Oh! bourré n'est pas le mot... On ne peut pas dire qu'il en soit bourré!

MONTDÉSIR.

Après ça, je n'y tiens pas...

MOUILLEBEC.

Tant mieux!

MONTDÉSIR.

Pourvu qu'il sache parler sa langue...

LA MARQUISE, à part.

Aïe!

MOUILLEBEC, à part.

Guérite!

MONTDÉSIR.

Pourvu que je trouve en lui un gai compagnon et un bon vivant!...

MOUILLEBEC.

Oh! pour ça!... c'est la première fourchette du Morbihan!

MONTDÉSIR.

Je ne demande pas qu'il ait passé ses examens pour entrer à l'Ecole polythecnique...

MOUILLEBEC, vivement.

Il pourrait se présenter, monsieur!... mais il serait refusé... respectueusement!

MONTDÉSIR.

Quant à la santé?...

LA MARQUISE.

Oh! excellente!... des joues superbes...

MOUILLEBEC.

Tout en chair, monsieur... tout en chair et en muscles!... Le pauvre enfant! quand il est arrivé ici à l'âge de huit ans, il n'avait que la peau et les os... un vrai clou! c'est au point que, dans le bain, il rouillait son eau!... Je ne dis pas ça pour le vanter!

MONTDÉSIR.

Parbleu!

LA MARQUISE.

Il était si chétif, si délicat! sa rougeole a duré six mois...

MOUILLEBEC.

Et sa coqueluche, deux ans!

LA MARQUISE.

Les médecins conseillèrent l'air de la campagne, la vie au soleil... C'est alors que nous abandonnâmes Paris pour venir habiter le château de Boismouchy.. que nous n'avons plus quitté depuis... aussi trouverez-vous peut-être les manières du marquis un peu...

MONTDÉSIR.

Je le vois d'ici... un gentilhomme campagnard.

MOUILLEBEC.

C'est ça... plus campagnard que gentilhomme!

MONTDÉSIR, apercevant Marie, qui entre par la droite.

Ah! voici ma fille.

MARIE, saluant la marquise.

Madame la marquise!...

LA MARQUISE, l'embrassant.

Chère enfant!

MARIE, allant à son père.

Bonjour, papa.

MOUILLEBEC, saluant Marie.

Mademoiselle... Mouillebec, maître d'école et professeur du jeune homme!

MARIE, à part, riant.

Oh! la drôle de figure!

MOUILLEBEC, tirant sa montre et à part.

Neuf heures un quart! j'entre dans le cabinet du marquis... et nous allons un peu labourer nos principes!

Mouillebec entre à gauche.

SCÈNE IV.

MONTDÉSIR, MARIE, LA MARQUISE, puis, ALIDOR.

MARIE, regardant autour d'elle.

Mais, mon père... je ne vois pas...

MONTDÉSIR.

Ton prétendu?... nous l'attendons...

LA MARQUISE.

Oui... je suis même étonnée... (A part.) Est-il insupportable avec sa chasse! pourvu qu'il ne lui soit rien arrivé! (On entend le son du cor.) Ah! je l'entends!... c'est lui!

MARIE.

Enfin!...

Elle passe à gauche. — Alidor de Boismouchy paraît au fond, venant de la gauche; il porte une vieille veste de velours très-fanée, un chapeau de paille défoncé, de gros souliers et des guêtres en cuir, montantes et crottées, il tient un fusil et un fouet. — Un piqueur le suit.

ALIDOR, à un de ses chiens qu'il menace du fouet et qui est hors de vue.

Aïe donc! Cabaret!... je te vas ratiser! (A la marquise.)

ACTE PREMIER.

Bonjour, maman... (Au piqueur.) Lamouillette... mène les chiens au chenil... A deux heures tu me purgeras Ravaude.. cette enfant a des vers.

Le piqueur disparaît par le fond à gauche.

LA MARQUISE, à part.

Mon Dieu! comme il est fait! (Haut.) Mon fils que je vous présente...

Alidor a déposé son fusil au fond.

MARIE, à part.

Lui! je l'avais pris pour un piqueur!

LA MARQUISE.

Veuillez l'excuser... costume de chasseur... (A Alidor.) M. de Montdésir, dont je t'ai annoncé l'arrivée hier... (Bas.) Dis donc quelque chose !

ALIDOR, à Montdésir.

C'est à M. de Montdésir que j'ai l'honneur de parler?

MONTDÉSIR.

Moi-même... je...

ALIDOR.

Tant mieux!... tant mieux! tant mieux!... (Il lui tourne le dos et remonte.) Ah! dis donc, Lamouillette...

La marquise le retient et lui ôte son fouet qu'elle jette.

MONTDÉSIR, à part.

Eh bien!... c'est tout?... quel drôle de gendre!

ALIDOR, à la marquise.

Je voulais lui dire de tremper la soupe aux chiens...

LA MARQUISE, présentant Marie.

Mademoiselle Marie, qui a bien voulu accompagner son père...

Montdésir fait passer Marie près d'Alidor.

ALIDOR.

La petite ! (A Marie.) Mademoiselle... voilà donc que vous êtes venue faire un tour par chez nous !

MARIE, interdite.

Mais... oui, monsieur.

ALIDOR.

Tant mieux !... tant mieux !... tant mieux !...
Il tire de sa gibecière un gros morceau de pain et une tranche de lard et mange.

MONTDÉSIR, le regardant.

Qu'est-ce qu'il fait ?

MARIE, bas, à son père.

Papa, il mange !

MONTDÉSIR, bas.

Je le vois bien ! (A part.) Après ça, on m'a prévenu... la première fourchette du Morbihan !

LA MARQUISE, bas, à son fils.

Laisse donc cela ! nous allons déjeuner !

ALIDOR.

Ah ben ! non !

MARIE, à part, regardant son pain

Ah ! c'est du lard !

MONTDÉSIR.

Vous me paraissez doué d'un bel appétit.

ALIDOR.

Des fois !... j'ai l'estomac qui me grenouille !

MARIE, étonnée.

Grenouille ?...

ACTE PREMIER.

MONTDÉSIR, bas, à sa fille.

C'est du bas breton!

LA MARQUISE, bas, à son fils.

Au moins sois aimable avec ta prétendue... tu ne la regardes seulement pas...

Elle lui ôte son pain, qu'elle pose sur la table.

ALIDOR.

Vous allez voir! (A Marie.) Mademoiselle est sans doute chasseur?

MARIE.

Moi?... non, monsieur!

ALIDOR.

Ah ben, moi, je le suis! Ce matin, je me dis : « Puisque le papa Montdésir est arrivé... le mien... mon désir !... serait de lui faire manger un lièvre avec des petits oignons! »

MONTDÉSIR.

C'est d'un bon sentiment!

ALIDOR.

Je prends quatre chiens... Cabaret, Ramonot, Fanfare et Ravaude... celle qui est incommodée... elle a...

MONTDÉSIR, vivement.

Oui... je sais...

ALIDOR.

Nous entrons sous bois... (Appelant ses chiens.) Holà... mes bélots!... fouille! fouille!... fouille!... approche! approche!... froutt!

MONTDÉSIR.

Hein?

ALIDOR.

Un grand coquin de lièvre rouge me part à soixante

pas... Cabaret prend dessus... les autres rallient... (Aboyant. ahoup! ahoup! ahoup!...

MARIE, à part.

Il aboie!

ALIDOR.

Je me dis : « Toi, j'en mangerai! » (Aboyant.) ahoup ahoup! ahoup! ahoup!

MONTDÉSIR.

C'est charmant!

MARIE, à par

Joli talent de société!

ALIDOR.

Je connais une passée à la Croix-de-la-Brosse... j'y cours! et je me dis : « Toi, j'en mangerai!... » mais pas du tout! v'là mon galopin qui débuche au carrefour des Trois-Poteaux...

MONTDÉSIR.

C'est fâcheux!

ALIDOR.

J'y cours! et je me dis : « Toi... »

MONTDÉSIR.

« J'en mangerai! »

ALIDOR.

Mais pas du tout! v'là qui se rembuche à la Croix-de-la-Brosse... j'y cours! mais pas du tout! v'là qui redébuche aux Trois-Poteaux!...

MONTDÉSIR, à part.

En voilà des bûches!

ALIDOR.

J'y cours! chut!...

ACTE PREMIER.

MONTDÉSIR.

Quoi?

ALIDOR.

J'entends plus rien!... pas seulement un soupir d'alouette!... perdu!...

MONTDÉSIR.

Eh bien, après?...

ALIDOR.

La chasse étant finie... je suis rentré bredouille... et me v'là!

MONTDÉSIR.

Eh bien, elle est très-gentille, votre anecdote. (Alidor prend une gourde pendue à son côté et boit. — Bas, à sa fille.) Eh bien, qu'est-ce que tu dis de ça?

MARIE, bas.

Je dis que je n'épouserai jamais un monsieur qui imite aussi bien le chien!

MONTDÉSIR.

Mais, ma fille...

MARIE.

Jamais!

LA MARQUISE, passant près de Marie

Vous permettez que mon fils se retire... Sa toilette est dans un désordre...

MONTDÉSIR, passant près de la marquise.

Pardon... auparavant je désirerais causer cinq minutes avec lui!

ALIDOR.

Je vous rejoins, m'man!... préparez-moi mon beau gilet à ramages!...

VIII. 8

LA MARQUISE, à part.

Que vont-ils se dire ?

MARIE, à part.

Papa va le remercier !

La marquise entre à droite avec Marie. — Montdésir les accompagne jusqu'à la porte.

SCÈNE V.

ALIDOR, MONTDÉSIR, puis MOUILLEBEC.

MONTDÉSIR, revenant à Alidor.

Mon cher ami, vous aboyez très-gentiment... c'est une justice à vous rendre...

ALIDOR.

Et le mouton !... savez-vous faire le mouton ?... (Il imite le cri du mouton.) Mê... mê...

MONTDÉSIR.

Assez ! assez !... Je dois vous avouer franchement que vous n'avez pas produit sur l'esprit de ma fille une impression...

ALIDOR.

Tiens ! à cause de quoi ?

MONTDÉSIR.

Dame ! vous commencez par manger un morceau de lard...

ALIDOR.

Elle n'aime pas le lard, votre demoiselle ?...

MONTDÉSIR.

Si, mais enfin...

ALIDOR.

Je comprends... c'est une jeune personne romanesque et pensive !... elle préfère le poulet !

MONTDÉSIR.

Il ne s'agit pas de ça !... Ensuite vous vous embarquez dans une longue histoire de chasse.

ALIDOR.

Eh bien ?...

MONTDÉSIR.

Les lièvres qui débuchent... et qui se rembuchent... ça ne plaît pas beaucoup aux femmes !

ALIDOR, étonné.

Ah !... mais qu'est-ce qu'il faut donc leur dire, bonté du ciel !...

MONTDÉSIR.

Je n'ai pas besoin de vous l'apprendre... à votre âge.. hein !... mon gaillard ?

ALIDOR.

De quoi, mon gaillard ?

MONTDÉSIR.

Ne faites donc pas l'innocent ! Quand vous rencontrez une fillette... gentille...

ALIDOR.

Moi ?... je ne vais jamais de ce côté-là...

MONTDÉSIR.

Comment ?...

ALIDOR.

Ah ! si ! une fois j'en ai rencontré une dans la taille à Trochu... la petite Bûchette, la dindonnière...

MONTDÉSIR.

Chut! plus bas!

ALIDOR.

Je tue un perdreau.. V'là-t-y pas qu'elle le ramasse et qu'elle le fourre sous son tablier...

MONTDÉSIR.

Et vous avez été l'y chercher, mauvais sujet?

ALIDOR.

Non, mais j' te lui ai flanqué une tripotée!

MONTDÉSIR.

Oh! battre une femme!

ALIDOR.

Bûchette! une femme! elle est grêlée! et puis pourquoi qu'elle me vole mon perdreau!

MONTDÉSIR.

Heureusement que ce n'est pas là votre seule aventure.

ALIDOR.

Quelle aventure?

MONTDÉSIR.

Après ça, je n'ai rien à dire! Vous étiez garçon... vous en aviez le droit!

ALIDOR.

Quoi?

MONTDÉSIR.

Comment, quoi?... en arrivant, j'ai aperçu un orchestre sous les grands tilleuls...

ALIDOR

Eh bien?

MONTDÉSIR.

Eh bien! ça prouve qu'on danse ici... le dimanche...

ALIDOR.

Le dimanche, je joue aux boules avec le père Mouillebec...

MONTDÉSIR.

Oui; mais, après avoir joué aux boules avec le père Mouillebec... on fait danser les petites filles... on les embrasse!...

ALIDOR, riant et lui donnant plusieurs coups de poing.

Ah! farceur! cristi! cristi! (Froidement.) Après ça, je ne sais pas... j'en ai jamais embrassé!

MONTDÉSIR, très-étonné.

Comment, jamais?

ALIDOR.

Jamais!...

MONTDÉSIR.

Allons donc!

ALIDOR, avec fierté.

Je peux regarder mes contemporains sans rougir, moi!

MONTDÉSIR, à part.

Ah! sapristi! on ne m'avait pas prévenu de ça... Mais c'est un phénomène... un merle blanc!... oh! c'est impossible!... il se moque de moi!

MOUILLEBEC, venant de la gauche et regardant sa montre.

Il est dix heures... je lève la séance!

MONTDÉSIR, à part.

Le précepteur! je vais l'interroger!

MOUILLEBEC, apercevant Alidor.

Ah! vous voilà, monsieur le marquis... je viens de vous donner votre leçon...

ALIDOR, lui serrant la main.

Merci, père Mouillebec...

MOUILLEBEC.

Nous avons notamment conjugué le verbe *guérir*... et si vous m'aviez fait l'honneur d'assister à la classe, vous sauriez que *guérite* se dit d'une petite cabane en bois servant à abriter messieurs les militaires!

ALIDOR.

Père Mouillebec, je vous vénère! mais votre latin... il m'ennuie comme la soupe à l'oseille!

MOUILLEBEC, éclatant.

Il croit que je lui parle latin! Mais, malheureux!...

ALIDOR.

Et puis faut que j'aille m'habiller... je vais mettre mon beau gilet à ramages.

Il remonte prendre son fusil.

MONTDÉSIR, bas, à Mouillebec, qui va pour suivre Alidor.

Restez... j'ai à vous parler!

ENSEMBLE.

AIR de J. Nargeot.

MONTDÉSIR.

Mais vraiment sa sagesse
M'étonne et me fait peur;
Rarement la jeunesse
Eut autant de candeur.

ALIDOR.

En ces lieux je le laisse

ACTE PREMIER.

Avec mon précepteur.
Sur moi, sur ma sagesse
Quelle était son erreur!

MOUILLEBEC.

J'accepte avec ivresse...
Il va m'ouvrir son cœur,
Et dire à ma tendresse
Ses projets de bonheur.

Alidor entre à gauche, Montdésir le suit jusqu'à la porte et revient près de Mouillebec.

SCÈNE VI.

MONTDÉSIR, MOUILLEBEC.

MOUILLEBEC.

Vous avez désiré me parler?...

MONTDÉSIR, s'asseyant sur le canapé.

Oui... asseyez-vous!... (Mouillebec va prendre une chaise au fond et s'assied au milieu du théâtre.) Plus près... (Mouillebec se rapproche.) Avec vous, on peut causer... vous êtes un vieux renard.

MOUILLEBEC.

Un renard?

MONTDÉSIR.

Enfin, vous avez vécu...

MOUILLEBEC.

Je ne fais que cela depuis soixante ans...

MONTDÉSIR.

Eh bien, dites-moi franchement... votre élève... entre nous... il m'a l'air un peu novice?...

MOUILLEBEC.

J'avoue que pour ce qui est de la grammaire...

MONTDÉSIR.

Je ne parle pas de la grammaire! je vous parle de ses mœurs...

MOUILLEBEC.

Oh! excellentes! c'est un lis!

MONTDÉSIR.

Un lis!... Mais enfin il n'est pas arrivé à son âge sans avoir eu des intrigues... des aventures... (Mouillebec est très-embarrassé et baisse les yeux.) Vous savez bien ce que je veux dire?

MOUILLEBEC, intimidé.

Non, monsieur... je ne comprends pas!... (Montdésir lui parle à l'oreille. — Pudiquement et se levant.) Ah! mais finissez, monsieur! je ne suis pas habitué à entendre de pareils propos!... (A part.) Polisson!

MONTDÉSIR, qui s'est levé aussi.

Qu'avez-vous donc? n'allez-vous pas rougir! un homme marié!

MOUILLEBEC.

Je ne suis pas marié.

MONTDÉSIR.

Vous l'avez été?

MOUILLEBEC.

Jamais!

MONTDÉSIR.

Mais vous avez aimé?

MOUILLEBEC.

Ça... c'est vrai.

MONTDÉSIR.

Eh bien, alors?...

MOUILLEBEC.

J'avais vingt ans... je devins éperdument amoureux de la fille du marchand de tabac... Elle s'appelait Monique... je lui composais des vers latins... ainsi qu'à son père... à sa mère... et à ses deux tantes... Ce nonobstant, on la maria à un autre. (Avec orgueil.) Mais je lui ai toujours gardé mon cœur!... jamais je n'ai souillé l'autel où j'adorais Monique!

MONTDÉSIR.

Ah bah!...

MOUILLEBEC.

Et, depuis quarante ans, j'attends qu'elle soit veuve!

MONTDÉSIR, à part.

Non! je ne suis pas en Bretagne! je suis en plein Bengale... pays des roses!

MOUILLEBEC.

Monsieur n'a pas d'autres questions à m'adresser?

MONTDÉSIR.

Non... merci... je...

Il regarde Mouillebec et éclate de rire.

MOUILLEBEC, à part.

Qu'est-ce qu'il a donc?

MONTDÉSIR.

On devrait vous couler en bronze... et vous mettre sur une place... la place Mouillebec!

MOUILLEBEC, flatté

Oh! Monsieur.. en bronze!... je ne mérite pas!...

MONTDÉSIR.

Pardon ! pardon !

MOUILLEBEC.

Enfin, puisque vous le voulez. (A part.) Il est très-poli (Haut, saluant.) Monsieur, je vous présente mes très-humbles et très-respectueuses salutations... (A part.) Place Mouillebec! en bronze!

Il sort par le fond à gauche.

SCÈNE VII.

MONTDÉSIR, seul.

Deux merles blancs!... sapristi! ça me contrarie!... pas le vieux... ça m'est égal!... il peut rester comme il est!... mais mon gendre!... je ne veux pas donner ma fille à un homme aussi... primitif!... c'est très-dangereux!... J'ai connu à Nantes un armateur qui s'est marié sans avoir jamais... marivaudé... et, six mois après, il marivaudait avec tout le corps de ballet! Je crois qu'il vaut mieux marivauder avant!... D'un autre côté, c'est un parti superbe... M. de Boismouchy aura un jour cent cinquante mille livres de rente! c'est bien embarrassant!... Voyons donc!... si je l'envoyais faire un tour à Paris; voilà un pays qui ne ressemble pas au Bengale! (S'asseyant près de la table et écrivant.) C'est ça!... je vais l'adresser... à qui?... parbleu! à mon neveu, le comte de Furetières, un drôle... charmant! mais d'une conduite déplorable... je l'ai déjà tiré trois fois de Clichy... En voilà un qui connaît le corps de ballet!... (Écrivant.) Je le charge de promener mon gendre au milieu de ces jardins d'Armide... et c'est bien le diable si, en quinze jours, il n'y cueille pas quelques fleurs et l'usage du monde... Je lui dis que c'est pressé... mettons un mois!

Il plie sa lettre et met l'adresse.

SCÈNE VIII.

LA MARQUISE, MONTDÉSIR.

LA MARQUISE, entrant par la droite, éplorée.

Ah! monsieur de Montdésir... vous me voyez désolée...

MONTDÉSIR, se levant.

Qu'y a-t-il donc, belle dame?...

LA MARQUISE.

Je viens de causer avec votre fille... Elle refuse la main d'Alidor...

MONTDÉSIR, à part.

Ah! diable!...

LA MARQUISE.

Un si excellent garçon!... Mais que lui manque-t-il?

MONTDÉSIR.

Rien... rien... seulement ma fille a été un peu choquée des manières de M. le marquis...

LA MARQUISE.

Ah! mon Dieu! vous m'effrayez!

MONTDÉSIR.

Il faut convenir qu'il laisse à désirer sous le rapport de la distinction et de l'élégance...

LA MARQUISE.

Dame, il a toujours vécu dans les bois.

MONTDÉSIR.

Précisément... mais j'ai conçu un projet qui conciliera tout.

LA MARQUISE.

Lequel?

MONTDÉSIR.

C'est de l'envoyer passer quelques jours à Paris.

LA MARQUISE.

A Paris?

MONTDÉSIR.

Il verra le monde... il y développera son esprit, son cœur... et... nous reviendra civilisé.

LA MARQUISE, inquiète.

Mon enfant... à Paris!... dans cette ville d'horreurs!...

MONTDÉSIR.

Ce voyage est nécessaire... croyez-moi... c'est dans son intérêt.

LA MARQUISE.

Vraiment?

MONTDÉSIR.

Son bonheur... son mariage en dépendent...

LA MARQUISE.

Enfin, s'il le faut, je saurai me résigner à ce sacrifice... je l'accompagnerai.

MONTDÉSIR, vivement.

Oh! non! pas vous!.... (A part.) Ça nous gênerait!

MARQUISE.

Comment?

MONTDÉSIR, montrant sa lettre.

Je l'adresse au comte de Furetières, mon neveu...

LA MARQUISE.

Au moins est-ce une personne sûre, recommandable?...

MONTDÉSIR.

Oh! je vous en réponds!

LA MARQUISE.

Capable de guider ses pas dans les sentiers honnêtes?...

MONTDÉSIR.

Dans tous les sentiers possibles! (A part.) Et impossibles! (Haut.) Ça coûtera quelques billets de mille francs... Mais qu'importe!

LA MARQUISE.

Et ce départ aura lieu?...

MONTDÉSIR.

Tout de suite!

LA MARQUISE.

Oh! non! demain!... après-demain! le temps de trouver quelqu'un pour l'accompagner... Le pauvre enfant n'a jamais mis le pied dans un wagon...

MONTDÉSIR.

Bah! à son âge!

SCÈNE IX.

LA MARQUISE, MOUILLEBEC, MONTDÉSIR,
puis ALIDOR, Domestiques, puis MARIE.

MOUILLEBEC, paraissant au fond, venant de gauche.

Madame la marquise veut-elle autoriser le jardinier à me prêter une bêche?...

LA MARQUISE, à elle-même.

Mouillebec ! voilà l'homme qu'il me faut !

MOUILLEBEC.

Je vais planter mes pommes de terre, et alors...

LA MARQUISE, allant à Mouillebec avec empressement.

Mon ami, voulez-vous me rendre un grand, un éminent service ?...

MOUILLEBEC.

Parlez, madame la marquise !

LA MARQUISE.

Mon fils part dans un instant pour Paris... vous allez l'accompagner !

MOUILLEBEC, stupéfait.

Moi ? aller à Paris !

MONTDÉSIR, à part, montrant sa lettre.

Tiens !... j'ai envie d'ajouter un post-scriptum pour le précepteur !

MOUILLEBEC.

Et mes pommes de terre qui ne sont pas plantées ! et mon école !

MONTDÉSIR.

C'est demain dimanche, vous serez de retour lundi.

MOUILLEBEC.

Mais, monsieur, partir dans ce négligé...

MONTDÉSIR.

Vous vous habillerez en passant chez vous.

La marquise va tirer un cordon de sonnette à gauche : deux domestiques arrivent par le fond à gauche ; elle remonte et leur donne tout bas quelques ordres. — Les domestiques s'éloignent par où ils sont venus.

ACTE PREMIER.

MOUILLEBEC.

C'est ça... Quelles sont mes instructions?...

MONTDÉSIR.

Vous déposerez chez mon neveu... votre élève, cette lettre et ce portefeuille garni de billets de banque...

Il lui donne un portefeuille et une lettre.

MOUILLEBEC.

Mais...

MONTDÉSIR.

Vous n'avez pas besoin de comprendre!

MOUILLEBEC.

Ça suffit... (A part.) C'est une mission secrète!

Il gagne la gauche.

ALIDOR, il est habillé et entre par la gauche.

J'ai mis mon beau gilet à ramages!

LA MARQUISE, courant à lui et l'embrassant.

Ah! mon fils! mon enfant!

MOUILLEBEC, s'essuyant les yeux.

C'est déchirant!

ALIDOR.

Qu'est-ce qui est mort?

LA MARQUISE.

Personne! mais tu pars! tu vas me quitter!

ALIDOR, tranquillement.

Tiens! tiens! tiens!

LA MARQUISE.

Heureusement que Mouillebec t'accompagne...

ALIDOR.

Tiens! tiens! tiens! (A Mouillebec.) Et où allons-nous?...

MOUILLEBEC, avec importance.

Monsieur le marquis, je ne peux pas vous le dire, c'est mission secrète!

<small>Les deux domestiques rentrent par le fond à gauche et apportent plusieurs fioles et paquets. — La marquise les leur prend des mains et les donne à son fils, qui en met une partie dans ses poches et donne le reste à Mouillebec.</small>

LA MARQUISE.

Alidor, pas d'imprudence!... soigne toi bien... Voilà du vulnéraire... du chocolat... des biscuits... des pruneaux!

ALIDOR.

Des pruneaux! Pauvre mère! elle pense à tout!

MONTDÉSIR.

Allons, allons, ne perdons pas de temps.

ALIDOR, prenant la main de la marquise et avec expression.

Adieu, maman!... je vous recommande mes chiens.

<small>Ils s'embrassent.</small>

MARIE, qui est entrée par la droite, bas, à son père.

Il part! mon mariage est donc rompu?

MONTDÉSIR, bas.

Nous en reparlerons dans quinze jours!

ENSEMBLE.

AIR d'*Haydée*.

LA MARQUISE.

Quand à partir tout les engage,
Je dois ici réprimer ma douleur;
Soumettons-nous, si ce voyage
Peut à jamais assurer son bonheur!

MONTDÉSIR.

Quand à partir tout les engage,

ACTE PREMIER.

Il faut ici réprimer sa douleur;
Soumettez-vous, car ce voyage
Doit à jamais assurer son bonheur.

ALIDOR et MOUILLEBEC.

Puisqu'à partir on nous engage,
Pourquoi montrer ici de la douleur?
Je pressens que dans ce voyage
Nous trouverons et plaisir et bonheur.

MARIE.

Puisqu'à partir on les engage,
Tout est rompu, sans doute... quel bonheur.
Ne disons rien, mais ce voyage
Me rend heureuse et réjouit mon cœur.

LES DEUX DOMESTIQUES.

Eh! quoi! pour un simple voyage,
Faut-il ici montrer tant de douleur!
Je croyais à son mariage;
Mais, je le vois, nous étions dans l'erreur.

La marquise embrasse une dernière fois son fils. — Le rideau baisse.

ACTE DEUXIÈME.

Salon très-élégant. — Une porte au fond. — Deux portes à droite et à gauche, troisième plan. — Une fenêtre à gauche, deuxième plan. — A droite, deuxième plan, une cheminée. — A gauche, un guéridon et deux siéges; sur ce guéridon, un journal, un album, papier, plumes et encre. — Au milieu, un divan circulaire surmonté d'un vase du Japon plein de fleurs. — A droite, un sofa. — Entre ce sofa et la cheminée, un tout petit guéridon, sur lequel il y a une statuette, un éventail et un lorgnon. — Étagères; une entre autres, à gauche, sur laquelle on voit une tasse en porcelaine de Saxe. — Fauteuils. — Tableaux. — Ameublement riche.

SCÈNE PREMIÈRE.
JUSTIN, puis MOUILLEBEC et ALIDOR.

Justin, en gilet de panne rouge à manches, finit d'arranger des fleurs dans le vase au-dessus du divan.

JUSTIN.

C'est singulier:.. Madame est rentrée hier soir de son théâtre avec un nez long comme ça! elle avait cependant un bien beau rôle dans la pièce nouvelle... une muette! qui change cinq fois de robe! est-ce que le public aurait joué du mirliton?... (S'asseyant à gauche et prenant un journal sur le guéridon.) Voyons le journal... (Lisant.) « Première représentation : *Le Faux Nez de la marquise, ou la Muette par amour* — Il est minuit... nous rentrons avec la fièvre de l'admiration la plus sincère... » (Parlé.) Il paraît que ça a boulotté...

<small>Mouillebec entre par le fond, suivi d'Alidor; il tient à la main un chapeau polka à petits bords.</small>

MOUILLEBEC.

Madame de Saint-Albano, s'il vous plaît?

JUSTIN, les apercevant et sans se lever.

Comment! c'est encore vous?... c'es insupportable! vous êtes déjà venus carillonner ce matin à six heures!... je n'étais pas levé!

<small>Il a ouvert l'album et regarde les gravures.</small>

MOUILLEBEC.

Pas levé! à six heures! alors monsieur est indisposé?

JUSTIN.

Non!

ALIDOR, très-gracieusement.

Alors monsieur est un peu feignant!

JUSTIN, blessé et à part.

Hein! qu'est-ce que c'est que ces gens-là? (Haut.) Je vous ai dit de revenir plus tard...

MOUILLEBEC.

C'est ce que nous faisons. (Tirant sa montre.) Il est neuf heures... (A part.) l'heure de ma leçon!

JUSTIN.

Revenez à midi... Madame pourra peut-être vous recevoir...

MOUILLEBEC.

Très-bien, monsieur, nous reviendrons à midi..

ALIDOR.

Allons voir les abattoirs!

MOUILLEBEC.

Cependant le comte de Furetières nous avait bien recommandé de venir de bonne heure...

JUSTIN, se levant.

Le comte!... vous êtes envoyés par le comte de Furetières?

ALIDOR, avec importance.

C'est mon ami!

JUSTIN.

Ah! c'est différent... attendez là... je vais voir si par hasard madame est éveillée. (A part.) C'est de la banlieue, ça!

Il entre à gauche.

SCÈNE II.

MOUILLEBEC, ALIDOR.

ALIDOR, tirant une pomme de sa poche et mordant à même.

Dites donc, père Mouillebec... c'est du beau monde ici...

MOUILLEBEC, tirant de sa poche, enveloppé dans du papier, un gâteau dit chausson et mordant dedans.

Je crois bien!... une dame qui se lève à midi! (Apercevant un habit galonné sur une chaise, au fond à droite.) Oh! la belle livrée!

Il va admirer l'habit

ALIDOR, voyant l'album que Justin a laissé ouvert.

Et des images!... regardez donc celle-là! (Lisant.) « Panthéon Nadar... » qu'est-ce que ça veut dire?... vous qu'êtes un homme instruit...

MOUILLEBEC, mettant ses lunettes.

Voyons?... « Panthéon Nadar... » Panthéon... je comprends ça... ça vient du grec...

ALIDOR.

Ça signifie bâtiment!

MOUILLEBEC.

Mais Nadar?... c'est Nadar qui m'embarrasse... je cherche la racine...

ALIDOR.

Ne vous fatiguez pas... nous la demanderons au garçon!
Il jette son trognon de pomme par terre.

MOUILLEBEC, le ramassant et le portant dans la cheminée.

Je vous en prie, monsieur le marquis, ne jetez pas vos trognons sur le tapis... nous sommes dans le monde!

ALIDOR.

Peut-on s'asseoir?

MOUILLEBEC.

Je n'y vois pas d'inconvénient.
Tous deux s'asseyent. Mouillebec sur le sofa, Alidor près du guéridon de gauche.

ALIDOR.

Je n'ai pas l'habitude de marcher sur le pavé... les pieds me font mal... je donnerais bien quatre sous pour ôter mes bottes. (Faisant un mouvement.) Bah! je vais les ôter!
Il se lève.

MOUILLEBEC, vivement et se levant.

Arrêtez! ça ne se fait pas!... à moins d'en avoir obtenu l'autorisation préalable de la maîtresse de la maison...

ALIDOR.

Je connais les convenances... j'attendrai que cette dame soit là!...
Il se rassied.

MOUILLEBEC, se rasseyant aussi.

Tiens! j'ai oublié d'écrire les pommes... (Il tire un calepin de sa poche.) Comme l'argent file à Paris! (Lisant sa dépense.) « Un fiacre pour aller rue Taitbout chez le comte de Furetières... trente sous. »

ALIDOR.

C'est pas cher... deux chevaux, quatre roues... et un cocher...

MOUILLEBEC.

Oui... mais c'est trente sous de fichus!...

ALIDOR.

Son portier nous a dit : « Il n'y est pas... il est à Clichy pour dettes... »

MOUILLEBEC, lisant.

« Deuxième fiacre pour nous faire conduire à sa villa de » Clichy pour dettes... trente sous. » Il faut convenir qu'il habite une jolie maison!

ALIDOR.

Je vous en réponds... et il a un soldat à sa porte... même qu'il était dans sa *guérie*.

MOUILLEBEC.

Guérie ... guérite!

ALIDOR.

Comment! guérite à présent? c'est vous-même qui m'avez dit guérie!

MOUILLEBEC.

Guérie... pour la migraine!... mais pour le soldat... guérite!

ALIDOR.

Mais qu'est-ce que ça lui fait au soldat? guérie! guérite! ah! voilà un mot asticotant!

ACTE DEUXIÈME.

MOUILLEBEC, se levant.

Ce comte est un homme charmant... il était en train de boire du champagne avec une de ses parentes...

ALIDOR, se levant aussi.

Appelée la Cocarde... mademoiselle la Cocarde!...

MOUILLEBEC.

Je lui ai remis la lettre...

ALIDOR.

Notre mission secrète...

MOUILLEBEC.

Et il s'est mis à rire...

ALIDOR.

Et la petite donc! elle se tortillait... comme si elle avait avalé une anguille... vivante!

MOUILLEBEC.

Alors le comte nous a dit : « Il m'est impossible de vous rendre le service qu'on me demande, je ne puis pas sortir, je suis retenu ici... »

ALIDOR.

« Mais... qu'il a ajouté, je connais une dame très-élancée... »

MOUILLEBEC, le reprenant.

Très-lancée!...

ALIDOR.

J'ai entendu très-élancée... « Dans le monde... madame de Saint-Albano... je vais vous donner une lettre pour elle... et elle se fera un vrai plaisir de vous être *agriable*. »

MOUILLEBEC, le reprenant.

Agréable!

ALIDOR.

J'ai entendu *agriable!*

MOUILLEBEC.

Et il nous a accompagnés jusqu'à la porte, en nous criant dans l'escalier : « Surtout n'oubliez pas de montrer le portefeuille!... » ça, par exemple... je n'ai pas trop compris...

ALIDOR.

Moi non plus!... mais puisque c'est une mission secrète!

MOUILLEBEC.

C'est juste!... ah! saperlotte!

<small>Il reprend son calepin.</small>

ALIDOR.

Vous vous êtes mordu?

MOUILLEBEC, s'asseyant sur le divan circulaire.

Non!... j'ai oublié d'écrire notre déjeuner de ce matin. (Écrivant.) Douze sardines et un carafon d'orgeat!

ALIDOR, qui s'est assis à côté de Mouillebec.

C'est moi qui ai eu l'idée de l'orgeat!... je me suis dit : « Faut faire nos farces!... »

MOUILLEBEC.

Oui... et c'est pendant ce temps-là qu'on m'a chipé mon chapeau!... on m'a laissé celui-là à la place...

<small>Il montre le chapeau qu'il tient</small>

ALIDOR.

Il est gentil!

MOUILLEBEC, le mettant sur sa tête.

Oui... mais il ne me va pas!...

ALIDOR.

Voyons... (Il l'essaye à son tour.) A moi non plus! (Le lui rendant.) Tenez-le toujours à la main... on pourra croire qu'il vous va!

MOUILLEBEC, regardant à gauche.

Du monde! levons-nous!

Ils se lèvent.

SCÈNE III.

ALIDOR, JUSTIN, MOUILLEBEC.

JUSTIN, entrant par la gauche.

Je viens de parler à madame Taupin...

MOUILLEBEC.

Madame Taupin?...

JUSTIN.

Oui... la dame de compagnie de madame de Saint-Albano... on ne pourra pas vous recevoir avant midi.

Il passe près du guéridon.

MOUILLEBEC, tirant sa montre.

Neuf heures et demie... Qu'est-ce que nous allons faire?

ALIDOR.

Si nous visitions l'intérieur de l'obélisque?

MOUILLEBEC.

Non... ça n'est ouvert que le dimanche... Allons faire un tour au Muséum!...

ALIDOR.

C'est ça! j'ôterai mes bottes!

MOUILLEBEC, à Justin en passant près de lui.

Ah! pardon... (Montrant l'album.) Que veut dire Nadar, s'il vous plaît?

JUSTIN.

Nadar? ça veut dire photographe... 113, rue Saint-Lazare!

MOUILLEBEC.

Je vous remercie infiniment... Monsieur, j'ai bien l'honneur...

ENSEMBLE.

AIR de l'*Étoile du Nord*.

MOUILLEBEC et ALIDOR.

Pendant qu'elle sommeille,
Nous allons, sans retard,
Dans Paris, qui s'éveille,
Promener au hasard.

JUSTIN.

Pendant qu'elle sommeille,
Tous les deux, au hasard,
Dans Paris, qui s'éveille,
Promenez sans retard.

Alidor et Mouillebec sortent par le fond, en faisant force salutations à Justin.

SCÈNE IV.

JUSTIN, puis MADAME TAUPIN, puis WILLIAM TRACK.

JUSTIN, seul.

En voilà deux originaux!

ACTE DEUXIÈME.

MADAME TAUPIN, *entrant par la gauche.*

Justin !

JUSTIN.

Madame Taupin?

MADAME TAUPIN.

Ils sont partis, ces messieurs?

JUSTIN.

Ce ne sont pas des messieurs... ce sont des paysans.

MADAME TAUPIN.

Des parents de madame sans doute...

JUSTIN.

Oh! je ne crois pas .. ils m'ont l'air de deux blanchisseurs qui viennent demander la pratique... ils sont adressés par le comte de Furetières...

MADAME TAUPIN.

Ce pauvre garçon! le voilà encore à Clichy!...

JUSTIN.

C'est dommage... il allait bien... Je l'aimais mieux que cet Américain sauvage qui, depuis un mois, fait la cour à madame...

MADAME TAUPIN.

M. William Track?... n'en dis pas de mal... il parle d'épouser!... C'est du reste un butor, un animal, un ours, un tigre, un dromadaire, un rhinocéros, un... (Apercevant Track qui entre par le fond.) C'est lui! (Haut, et très-gracieusement.) Arrivez donc, mon cher monsieur Track! nous disions du mal de vous!

TRACK, *froidement.*

Bonjour, la Taupin !

MADAME TAUPIN, à part.

La Taupin !... Peau-Rouge, va ! (Haut, très-gracieusement.) Madame est éveillée.... et je cours la prévenir...

Elle remonte.

TRACK, l'appelant.

Pst! ici!

MADAME TAUPIN, se rapprochant.

Hein? c'est moi?...

TRACK, à Justin qui va pour sortir.

Reste là, toi !... (A madame Taupin.) Qu'a fait votre maîtresse, hier, après déjeuner?

MADAME TAUPIN.

Madame est allée à sa répétition.

TRACK.

Seule?

MADAME TAUPIN.

Oui, monsieur.

TRACK.

A quelle heure est-elle rentrée?

MADAME TAUPIN.

A deux heures.

TRACK.

Seule?

MADAME TAUPIN.

Oui, monsieur.

TRACK.

Et après?

MADAME TAUPIN.

Madame n'est pas sortie.

ACTE DEUXIÈME.

TRACK.

C'est bien... disparaissez !

MADAME TAUPIN, à part.

Négrier, va !

TRACK.

Eh bien ?

MADAME TAUPIN, très-gracieuse.

Voilà, monsieur, voilà...

Elle entre à gauche.

TRACK, à part.

Cette femme m'est dévouée... mais je ne m'y fie pas.. Interrogeons toujours ! (Haut à Justin.) Pst !... ici...

JUSTIN, s'approchant.

Monsieur ?

TRACK, montrant les fleurs qui sont dans le vase du Japon.

D'où viennent ces fleurs ?

JUSTIN.

Oh ! monsieur, c'est bien simple... je les ai achetées moi-même... par ordre de madame...

TRACK.

Tu mens ! c'est moi qui les ai envoyées.

JUSTIN, à part.

Aïe ! aïe !...

TRACK.

Tu cherches à me tromper ! tu es un misérable ! un...

Il le menace de sa canne

JUSTIN.

Ne touchez pas !

TRACK.

C'est juste! nous sommes en France... on ne peut pas battre les domestiques!... (Il pose sa canne sur le divan.) Tandis qu'en Amérique... on a des nègres!... enfin!... (Revenant près de Justin.) Qu'a fait ta maîtresse, hier, après déjeuner?

JUSTIN.

Madame est allée à sa répétition.

TRACK.

Seule?

JUSTIN.

Oui, monsieur.

TRACK.

A quelle heure est-elle rentrée?

JUSTIN.

A deux heures.

TRACK.

Seule?

JUSTIN.

Oui, monsieur.

TRACK.

Et après?

JUSTIN.

Madame est sortie...

TRACK.

Ah! elle est sortie!... la Taupin m'a dit le contraire!...

JUSTIN, à part.

Aïe! aïe! (Haut.) C'est vrai, monsieur, je me trompe... madame est restée chez elle...

ACTE DEUXIÈME.

TRACK, remontant.

Tu te coupes! tu mens! je te chasse!

JUSTIN, remontant aussi.

Mais, monsieur...

TRACK.

Je te chasse! va-t'en!

JUSTIN.

Permettez...

TRACK, prenant une chaise à gauche de la porte du fond et le menaçant.

Va-t'en!

JUSTIN.

Ne touchez pas!... je m'en vas... mais ne touchez pas!

Il sort par le fond.

SCÈNE V.

TRACK, puis ROSA DE SAINT-ALBANO.

TRACK, seul, gesticulant avec la chaise dont il arrache successivement tous les barreaux.

En Amérique, vingt coups de bâton à l'un, vingt coups de bâton à l'autre... on les ferait parler... on saurait la vérité... mais ici... rien! Sortie!... pas sortie!... qui croire?... et personne à frapper! Oh! il faudra que je prenne un nègre!

Il achève de briser la chaise et en jette les morceaux à terre avec fureur.

ROSA, entrant par la gauche.

Bravo! aujourd'hui, vous commencez de bonne heure!

TRACK, se calmant tout à coup.

Oh! pardon!

ROSA, lui portant une seconde chaise qu'elle prend près du guéridon.

Tenez! en voici une autre... vous en mangerez bien deux?

TRACK, confus.

Excusez-moi... ma chère Rosa...

ROSA.

Vous n'avez pas faim? (Posant la chaise.) Allons, mettons-la de côté pour demain!... pour votre petit déjeuner!...

TRACK.

Ce n'est pas ma faute... c'est votre domestique... je viens de le chasser!...

ROSA.

Ah! vous avez aussi consommé Justin... c'est de la friandise!

TRACK.

Vous ne devez pas le regretter... un maladroit!... Vous en prendrez un autre... deux autres!... (Après un silence.) Vous êtes sortie, hier, dans l'après-midi?

ROSA.

Moi?

TRACK.

Justin me l'a dit.

ROSA, à part.

L'imbécile! (Haut.) Oui... un instant. je suis allée...

TRACK, vivement

Où ça?

ACTE DEUXIÈME.

ROSA.

A l'Hippodrome.

TRACK.

Avec qui?

ROSA.

Mais...

TRACK.

Une femme ne va pas seule à l'Hippodrome!

ROSA.

Avec Minette!

TRACK.

Ah! votre amie... c'est bien... n'en parlons plus.

Il va s'asseoir sur le sofa.

ROSA.

L'interrogatoire est fini!... à mon tour... (Elle vient s'asseoir à côté de lui.) Mon cher sauvage...

TRACK.

Plaît-il?

Machinalement il prend une statuette sur le petit guéridon.

ROSA.

Vous n'avez pas, je pense, la prétention d'être un homme civilisé?

TRACK.

Mais...

ROSA, *lui montrant à terre les morceaux de la chaise.*

Un homme qui avale des chaises!... Je continue... Mon cher sauvage...

TRACK, à part.

Sauvage!

Il casse la statuette en deux et en fourre vivement les morceaux dans sa poche.

ROSA, qui l'a vu du coin de l'œil.

Je conviens que vous avez de brillantes qualités... vous avez des bateaux à vapeur, des nègres, des cannes à sucre, des forêts vierges... Certainement, tout ça... c'est très-gentil... pour un homme seul! Malheureusement, vous avez un défaut qui, un de ces jours, vous fera jeter par la fenêtre.

TRACK.

Comment?...

ROSA.

Vous êtes d'une jalousie... à faire rougir Othello, si sa couleur le lui permettait.

TRACK.

Je ne suis pas jaloux... c'est une erreur!

Il prend un éventail sur le petit guéridon et joue avec.

ROSA.

Hier, vous m'avez étranglé mon singe...

TRACK.

Il était derrière un rideau, j'ai cru...

ROSA.

Que c'était un amant?

TRACK.

Non! un voleur.

ROSA

Un singe qui venait d'Amérique... un de vos compatriotes!... ce n'est pas gentil!

TRACK, à part, furieux.

Elle se moque de moi! (Il fait un mouvement et partage l'éventail en deux.) Sapristi!

Il fourre les morceaux dans sa poche.

ROSA, qui voit son mouvement.

A votre place, j'apporterais un sac!

TRACK.

Pardon... c'est sans le vouloir... Rosa, vous ne me connaissez pas... c'est Paris qui m'agace... en Amérique, je suis très-doux... Ah! si vous vouliez, nous irions habiter là-bas!

ROSA.

Merci!... il y fait trop chaud!

TRACK.

Je vous épouserais!

ROSA.

Épousez-moi ici!

TRACK.

Nous serions si heureux... si tranquilles... sur les bords du Mississipi!

ROSA.

Ça existe donc?

TRACK.

Je crois bien!... un fleuve immense... avec des bateaux à vapeur... qui sautent en l'air... ça distrait! On fait des paris sur les gens qui se noient! cent dollars qu'il se noiera!... deux cents qu'il ne se noiera pas!... Voilà un pays!

ROSA, se levant.

Merci!... j'en suis revenue!

TRACK, se levant aussi.

Ah! oui!... (Il reprend sa canne.) Vous préférez votre bois de Boulogne! votre théâtre! vos petits messieurs de l'orchestre avec leurs jarretières en guise de cravate!

ROSA.

Tiens! ils sont gentils!

TRACK.

Ne dites pas ça! rien que d'y penser!... (Avec sa canne, il jette à terre le vase du Japon qui est au-dessus du divan. — Le vase se brise. — Rosa s'assied près du guéridon de gauche et écrit.) Quand je les vois vous applaudir... vous rappeler... lorgner vos bras... vos épaules... oh! ça me crispe!... ça m'exaspère!... (Il brise la tasse de Saxe. — Rosa écrit.) A qui écrivez-vous?

ROSA, défendant son papier.

Non!... ne regardez pas!

TRACK.

Je veux le savoir! je le saurai! (Il lui arrache le papier et lit, pendant que Rosa se lève et gagne la droite.) « Une statuette... deux cents francs... un éventail.... une potiche... »

ROSA.

Total : quinze cents francs!... C'est votre note!... qui casse les porcelaines les paye...

TRACK.

C'est juste... je remplacerai tout ça.

Il met la note dans sa poche.

ROSA.

Du reste, vous vous corrigez... Quinze cents francs! hier, vous en aviez pour deux mille.

TRACK.

Que voulez-vous! ça me soulage... ça me fait du bien!... En Amérique, on tape sur les nègres...

ROSA.

Ça coûte moins cher.

TRACK.

Que faites-vous ce matin?

ROSA.

Dame!... je déjeune!...

TRACK.

Avec moi?

ROSA.

Volontiers! mais pas ici!... J'ai acheté hier un service de Sèvres... et j'y tiens!

TRACK.

Eh bien, au bois de Boulogne... au *Pavillon de Madrid?*

ROSA.

Soit! l'établissement a donc besoin de renouveler sa vaisselle?...

TRACK.

Méchante!... Dans une heure je serai ici!

ROSA.

A bientôt!

ENSEMBLE.

AIR : *L'occasion est solennelle.*

TRACK.

Pour quelques instants je vous laisse,
Puis je reviens en ce séjour
Réparer, j'en fais la promesse,
Les dégâts qu'y fit mon amour.

ROSA.

Pour quelques instants il me laissa,

Puis il revient en ce séjour
Réparer, j'en ai la promesse,
Les dégâts qu'y fit son amour.

Track sort par le fond.

SCÈNE VI.

ROSA, puis MADAME TAUPIN, puis MINETTE, puis MOUILLEBEC et ALIDOR.

ROSA, seule.

Ah! il m'ennuie, ce Chinois-là... avec son Mississipi... et ses bateaux à vapeur... qui sautent en l'air! Ah! s'il ne devait pas m'épouser un jour!

MADAME TAUPIN, entrant par la droite.

Madame... (Voyant les débris.) Ah!... Mademoiselle Minette est là qui vous attend.

ROSA.

Fais-la entrer bien vite.

MADAME TAUPIN, à la cantonade de droite.

Entrez, mademoiselle.

MINETTE, entrant par la droite.

Bonjour, chère petite... (Apercevant les débris.) Ah! ton planteur est déjà venu?...

ROSA.

Tu vois... voilà sa carte.

Madame Taupin ramasse les débris.

MINETTE.

Eh bien, ta première représentation n'a donc pas été heureuse hier?...

ACTE DEUXIÈME.

ROSA.

Oh! il y a eu quelques murmures...

MINETTE.

On m'a dit que ça n'avait pas fini.

ROSA.

C'est la faute des auteurs : mettre un chien dans une pièce Louis XV!

MADAME TAUPIN, à Rosa, du fond.

Ah!... madame... j'oubliais... il y a là deux individus qui sont déjà venus ce matin...

ROSA.

Qu'est-ce qu'ils veulent?

MADAME TAUPIN.

Je n'en sais rien.

ROSA.

Fais-les entrer.

Madame Taupin remonte.

MINETTE.

Tu sais... si je te gêne...

ROSA.

Mais pas du tout, reste donc...

Elles vont s'asseoir sur le sofa.

MADAME TAUPIN, introduisant Mouillebec et Alidor par le fond.

Entrez, messieurs, par ici...

Elle sort un moment par le fond en emportant les débris

ROSA, bas, à Minette.

Oh! les bonnes têtes!

MINETTE, bas.

Qu'est-ce que c'est que ça?

MOUILLEBEC.

Madame de Saint-Albano?

<small>Madame Taupin rentre par le fond et descend à gauche.</small>

ROSA.

C'est moi, monsieur!

MOUILLEBEC, se présentant.

Mouillebec, professeur du jeune homme... (Présentant Alidor.) M. Alidor de Boismouchy, le jeune homme!... (Bas, à Alidor.) Saluez!

<small>Ils font successivement trois saluts : un à Rosa, un autre à Minette, et le troisième à madame Taupin.</small>

ALIDOR, bas, à madame Taupin.

Dites donc, vous qui êtes une femme d'âge, devinez ce que j'avais dans ma botte?

MADAME TAUPIN.

Plaît-il?

ALIDOR.

Un colimaçon!

ROSA.

Que puis-je pour votre service, messieurs?

MOUILLEBEC.

Ça, je ne pourrais pas vous le dire...

ROSA, riant.

Mais je ne vous le dirai pas non plus, moi!...

MINETTE.

Ni moi!...

MADAME TAUPIN.

Ni moi!...

ALIDOR.

Ni moi également!...

ACTE DEUXIÈME.

ROSA.

Alors je ne vois qu'un moyen... si nous consultions une somnambule?

Les trois femmes éclatent de rire.

MOUILLEBEC, à part.

Elles sont gaies!... (Il rit ainsi qu'Alidor. — Haut, fouillant à sa poche.) Je vais toujours vous remettre la lettre du comte de Furetières...

ROSA.

Vous connaissez le comte?

ALIDOR, bas, à Mouillebec.

Montrez-lui le portefeuille!

MOUILLEBEC, tirant le portefeuille de sa poche avec la lettre.

Ah! la voici!

Il la remet à Rosa qui s'est levée.

ALIDOR.

Et voilà le portefeuille!

ROSA, sans comprendre.

Le portefeuille?... (Regardant l'adresse de la lettre.) A madame Rosa de Saint-Albano... C'est bien pour moi...

MOUILLEBEC, galamment.

Vous vous appelez Rosa? j'aurais dû m'en douter... En latin, *Rosa* veut dire rose.

LES TROIS FEMMES.

Ah!

ALIDOR.

Rosus, Rosa, Rosum!...

MOUILLEBEC, à part.

Le malheureux! il fait des barbarismes en société!

ROSA, allant se rasseoir sur le sofa.

Voyons la lettre du comte... Donnez-vous la peine de vous asseoir...

Madame Taupin a remonté et a été se placer derrière le sofa.

MOUILLEBEC, bas, à Alidor.

Nous allons enfin savoir pourquoi nous sommes venus à Paris.

Mouillebec s'est assis d'un côté du guéridon de gauche et tourne son chapeau entre ses doigts; Alidor s'est assis de l'autre côté du guéridon et tourne également son chapeau. Rosa lit la lettre à demi-voix; madame Taupin écoute debout derrière le sofa.

ROSA, lisant.

« Mon petit lapin bleu... c'est bête comme chou, ce que je vais te demander, mais je me risque! »

MOUILLEBEC, à Alidor.

Je n'entends rien!

ALIDOR.

Ni moi... également.

ROSA, continuant.

« Un oncle, que j'ai le plus grand intérêt à ménager, m'envoie, du fond de sa Bretagne, un petit campagnard à déniaiser et à former... M. Alidor de Boismouchy est une huître dans laquelle il y a une perle... Il est arrivé à Paris avec son précepteur et un gros portefeuille... Je t'adresse un Breton à l'état brut... renvoie-moi un Parisien en gants jaunes. »

MINETTE, bas, à Rosa.

Ah bien, elle est forte celle-là!

ROSA, bas.

Le comte est d'une impertinence!...

ACTE DEUXIÈME.

MADAME TAUPIN, bas.

Nous ne prenons pas de pensionnaires!

ROSA, se levant.

Lequel de vous deux est M. Alidor de Boismouchy?

ALIDOR, se levant, et passant près d'elle.

C'est moi!

MOUILLEBEC, se levant aussi.

Le voilà!

ROSA, déchirant la lettre.

Vous direz à M. le comte que je mange quelquefois des huîtres... mais que je ne me charge jamais de les pêcher!

MINETTE.

Bien répondu!

ALIDOR.

Comme ça, vous ne savez pas pêcher les huîtres... on lui dira.

ROSA.

Quant au service qu'on me demande, il m'est tout à fait impossible de vous le rendre...

MOUILLEBEC.

Ah! c'est fâcheux! vous ne le pouvez pas?... bien vrai?

ROSA.

Mais certainement!

MOUILLEBEC.

M. le comte nous avait pourtant dit que vous vous feriez un vrai plaisir de nous être agréable...

LES TROIS FEMMES.

Hein?

ALIDOR.

Il l'a dit! devant la Cocarde!

MOUILLEBEC.

Voyons! un peu de complaisance?

ALIDOR.

Oui! un peu de complaisance!

MOUILLEBEC, suppliant.

Madame de Saint-Albano!

ROSA.

Il insiste!

Elle va se rasseoir sur le sofa.

MINETTE, à part.

Ce précepteur est un vieux drôle!

ALIDOR.

Sapristi! maman va être bien contrariée de ça...

MOUILLEBEC.

Au moins, si vous pouviez nous indiquer quelqu'un dans vos connaissances?

ROSA.

Mais non! par exemple!

MOUILLEBEC.

Je réponds de M. le marquis...

LES TROIS FEMMES.

Un marquis!

MOUILLEBEC.

C'est honnête, c'est doux, c'est naïf... ça n'a jamais quitté son château!...

LES TROIS FEMMES.

Un château!...

ACTE DEUXIÈME.

MOUILLEBEC.

Ça n'a jamais embrassé que sa maman !

LES TROIS FEMMES.

Ah bah !

Rosa et Minette se lèvent.

MOUILLEBEC.

C'est comme j'ai l'honneur de vous le dire.

LES TROIS FEMMES, se rapprochant d'Alidor.

Tiens ! tiens ! tiens !

MADAME TAUPIN, à la droite d'Alidor.

Il est gentil, ce garçon !

ROSA, à madame Taupin avec aigreur, en passant entre elle et Alidor.

Mêlez-vous donc de vos affaires.

Madame Taupin passe à gauche.

MOUILLEBEC.

Du reste, moi qui vous parle... j'ai été élevé dans les mêmes principes.

MADAME TAUPIN, à part, se rapprochant de Mouillebec.

Le précepteur aussi !

ROSA, tapant les joues d'Alidor.

Le fait est qu'il a de bonnes grosses joues !

MINETTE, tapant aussi les joues d'Alidor.

On dirait deux pommes d'api !

MADAME TAUPIN, tapant les joues de Mouillebec.

Le professeur a l'air d'un bien brave homme !

ALIDOR, à part

Elles me chatouillent !..

MOUILLEBEC, à part.

Il faut convenir que ces femmes du monde ont des manières charmantes !

ROSA, à part.

Un marquis ! un château !... il y a peut-être là l'étoffe d'un mari... je lâcherais parfaitement l'Amérique. (Haut.) Après ça, du moment qu'il ne s'agit que de lancer monsieur à Paris...

MINETTE.

De le présenter dans nos salons...

MOUILLEBEC.

Vous consentiriez ?... Ah! merci... je pourrai partir content...

MADAME TAUPIN.

Vous partez ?

MOUILLEBEC.

Ce soir... à neuf heures quarante-deux.

MADAME TAUPIN, jouant de la prunelle.

Oh! ne partez pas ! ne partez pas !...

MOUILLEBEC.

C'est que mes pommes de terre ne sont pas plantées...

ROSA.

J'espère, messieurs, que vous me ferez le plaisir de déjeuner avec moi?

MOUILLEBEC.

Nous avons déjà pris quelques sardines...

ALIDOR.

Et de l'orgeat.

Minette remonte derrière le sofa.

ACTE DEUXIÈME.

ROSA.

Madame Taupin, veuillez donner des ordres.

Elle pousse Alidor vers la droite, le fait asseoir sur le sofa et s'assied à côté de lui.

MADAME TAUPIN.

Tout de suite ! (A part.) Femme d'un professeur !... ça me plairait-z-assez... (A Mouillebec.) Monsieur est marié ?

MOUILLEBEC.

Non, madame.

MADAME TAUPIN.

Veuf ?...

MOUILLEBEC.

Non !... je suis jeune homme !...

MADAME TAUPIN.

Comme moi ! Oh ! ne partez pas ! ne partez pas !

Elle sort par le fond.

MOUILLEBEC, à part.

On n'est pas plus aimable !

ROSA, *faisant signe à Mouillebec de s'asseoir.*

Voyons ! qu'avez-vous fait hier de votre soirée ?

MOUILLEBEC, *s'asseyant sur le divan.*

Nous sommes allés à la comédie.

ROSA.

Ah ! où ça ?

ALIDOR.

Je ne sais pas...

MOUILLEBEC.

Dans une grande maison !...

ALIDOR.

On nous a montré un petit jeune homme qui aime sa

tante... qui est muette... parce qu'elle aime son beau-frère...

ROSA, bas, à Minette.

Tiens! c'est ma pièce?

MINETTE, bas.

Voilà un hasard!

ROSA.

Et comment l'avez-vous trouvée... la muette?

ALIDOR.

Oh! oh! oh!

MOUILLEBEC.

Heu! heu! heu!

ALIDOR.

Je ne l'ai pas regardée, parce qu'il est entré un épagneul... Ma parole d'honneur sacrée, j'ai cru que c'était Ravaude!...

ROSA et MINETTE.

Ravaude?

ALIDOR.

Oui... ma chienne qui est incommodée... elle a des...

MOUILLEBEC, vivement, se levant.

Suffit!... suffit!...

Il se rassied.

ALIDOR.

Alors, je l'ai sifflé... pour l'appeler...

ROSA.

Hein?

MINETTE.

Vous avez sifflé?

ACTE DEUXIÈME.

ALIDOR.

Et, derrière moi, tout le monde a fait de même... Alors on a baissé une grande toile peinte... et c'était fini!

MOUILEBEC.

Oui, ça tourne un peu court!

ROSA.

Comment! c'est vous!

Elle se lève, rit aux éclats et passe à gauche.

MINETTE, riant.

Ah! ah! c'est délicieux!

Alidor se lève.

MOUILLEBEC, à part, se levant.

Elles sont très-gaies!

ALIDOR, passant près de Mouillebec.

Montrez le portefeuille!

Mouillebec tire le portefeuille, le montre et le remet dans sa poche.

ROSA, à part.

Ils sont très-amusants... (Haut.) Je vous garde toute la journée! après déjeuner, nous irons faire une promenade au Bois.

MINETTE.

J'ai mon coupé!

ROSA, avec aigreur.

Mais nous n'avons que faire de votre coupé... j'ai ma calèche.

MADAME TAUPIN, entrant vivement par le fond.

Voilà M. Track!

ROSA.

Ah! sacrebleu!

MOUILLEBEC, à part.

Elle a dit : « Sacrebleu! »

ROSA.

Il ne faut pas qu'il vous voie...

MINETTE.

Vite! cachez-vous!

ALIDOR.

Faut nous cacher?

ROSA, poussant Alidor dans la chambre de gauche.

Vous, par ici!...

MOUILLEBEC.

Mais je voudrais savoir...

MINETTE, le poussant dans la chambre de droite.

Vous, par là! si vous toussez, vous êtes mort!

Mouillebec et Alidor disparaissent. — Minette se jette sur le sofa et lit. — Rosa à gauche s'assied vivement près du guéridon. — Madame Taupin se met à ranger sur l'étagère. — Track paraît au fond, suivi d'un domestique portant une statuette et une potiche ; lui-même tient à la main un éventail dans son étui.

SCÈNE VII.

MADAME TAUPIN, ROSA, TRACK, MINETTE.

TRACK.

Ne vous dérangez pas! (Au domestique.) Pose tout cela et va-t'en! (Le domestique met la potiche au-dessus du divan, puis donne la statuette à madame Taupin, qui la place sur l'étagère et sort par le fond avec le domestique. — Track alors s'approche de Rosa et lui présente l'éventail.) Tenez, chère... j'ai réparé ma maladresse.

ROSA, regardant l'éventail.

Ah ! le bel éventail !... il ne fallait pas vous presser.

Elle pose l'éventail sur le guéridon, se lève et remonte à gauche.

MINETTE.

Et cette potiche... vrai Japon !

TRACK, à part.

Minette ! (L'appelant.) Pst !... ici !

MINETTE, se levant.

Moi ? (A part, s'approchant.) Si on ne dirait pas qu'il appelle Ravaude !

TRACK, bas, à Minette.

Vous êtes-vous amusée hier à l'Hippodrome ?

MINETTE.

A l'Hippodrome ?... je n'y suis pas allée...

TRACK.

Ah ! toujours !... toujours des mensonges !...

Il frappe avec force de sa canne sur le guéridon.

ALIDOR, entr'ouvrant la porte de gauche et paraissant.

Hein ?

ROSA, se jetant vivement devant la porte qu'elle referme.

Oh !

TRACK, se retournant.

Quoi ?...

ROSA, collée contre la porte.

Rien !... vous me faites des peurs !

TRACK.

Eh bien! madame... Minette n'a pas été hier à l'Hippodrome.

ROSA, descendant.

Ah! voilà qui est fort!

Elle fait des signes à Minette.

MINETTE, à Track.

Ah! à l'Hippodrome?.. j'avais entendu l'Ambigu-Comique!... c'est votre faute... vous prononcez à l'américaine!

ROSA.

C'est vrai, mon ami, vous avez de l'accent!

TRACK, à part.

Elles s'entendent! (Haut.) Allons, j'ai tort! Êtes-vous prête? mettez votre chapeau et partons!

ROSA.

Pourquoi « Partons ? »

TRACK.

Ne sommes-nous pas convenus ce matin d'aller déjeuner au bois?

MINETTE, à part.

Ah! diable!

Elle remonte vers la droite.

ROSA, à part.

Je l'avais oublié. (Haut.) Impossible aujourd'hui, mon ami...

TRACK.

Comment ça?

ROSA.

Je ne suis pas à mon aise, je sens que je vais avoir ma migraine...

TRACK, s'exaspérant.

Votre migraine ! toujours votre migraine ! (Élevant la voix.) mais, mille millions !...

> Il frappe violemment du pied.

MOUILLEBEC, entr'ouvrant la porte de droite et paraissant.

Hein ?

MINETTE, se jetant vivement devant la porte qu'elle referme.

Oh !

TRACK, se retournant.

Quoi ?

MINETTE.

Rien !

ROSA.

Ah ! la voilà ! elle est venue ! Vous me brisez la tête !

> Elle tombe sur la chaise près du guéridon.

TRACK.

Voyons... calmez-vous !...

ROSA.

Non... c'est fini... je suis malade pour toute la journée... je ne sortirai pas... déjeunez sans moi !

MINETTE, à Track.

C'est ça !... allez-vous-en ! je la soignerai...

> Elle passe près de Rosa.

ROSA, à Minette, se levant.

Laisse-moi aussi... je désire être seule... (A Track.) Emmenez-la... Oh ! les nerfs !

> Elle va s'asseoir sur le sofa.

MINETTE, à part.

Elle m'éloigne ! je comprends...

TRACK, à Rosa.

Tâchez de dormir un peu...

ROSA.

Je vais essayer.

ENSEMBLE.

AIR de *Marie*.

MINETTE et TRACK.

Éloignons-nous, faisons silence ;
Aujourd'hui laissons au repos
Le soin d'apaiser sa souffrance :
Le sommeil calmera ses maux. (*Bis.*)

ROSA.

Éloignez-vous, faites silence ;
Aujourd'hui laissons au repos
Le soin d'apaiser ma souffrance :
Le sommeil calmera mes maux. (*Bis.*)

Track et Minette sortent par le fond.

SCÈNE VIII.

ROSA, puis MOUILLEBEC, puis ALIDOR,
puis MADAME TAUPIN.

ROSA, écoutant.

Il descend l'escalier... (Se levant vivement et courant au fond.) Parti !... délivrons-les... (Par réflexion.) Bah ! le vieux est bien là... laissons-le. (Ouvrant la porte de gauche et appelant.) Monsieur Alidor ! monsieur Alidor !

MOUILLEBEC, entr'ouvrant la porte de droite.

Peut-on entrer?...

Il entre.

ACTE DEUXIÈME.

ROSA, contrariée.

L'autre!

MOUILLEBEC, tenant une lettre à la main.

Je me suis permis d'écrire à madame de Boismouchy... pour lui faire part du bienveillant accueil...

ALIDOR, entrant par la gauche, une serviette autour du cou, un rasoir à la main et le menton barbouillé de savon.

Pourrait-on avoir de l'eau chaude?

MOUILLEBEC, indigné.

Il se fait la barbe!

ALIDOR.

J'ai trouvé là une paire de rasoirs... Comme ils ne faisaient rien, ni moi non plus...

ROSA, à part.

Il est sans façons!

MOUILLEBEC.

Quelle inconvenance! que dira M. de Saint-Albano?

ROSA.

Qui ça?

MOUILLEBEC.

Eh bien, monsieur votre mari!...

ALIDOR.

Votre homme!

ROSA.

Ah! oui?

ALIDOR, à Rosa, repassant son rasoir sur sa main.

Savez-vous où il met son cuir?

MOUILLEBEC.

J'aurais pourtant été bien aise de lui présenter mes respects...

ALIDOR.

Moi aussi...

ROSA.

Oui... plus tard... demain...

MOUILLEBEC.

Si nous vous gênons... dites-le...

ROSA.

Par exemple!

ALIDOR.

Oui... si nous sommes-t-indiscrets...

MOUILLEBEC, à part.

Aïe! il cherche un cuir... le voilà!

MADAME TAUPIN, arrivant du fond.

Madame... c'est M. Track qui revient!

ROSA.

Ventrebleu!

MOUILLEBEC, à part.

Elle a dit « Ventrebleu! »

ROSA.

Vite! cachez-vous!

MOUILLEBEC.

Encore!

ALIDOR, remontant à droite.

Cachons-nous!

MADAME TAUPIN, poussant Mouillebec à gauche.

Vous... par ici!

ACTE DEUXIÈME.

ROSA, poussant Alidor dans la chambre de droite.

Vous... par là!

MOUILLEBEC, à part.

Quelle drôle de manière de recevoir les gens!

Il entre à gauche, poussé par madame Taupin.

ROSA, se jetant sur le sofa, à madame Taupin.

Vite! fourre-moi quelque chose sous le nez!

MADAME TAUPIN.

Je n'ai que ma tabatière!...

ROSA, lui donnant un flacon.

Tiens!

Madame Taupin est près de Rosa et l'assiste. — Track entre par le fond avec un gros bouquet à la main.

SCÈNE IX.

TRACK, MADAME TAUPIN, ROSA.

TRACK, s'approchant de Rosa.

C'est votre bouquet que j'avais oublié dans ma voiture...

ROSA.

Des fleurs! quand j'ai une migraine affreuse!

MADAME TAUPIN, repoussant Track.

Pouah! Emportez ça!

ROSA.

Vous voulez donc ma mort?

TRACK.

Mais non! mais non! Comment allez-vous?

ROSA.

Plus mal!

MADAME TAUPIN.

Horriblement mal!

TRACK.

Allons! je vous laisse... à demain...

ROSA.

A demain! (Elle simule des mouvements nerveux.) Ah! ah!...

TRACK.

Pauvre femme!

Il sort par le fond; à peine est-il sorti que Rosa se lève et se met à danser en chantant.

ROSA, dansant.

Ohé! les p'tits agneaux!

MADAME TAUPIN, l'imitant.

Qu'est-c' qui casse les verres?...

TRACK, reparaissant au fond.

Hein!

ROSA et MADAME TAUPIN, s'arrêtant.

Oh!

ROSA, étendant les bras.

Ah! les nerfs!... je ne peux pas tenir en place!

TRACK.

Voulez-vous que je vous envoie le docteur?

ROSA.

Non... laissez-moi... j'ai besoin de repos! c'est insupportable!

ACTE DEUXIÈME.

TRACK.

Oui... oui... reposez-vous ! (A part.) Il m'a semblé les voir lanser... je reviendrai !

Il sort par le fond.

SCÈNE X.

ROSA, MADAME TAUPIN, MOUILLEBEC, puis ALIDOR.

MOUILLEBEC, entr'ouvrant la porte de gauche.

Peut-on entrer ?

MADAME TAUPIN, très-aimable.

Sans doute !

Elle va à lui. — Rosa va ouvrir la porte de droite.

MOUILLEBEC, à part, entrant.

Quelle drôle de manière de recevoir les gens !

ALIDOR, entrant par la droite.

Là ! j'ai fait ma barbe !.... d'habitude, j'en donne l'étrenne à maman...

ROSA.

Puisqu'elle n'est pas là, maman !... il faut choisir une autre personne.

ALIDOR, passant près de Mouillebec.

C'est juste... Père Mouillebec, voulez-vous me permettre ?

Il l'embrasse.

ROSA, à part.

Il ne comprend rien !

MADAME TAUPIN, de même.

Voilà un garçon qui sera difficile à dégourdir.

ROSA.

Taupin, voyez si l'on va nous servir...

MOUILLEBEC.

Avant... je vous demanderai la permission d'aller mettre ma lettre à la poste...

MADAME TAUPIN.

Je vais vous montrer le chemin. (Lui indiquant la porte du fond.) Passez!

MOUILLEBEC.

Après vous!

MADAME TAUPIN.

Je vous en prie...

<small>Mouillebec se décide à passer après force salutations des deux parts, et sort avec elle par le fond.</small>

SCÈNE XI.

ROSA, ALIDOR.

ROSA.

Enfin... nous voilà seuls, monsieur Alidor...

ALIDOR.

Mon Dieu, oui... Mais, si vous avez quelque chose à faire... du linge à raccommoder... ne vous gênez pas pour moi!...

ROSA.

Mais pas du tout!... je n'ai rien à raccommoder, je suis au contraire bien aise de causer avec vous. (Elle s'assoit sur le divan.) Venez vous asseoir là, près de moi...

ACTE DEUXIÈME

ALIDOR.

Je veux bien...

Il s'assoit près d'elle

ROSA, après un temps, lui tapant sur les joues.

Mon Dieu! a-t-il de bonnes grosses joues! il n'y a que la campagne pour faire des joues pareilles!

ALIDOR, à part.

Elle me rechatouille!

ROSA, tout à coup.

Ah çà! il n'y a donc pas de demoiselles dans votre pays?

ALIDOR.

Si! le charron a deux filles...

ROSA.

On ne leur fait donc pas la cour?...

ALIDOR.

Il y en a une qui est sevrée... et l'autre qui tète!...

ROSA.

Ah! c'est une raison!... mais il y en a d'autres... plus grandes?...

ALIDOR.

Ah! oui! il y a les filles à Colladan... le sonneur... celui qui sonne!...

Il fait le geste de sonner

ROSA.

Eh bien?

ALIDOR.

Eh bien?

ROSA.

Elles doivent avoir des amoureux, celles-là?

ALIDOR.

Je vous en réponds!... il y a des imbéciles partout!

ROSA.

Comment! des imbéciles!... Voyons... quand vous près d'une femme... jeune... jolie... qui vous regarde, bien gentiment... ça ne vous dit donc rien?

ALIDOR, à part.

Cristi!... Où donc est le père Mouillebec?

ROSA.

Quand vous sentez sa petite main blanche se poser sur la vôtre, quand le souffle de son haleine vient effleurer vos joues... est-ce que vous n'éprouvez rien... (Indiquant le cœur.) là?

ALIDOR, très-embarrassé.

Savoir! savoir! (A part.) Où est donc le père Mouillebec?

Il se lève et gagne le fond.

ROSA, portant vivement la main à son cou et poussant un cri.

Aïe!

ALIDOR, redescendant.

Quoi?

ROSA.

C'est une épingle... qui me pique... là... derrière le cou... voyez donc!

ALIDOR.

Une épingle? (Il porte sa main au cou de Rosa et s'arrête tout à coup en disant à part :) Oh! ça brûle!

ROSA.

Qu'avez-vous donc?

ALIDOR.

Rien. (Lui caressant le cou.) C'est blanc! c'est doux!... on dirait d'une peau de lapin! (Retroussant sa manche.) Faut que je trouve l'épingle!

ROSA, se levant.

Ah! mais finissez!... vous devenez presque galant.

ALIDOR.

Galant? qu'est-ce que c'est que ça?

ROSA.

C'est être gentil avec une femme... c'est lui dire de jolies petites choses...

ALIDOR.

Lesquelles? oh! lesquelles?

ROSA.

AIR de *Monsieur et madame Rigolo*. (Mangeant.)

Dam! c'est le cœur qui vous inspire!
On lui dit : « Voyez mon délire!
De grâce, laissez-vous fléchir,
Ou sous vos yeux je vais mourir! »

ALIDOR.

Quoi! mourir?

ROSA.

Oui, mourir!
Est-il possible qu'à votre âge
On ignore ces choses-là?

ALIDOR.

Que Mouillebec est donc sauvage!...
Il n' m'a jamais parlé d' tout ça!

ROSA.

Enfin, pour l'attendrir,
On pousse un gros soupir.
Soupirer... ça n'engage à rien...

ALIDOR.

Soupirer... mais je le veux bien.
Heu! heu!

ROSA, riant. } (*Bis.*)

Ha! ha!

ENSEMBLE.

ALIDOR, soupirant.

Heu! heu! heu! heu!

ROSA, riant.

Ha! ha! ha! ha!

Rosa passe à droite en riant.

ALIDOR.

Et puis après?

ROSA.

Dame! à sa belle
On jure une flamme éternelle...
Profitant de son embarras,
Bientôt on la prend dans ses bras...

ALIDOR.

Dans ses bras?

ROSA.

Dans ses bras!

ALIDOR.

Sont-ils bêtes dans le village,
De n' pas m'avoir appris tout ça!

ROSA.

Si vous êtes docile et sage,
A Paris on vous instruira.
Sans craindre son courroux,
On tombe à ses genoux!

En chantant ces quatre vers, elle l'a entraîné doucement vers les sofa, sur lequel elle s'est assise.

ACTE DEUXIÈME.

ALIDOR, se mettant à genoux.

A ses genoux !... Bien, m'y voilà...
Et puis après ?...

ROSA.

On reste là !...

ALIDOR, soupirant.

Heu ! heu !

ROSA, riant.

Ha ! ha !

ENSEMBLE.

ALIDOR, soupirant.

Heu !... heu !... heu !... heu !..

ROSA, riant.

Ha ! ha ! ha ! ha !

ALIDOR.

Comme ça, quand on est aux genoux d'une femme...
on est aimé ?... tout est fini ?

ROSA.

Oh ! non ! pour plaire... il faut autre chose.

ALIDOR.

Encore ?...

ROSA.

D'abord, on ne se met pas une corde autour du cou...
on se fait un joli nœud...

ALIDOR.

C'est le père Mouillebec qui m'a fait celui-là...

ROSA.

Ensuite, on porte des petits souliers vernis...

ALIDOR.

J'en achèterai... Combien que ça coûte?

ROSA.

On met des gants...

ALIDOR.

J'en ai... dedans ma poche...

ROSA.

Et puis on se fait coiffer... Vos cheveux ont l'air d'un buisson d'épines en colère... On a une raie au milieu de la tête... (Elle prend un petit peigne dans ses cheveux et lui fait sa raie.) comme ça!...

ALIDOR, avec passion.

Oh! peignez-moi!... peignez-moi toujours!

ROSA.

Ne bougez pas!... La!... c'est déjà mieux!... il ne vous manque plus qu'un petit lorgnon dans l'œil.

ALIDOR, se levant.

Un lorgnon?

ROSA, se levant aussi.

Oui... un petit morceau de verre... qui se tient tout seul... Tenez... regardez!...

Elle a pris un petit lorgnon sur le petit guéridon, et le fait tenir dans son œil.

ALIDOR, prenant le lorgnon.

A mon tour! donnez-moi le carreau? (Il essaye à plusieurs reprises de le faire tenir, le lorgnon tombe.) Faudrait du mastic... ça ne tient pas!

ROSA.

Mais non... on met un petit cordon...

ACTE DEUXIÈME.

ALIDOR.

Je n'en ai pas... donnez-m'en.

ROSA.

Attendez!... je vais vous en chercher un... Attendez...

Elle entre à droite.

SCÈNE XII.

ALIDOR, puis MINETTE.

ALIDOR, très-agité.

O Vénus! ô Vénus!... fille de l'onde qui est ta mère!... Je sens que je suis pris dans ton carquois, comme un lapin dans un collet!... (Apercevant Minette, qui entre par le fond.) Une *fâme*.

MINETTE, descendant à gauche.

Plaît-il?

ALIDOR, courant à elle.

Dans mes bras!... Sur mon cœur!...

MINETTE.

Ah! mais finissez!

ALIDOR.

Vous devez avoir des épingles dans le cou!

MINETTE.

Il est fou!

ALIDOR, se jetant à ses genoux.

Tiens! à tes genoux! à tes genoux!

MINETTE, effrayée.

Ah! au secours! au secours!...

Mouillebec entre par le fond, et Rosa par la droite.

SCÈNE XIII.

Les Mêmes, MOUILLEBEC, ROSA.

ROSA, entrant et apercevant Alidor.

Hein !

MOUILLEBEC, courant à Alidor.

Que vois-je ! malheureux ! (Il le relève.) Vous vous croyez donc sous Louis XV ?... (Aux dames.) Mesdames, veuillez excuser...

ROSA.

Ce n'est pas à lui qu'il faut s'en prendre... car, sans les coquetteries de madame...

MINETTE.

Mes coquetteries ? parlez des vôtres, ma chère.

MOUILLEBEC, s'interposant.

Mesdames... mesdames...

ROSA.

Une péronnelle !

MINETTE.

Insolente !

MOUILLEBEC.

Traiter de la sorte madame de Saint-Albano !

MINETTE.

Ça ?... une méchante actrice de carton

MOUILLEBEC et ALIDOR.

Une actrice !

ROSA.

Sortez!

MINETTE.

Une mauvaise cabotine... qui a été sifflée hier!

ROSA, hors d'elle-même.

Je vais vous faire jeter à la porte!

MINETTE.

C'est bon!... on vous le laisse, votre poupard!

ALIDOR.

Poupard!

ENSEMBLE.

AIR : *Ton chapeau prend un bain.*

ROSA.

Redoutez mon courroux!
La fureur me transporte!
Je vous mets à la porte :
Bien vite éloignez-vous!

MINETTE.

Je crains peu son courroux...
La fureur me transporte!
Me traiter de la sorte!
C'est affreux, entre nous!

MOUILLEBEC.

Redoutez mon courroux!
La fureur me transporte!
Nous tromper de la sorte!
Bien vite, éloignons-nous!

ALIDOR.

Redoutez mon courroux!
La fureur me transporte!

Me traiter de la sorte!
Bien vite, éloignez-vous!

Minette sort par le fond; Rosa remonte; Alidor la suit; Mouillebec passe à droite.

SCÈNE XIV.

ALIDOR, ROSA, MOUILLEBEC, puis MADAME TAUPIN.

MOUILLEBEC.

Une comédienne! une femme de théâtre!... (A Alidor.) Vite, votre chapeau!

ROSA.

Qu'est-ce qui vous prend?

MOUILLEBEC.

Et moi qui viens d'écrire à madame de Boismouchy que nous étions chez une femme du monde.

ROSA.

Eh bien, je ne suis donc pas du monde?

MOUILLEBEC.

Fi! madame, fi! (A Alidor.) Votre chapeau... et partons!

ALIDOR.

Vous!... mais pas moi!... je reste!...

ROSA.

Très-bien! (A Mouillebec.) Je ne vous retiens plus, mon brave homme!... allez!

MOUILLEBEC, à Alidor.

Mais, malheureux!...

ALIDOR.

Vous embrasserez maman pour moi.

MADAME TAUPIN, entrant par la droite, avec un plateau sur lequel est le déjeuner.

Voilà le déjeuner!

Elle pose le plateau sur le guéridon de gauche.

ALIDOR et ROSA.

A table!... à table!...

Ils se mettent à table.

MOUILLEBEC, à part.

Ils ont le cœur de se mettre à table!.... (Regardant la table.) Il a très-bonne mine, leur déjeuner.

ALIDOR, à table avec Rosa.

Tiens! des truffes!

Rosa sert. — Ils mangent.

MOUILLEBEC, à part.

Des truffes! je n'en ai jamais mangé.

MADAME TAUPIN, s'approchant de Mouillebec.

Eh bien, monsieur Mouillebec, vous ne prenez pas place?

MOUILLEBEC.

Non... je crois que je vais partir.

MADAME TAUPIN.

Partir!... (Avec expression.) Vous ne seriez donc venu que pour nous donner des regrets?

MOUILLEBEC.

Madame... (A part.) A la bonne heure! elle est honnête, celle-là!

ALIDOR.

Je reprendrai de la croûte.

Rosa le sert.

MOUILLEBEC, à part, s'approchant un peu de la table.

Ce pâté embaume !

MADAME TAUPIN, d'une voix câline.

Déjeunez, monsieur Mouillebec... j'ai mis votre couvert.. moi-même !

MOUILLEBEC.

C'est que... je ne sais pas si je dois, dans ma position..

MADAME TAUPIN, tendrement.

Puisqu'on vous en prie !...

Elle lui prend son chapeau.

MOUILLEBEC.

Ah ! c'est bien différent... du moment que... Je déjeunerai ! parce que vous m'en priez... et que j'ai faim !

Il va prendre sa place à table. — Madame Taupin met le chapeau de Mouillebec sur le sofa, et vient se placer debout entre Mouillebec et la fenêtre.

ROSA, à Mouillebec.

Ah ! vous y venez donc !... j'en étais sûre !

Elle le sert.

MOUILLEBEC.

Oui, madame ; mais ça ne m'empêchera pas de vous dire vos vérités... toutes vos vérités ! (Changeant de ton.) Je vous demanderai une truffe ?

ALIDOR, la bouche pleine.

Je reprendrai de la croûte !

Il en prend un morceau. — Madame Taupin verse du vin à Mouillebec.

MOUILLEBEC, tout en mangeant.

Ah ! madame... que vous êtes loin de Lucrèce... qui préféra une mort glorieuse... (Il boit. — Changeant de ton.) Tiens ! il est bon, votre petit blanc !

ACTE DEUXIÈME.

ROSA.

C'est du sauterne...

MOUILLEBEC.

Qui préféra une mort glorieuse...

On entend rouler une voiture.

ROSA et MADAME TAUPIN.

Chut!...

ROSA.

Une voiture!... dans la cour!

MADAME TAUPIN, regardant à la fenêtre.

C'est lui!... c'est M. Track!

ROSA, se levant.

Vite! cachez-vous!

MOUILLEBEC.

Encore? j'en ai assez!

ROSA.

Vous ne le connaissez pas... il vous tuera!

ALIDOR et MOUILLEBEC, se levant.

Bigre!

ALIDOR, prenant le pâté.

J'emporte le pâté!

Il se sauve dans la chambre de droite.

MADAME TAUPIN, à la porte du fond.

Le voilà!... il n'est plus temps!... (Prenant la livrée sur un fauteuil et la donnant à Mouillebec.) Tenez, endossez cette livrée...

MOUILLEBEC.

Moi! en domestique! *Proh pudor!*

Il met la livrée par-dessus son habit.

MADAME TAUPIN, l'aidant.

Dépêchez-vous! (A Rosa.) Je me charge de l'autre.

Elle prend les couverts de Mouillebec et d'Alidor et sort par la droite

ROSA.

Je l'entends! (Elle lui donne une serviette et une assiette.) Prenez cette assiette et frottez!

Elle se remet à table. — Mouillebec frotte son assiette. — Track paraît au fond.

SCÈNE XV.

ROSA, TRACK, MOUILLEBEC, puis ALIDOR, puis MADAME TAUPIN.

TRACK, soupçonneux.

A table?... Ah! ah!... il paraît que votre migraine va mieux?

ROSA.

Oui, mon ami...

MOUILLEBEC, très-troublé.

Oui.. mon ami...

TRACK, se retournant.

Hein! quel est cet homme?

MOUILLEBEC, à part.

Il m'a vu!...

ROSA.

Un nouveau domestique, puisque vous avez renvoyé Justin...

TRACK.

C'est juste!... (A Mouillebec.) D'où es-tu?

ACTE DEUXIÈME.

MOUILLEBEC, ému.

De Bretagne... Breton... de Bretagne...

ROSA, à Mouillebec.

Thomas, donnez-moi une assiette... Eh bien, Thomas! vous êtes donc sourd?

MOUILLEBEC, allant à Rosa.

Hein?... C'est moi! (Donnant l'assiette.) Voilà! (A part.) Il faut que je m'appelle Thomas, à présent!

Track trouve sur le sofa le chapeau de Mouillebec.

TRACK, à part.

Un chapeau qui n'est pas de livrée! il y a un homme ci! (Regardant Mouillebec avec défiance.) Cet air embarrassé quand je suis entré... (Appelant.) Pst!... ici... Thomas!

MOUILLEBEC, s'approchant.

Monsieur? (Track lui met le chapeau sur la tête.) Oye!

Il passe à gauche.

ROSA.

Quoi donc?

TRACK.

Non! il n'entre pas!... où peut-il être? (Indiquant la porte de droite.) Par là?

Il se dirige vers la droite.

ROSA, à part.

Pincée!

MOUILLEBEC.

Pinçatus !

Alidor entre de la droite, vêtu en cuisinier : veste blanche et toque blanche, et portant un plat.

ALIDOR, passant devant Track.

Macaroni au jus!

Il pose le plat sur le plateau.

MOUILLEBEC et ROSA.

Hein?

<small>Alidor regarde avec stupéfaction Mouillebec, qui le regarde de même, puis il gagne vivement la droite.</small>

TRACK, étonné.

Qu'est-ce que c'est que celui-là?

ROSA, avec aplomb.

Mon nouveau cuisinier.

TRACK, à Alidor.

Comment t'appelles-tu?

ALIDOR, ôtant sa toque.

Pégase!

MOUILLEBEC, à part.

Au moins, il a un joli nom, lui!

<small>Track met vivement le chapeau sur la tête d'Alidor</small>

ALIDOR.

Oye!

TRACK, furieux.

Non! il n'entre pas! (A part.) Ce chapeau n'est pourtant pas venu seul!... il y a une intrigue ici. (Haut, à Rosa.) Faites vos préparatifs, nous partons!

ALIDOR, à part.

Ils partent!

MOUILLEBEC, à part.

Bravo!

ROSA, se levant.

Comment! nous partons? et ou allons-nous?

ACTE DEUXIÈME.

TRACK.

Vous le saurez plus tard. (Appelant.) Madame Taupin! madame Taupin!

MADAME TAUPIN, entrant par la droite.

Monsieur?

TRACK.

Vite! les malles, les paquets! nous quittons Paris!

MADAME TAUPIN.

Ah bah!... Tout de suite, monsieur.

Elle sort par la droite.

ROSA, à Track.

Vous êtes fou! Et mon théâtre?

TRACK.

Je payerai le dédit! (Désignant Mouillebec.) J'emmène cet homme!

MOUILLEBEC.

Moi? ah! mais non! permettez...

TRACK.

Pas d'observations! (Désignant Alidor.) J'emmène aussi celui-là!

ALIDOR, à part.

Oh! bonheur!

ROSA.

Mais c'est la traite des blancs...

TRACK.

Pas d'observations!

ALIDOR, à part.

Ça me va!...

TRACK, à part.

Ils parleraient... et je veux que tout le monde ignore notre départ.

ROSA, à Track.

C'est vous qui le voulez? Eh bien, soit, partons! (A part.) Il me le payera!

Elle rentre un instant à gauche.

TRACK.

J'emporte aussi le chapeau.

MADAME TAUPIN, rentrant chargée de sacs de nuit et de cartons.

Voilà, monsieur!...

Elle pose tout au milieu de la scène.

TRACK, montrant des paquets à Mouillebec et à Alidor.

Prenez celui-ci, et vous celui-là.

MOUILLEBEC, passant près d'Alidor; tous deux prennent les paquets.

Pardon, monsieur! où allons-nous?

Rosa rentre par la gauche avec un chapeau et un pardessus.

TRACK.

En Amérique!

TOUS.

En Amérique!

Mouillebec et Alidor laissent tomber leurs paquets.

MOUILLEBEC, bas, à Alidor.

Et mon école! et mes pommes de terre qui ne sont pas...

ALIDOR, bas, à Mouillebec.

Bah! ça nous promènera!

Ils ramassent les paquets.

TRACK.

Allons, en route!

ACTE DEUXIÈME.

MOUILLEBEC.

Mais, monsieur...

TRACK.

Pas d'observations!

ENSEMBLE.

Air du *Roi des Drôles.*

MOUILLEBEC et MADAME TAUPIN.

C'est affreux! c'est inique!
M'entraîner, de ce pas,
Au fond de l'Amérique!
Je n'y survivrai pas!

ROSA.

L'aventure est unique!
Il ne se doute pas
Que son rival unique
Suivra partout mes pas.

ALIDOR.

L'aventure est unique!
Sans jamais être las,
Plus loin que l'Amérique,
Moi, je suivrai ses pas.

TRACK.

L'aventure est unique!
Pour moi plus de tracas!
Du moins, en Amérique,
Il ne nous suivra pas!

Track fait passer devant lui Mouillebec et Alidor. — Le rideau abaisse.

ACTE TROISIÈME.

Un jardin. — A droite, premier plan, une cuisine avec une porte ouvrant sur le théâtre, et une fenêtre faisant face au public. — Devant la fenêtre un banc de pierre. — A gauche, au premier plan, un pavillon praticable avec perron. — Un peu vers la gauche, au troisième plan, un puits. — Chaises de jardin. — Au fond, un mur qui traverse le théâtre.

SCÈNE PREMIÈRE.

MOUILLEBEC, puis MONTDÉSIR, ensuite MADAME TAUPIN.

MOUILLEBEC, seul; il est en groom et cire une paire de bottes.

Ça ne veut pas reluire!... (Il crache sur la brosse et frotte vivement.) Être dans l'enseignement et cirer des bottes!... fatalité!... *anankê!*... comme disent les Grecs... (Avec rage.) et manger à la table des domestiques! (Se calmant.) Il est vrai que les domestiques... c'est moi... et M. le marquis. (Tout à coup.) A propos! nous ne sommes pas en Amérique!... Arrivé au Havre, le bouledogue a changé d'idée... il a loué cette petite maison aux environs de Trouville... et, depuis quatre jours, nous voilà installés... Ce matin, il m'a fait scier une voie de bois!... mon Dieu! que j'ai mal aux reins... Heureusement que tout cela va finir... J'ai écrit à M. de Montdésir pour le prier... primo : de donner à

ACTE TROISIÈME.

manger à mes lapins... secundo : de venir nous tirer des griffes de l'Américain. J'attends sa réponse. (Fouillant dans sa poche et en tirant un timbre-poste.) Tiens! j'ai oublié d'affranchir ma lettre.... voilà le timbre.

Il le remet dans sa poche.

MONTDÉSIR, paraissant au fond au-dessus du mur et appelant.

Mouillebec!... Mouillebec!...

MOUILLEBEC, se retournant.

Monsieur de Montdésir!... Ah! vous voilà!... comment se porte madame la marquise?... et mes pommes de terre?... et mes lapins?...

MONTDÉSIR.

Vos lapins vont très-bien... ils sont occupés à manger vos pommes de terre.

MOUILLEBEC.

Ah! tant mieux!... (Par réflexion.) c'est-à-dire...

MONTDÉSIR.

J'ai reçu votre lettre et j'ai trouvé un moyen ingénieux de vous arracher d'ici.

MOUILLEBEC.

Chut!... plus bas...

MONTDÉSIR

Quoi?...

MOUILLEBEC.

S'il vous entendait!... un sauvage!... un caraïbe!... qui verrouille toutes les portes!...

MONTDÉSIR.

Je suis aussi fin que lui... je saurai bien pénétrer dans son antre.

MOUILLEBEC.

Comment!... vous oseriez...?

MONTDÉSIR.

Quoi qu'il arrive... quoi que je fasse... ne vous étonnez de rien.

MOUILLEBEC, regardant à droite.

Du monde!

MONTDÉSIR.

A bientôt!...

Il disparaît. — Madame Taupin sort de la cuisine, une assiette de soupe à la main.

MADAME TAUPIN, présentant l'assiette à Mouillebec.

Tenez, prenez ça vite... ça chasse le brouillard.

MOUILLEBEC, prenant l'assiette.

Qu'est-ce que c'est?

MADAME TAUPIN, tendrement.

Une petite soupe grasse... que je viens de tremper moi-même... j'ai pris le dessus du bouillon.. (Avec férocité.) et j'ai remis de l'eau pour l'Américain!

MOUILLEBEC, tout en mangeant.

Ah! madame Taupin, que vous êtes bonne!... sur cette plage aride, vous me faites l'effet d'une brise embaumée.

MADAME TAUPIN, minaudant.

Alphonse, ne me dites pas de ces choses-là!

MOUILLEBEC.

Alphonse!... Vous savez que je m'appelle Alphonse..

MADAME TAUPIN.

Oui... je l'ai demandé au petit... j'ai peut-être été bien imprudente?...

MOUILLEBEC.

Il n'y a pas de mal, madame Taupin...

MADAME TAUPIN.

Puisque je vous appelle Alphonse... appelez-moi Nini.

MOUILLEBEC.

Madame Nini?...

MADAME TAUPIN.

Non! pas madame!... Nini tout court.

MOUILLEBEC.

Vous le voulez? eh bien, Nini.

MADAME TAUPIN, avec passion.

Ah!

MOUILLEBEC.

Je ne vous cache pas que je voudrais bien m'en aller!

Il lui rend l'assiette.

MADAME TAUPIN.

Oh!

MOUILLEBEC.

Mais je ne peux pas partir sans mon élève! et cet animal-là s'est enraciné ici comme une touffe de chiendent! plus on l'arrache, plus il repousse!

MADAME TAUPIN.

Ah! c'est qu'il est amoureux, lui!

MOUILLEBEC.

Amoureux! que dira madame la marquise?

MADAME TAUPIN, apercevant Alidor qui entre par la gauche.

Chut! le voici!

Elle va remettre l'assiette dans la cuisine et revient en scène.

SCÈNE II.

MOUILLEBEC, ALIDOR, MADAME TAUPIN

ALIDOR, toujours en cuisinier, tenant un poulet non plumé à la main. — Il a l'air mélancolique, porte la main sur son cœur et pousse un énorme soupir.

Heu!... que je l'aime! Bonté divine! que je l'aime!

MADAME TAUPIN.

Plus bas, donc!

MOUILLEBEC.

Il nous fera assassiner!

ALIDOR.

Ne craignez rien... Amour, mystère et cuisine!... voilà ma devise! (Soupirant.) Heu! j'ai rêvé d'elle toute la nuit!

MADAME TAUPIN.

Vraiment?

ALIDOR

AIR d'*Haydée*.

Je l'admirais!
Je l'adorais!
A ses genoux je répandais des larmes...
Puis, souvenir rempli de charmes,
Je la pressais tendrement sur mon sein!
Mais le jour vint...
C'était, hélas! mon traversin!

Il va s'asseoir sur le banc à droite.

MADAME TAUPIN, à Mouillebec.

A la bonne heure! il a un cœur, lui, tandis que vous....

ACTE TROISIÈME

MOUILLEBEC.

Moi, j'ai mal aux reins!

MADAME TAUPIN, à part, passant à gauche.

Cet homme est un marbre!

Elle entre dans le pavillon.

SCÈNE III.

MOUILLEBEC, ALIDOR.

ALIDOR, assis sur le banc et à part.

Allons, plumons!... plumer pour elle, c'est encore du bonheur!

Il plume son poulet.

MOUILLEBEC, reprenant sa botte et venant s'asseoir à côté d'Alidor. — Il cire. — A part.

Pauvre garçon, il me fait de la peine!... (Haut.) Eh bien, monsieur le marquis, vous ne voulez donc pas que nous retournions en Bretagne?

ALIDOR.

Père Mouillebec, ne me parlez pas... Tenez, vous n'avez pas pour deux liards de poésie dans le cœur; vous ne comprenez pas l'amour!

MOUILLEBEC, furieux.

Je comprends... je comprends que je cire des bottes... et que ça m'ennuie!

ALIDOR.

Je fais bien la cuisine, moi!

MOUILLEBEC.

C'est-à-dire que vous la faites mal! vous nous servez de monstrueuses ratatouilles!... hier encore, cette poule au riz...

ALIDOR.

Je me suis trompé... j'ai versé le riz dans les pruneaux... et la poule dans le panier au charbon...

MOUILLEBEC.

De façon que nous n'avons eu ni poule, ni riz, ni pruneaux! c'est insupportable, de dîner comme ça.

ALIDOR, se levant.

Eh bien, qu'est-ce que ça prouve?

Il pose son poulet sur le banc.

MOUILLEBEC.

Ça prouve que vous ne savez pas faire la cuisine.

ALIDOR, passant à gauche.

Non, ça prouve que j'ai un petit dieu qui tire de l'arc dans ma poitrine!... j'aime, enfin!... Cette *fâme!*... je la vois partout! Je l'aspire, je la respire et je la soupire!... Je guette ses mies de pain pour les manger... Je dévore les feuilles de radis qu'elle laisse dans son assiette... car je lui filoute ses feuilles de radis!

MOUILLEBEC.

Malheureux!

ALIDOR.

Et, dans ce moment, je cherche un roux digne d'assaisonner les gants qu'elle a portés!

MOUILLEBEC.

Et vous comptez me faire manger de ça?

ALIDOR.

Oh! non, pas vous; ce sera pour moi... pour moi seul!... au fond des bois; je mêlerai mes soupirs d'amour aux roucoulements des bêtes féroces!...

MOUILLEBEC, se levant.

Voyons, calmez-vous... calmez-vous!... Ne parlons plus de ça! Il est neuf heures... voulez-vous que nous prenions une petite leçon?

ALIDOR, à lui-même.

Du pain noir... et son cœur!

MOUILLEBEC.

Tenez, nous allons nous régaler d'un joli petit verbe déponent...

ALIDOR, passant à droite.

Non! je ne veux plus lire que *la Cuisinière Bourgeoise*... et *la Nouvelle Héloïse!*

MOUILLEBEC, insistant.

Rien qu'un petit... sur le pouce?...

ALIDOR.

Père Mouillebec, je ne voudrais pas vous contrarier... mais M. Track attend ses bottes...

MOUILLEBEC.

C'est juste!... Allons, du courage! et rappelez-vous cette parole de Cicéron : *Sapientia*... (S'interrompant.) Est-elle de Cicéron?

ALIDOR.

Allez-y!... il vous ficherait une raclée!

MOUILLEBEC.

J'y cours!... il en serait capable l'orang-outang!

Il entre dans le pavillon en emportant les bottes.

SCÈNE IV.

ALIDOR, puis TRACK.

ALIDOR, seul.

Il est parti... donnons bien vite le signal... (Il tire des pipeaux de son tablier.) Je me suis fabriqué ça avec mon couteau et deux roseaux... ça imite la guitare...

Il souffle dans ses pipeaux.

TRACK, en dehors.

Mille millions de cannes à sucre!

ALIDOR, cachant vivement ses pipeaux, reprenant son poulet, et se rasseyant sur le banc.

Lui! bigre de bigre!

TRACK, sortant du pavillon, furieux, le chapeau polka et bandoulière.

Pégase!... que fais-tu là?

ALIDOR.

Je plume... je plume...

TRACK.

Quel est ce bruit? cette musique?

ALIDOR.

C'est le rossignol!

TRACK.

Le rossignol! imbécile! je vais te faire parler!

Il le menace.

ALIDOR.

Pas de gestes!

TRACK, se calmant, à lui-même.

C'est juste!... un blanc!... Heureusement que j'attends un nègre aujourd'hui... et nous verrons... (Haut, à Alidor.) Est-ce aussi le rossignol qui dépose toutes les nuits des bouquets sur la fenêtre de Rosa?

ALIDOR.

Je ne sais pas... je plume... je plume...

TRACK, tirant un papier de sa poche.

Et ce matin... ces deux vers que j'ai trouvés dans sa jardinière?

ALIDOR, à part.

Mes versses!

TRACK, lisant.

Je vous aime extraordinairement,
Aimez-moi donc également. »

(Parlé.) Est-ce assez plat!... Des vers de mirliton!

ALIDOR, à part.

Pardonnons-lui... c'est un étranger... il ne s'y connaît pas!

TRACK, à part.

Il nous a suivis, c'est clair!... Mais j'ai son chapeau... et s'il me tombe sous la main! (A Alidor.) De quel côté chantait-il... ton rossignol?

ALIDOR.

A main gauche, monsieur, il chantait à main gauche.

TRACK, à part.

Il rôde sans doute autour de la maison... Je vais le savoir!...

Il disparaît par la droite.

ALIDOR, se levant et le regardant s'éloigner.

Trime, va, mon bonhomme... trime!

Il reprend ses pipeaux et souffle dedans.

TRACK, au dehors.

Mille millions de revolvers!

ALIDOR, cachant ses pipeaux et courant se rasseoir sur le banc.

Bigre de bigre!

Il reprend son poulet.

TRACK, entrant vivement par la droite.

Eh bien?

ALIDOR.

Je ne sais pas... je plume... je plume...

TRACK.

Tu as entendu?

ALIDOR.

A main droite, monsieur, à main droite!...

TRACK, à part.

Oh! je le trouverai!... Je vais faire le tour de l'habitation... et si je le rencontre...

Il sort par la gauche.

SCÈNE V.

ALIDOR, puis ROSA.

ALIDOR, se levant et le regardant sortir, après avoir posé son poulet sur le banc.

Promène-toi, va, promène-toi... S'il pouvait marcher sur du persil!... on dit que ça porte malheur!

ROSA, *paraissant sur le seuil du pavillon.*

Êtes-vous seul?

ALIDOR.

Oui, il vient de partir... l'homme des montagnes Rocheuses!...

ROSA, *venant en scène.*

J'ai entendu votre petite musette... et me voilà!

ALIDOR, *poétiquement.*

Ah! vous me faites l'effet d'une bouche de chaleur qui s'ouvre dans ma nuit sombre!...

ROSA.

Ah! vous allez encore faire des phrases comme hier!.. C'est ennuyeux à la fin!... vous avez l'air d'une lyre!...

ALIDOR.

Non! pas de phrases! des soupirs!... des regards!...

ROSA.

Il faut avouer que vous n'êtes guère empressé...

ALIDOR.

Moi!... moi qui vous fais votre cuisine par amour!

ROSA.

Dites donc, je la mange... il me semble que nous sommes quittes!

ALIDOR, *poétiquement.*

Ah! Rosa!... Vous me faites l'effet d'un beau soir d'automne!...

ROSA.

Et vous d'une belle journée d'hiver! Brrr!... Je suis fâchée de ne pas avoir pris mon manchon!

ALIDOR, à part.

Qu'est-ce qu'elle a?

ROSA.

Tenez... asseyons-nous... car debout vous n'êtes pas drôle! (Elle s'assied à gauche. — Après un grand temps.) Eh bien?

ALIDOR.

Moi? Je ne dis rien!

ROSA.

Je le vois bien!... (Allongeant son pied.) Comment trouvez-vous ces petites pantoufles?

ALIDOR.

Dame! je les trouve en maroquin...

ROSA, vexée.

Monsieur le marquis vous êtes une oie...

ALIDOR.

Une oie?

ROSA.

Apprenez que, lorsqu'une femme montre ses pantoufles... c'est pour qu'on lui parle de son pied!

ALIDOR.

Oh! oui! parlons de votre pied!... il me fait l'effet d'une fraîche matinée de printemps...

ROSA.

Encore!... avez-vous quelquefois pêché à la ligne?

ALIDOR.

Oui... pourquoi?

ROSA.

Moi, je ne trouve rien d'insupportable comme ces petits

poissons qui mordent toujours et qui ne se prennent jamais!

ALIDOR.

Les ablettes?... vous voulez parler des ablettes?

ROSA.

J'aime mieux les brochets! au moins ils ont des dents!

Elle ôte ses gants.

ALIDOR.

Vous ôtez vos gants? oh! donnez-les-moi?

ROSA, les lui donnant.

Pourquoi?

ALIDOR, se levant.

J'ai mon idée! (A part.) Quand j'en aurai quinze paires..., quelle fricassée!

ROSA, se levant.

Dites donc... vous ne savez pas une chose? c'est aujourd'hui ma fête...

ALIDOR.

Allons donc! c'est la Saint-Procope...

ROSA, impatientée.

Ça ne fait rien!... je vous dis que c'est ma fête!

ALIDOR.

Je le veux bien!... alors, mademoiselle Procope, je vous la souhaite!

ROSA.

Eh bien?... dans votre pays, est-ce qu'on ne s'embrasse pas?

ALIDOR.

Vous? jamais! ça serait profaner mon idole.

ROSA.

Mais puisque je vous y autorise!

ALIDOR, avec feu.

Vous le voulez!... ô volupté!... volupté!... Eh bien. (S'arrêtant.) eh bien, non! non!

ROSA.

AIR : *Qu'il est flatteur d'épouser celle...*

Pourquoi donc? lorsque je vous presse...
C'est le langage des amours.

ALIDOR.

Pour moi vous êt's une déesse
Que je veux respecter toujours!
Jamais aucun mortel sur terre
Ne sut vous vénérer autant...

ROSA, à part.

Voilà quatr' jours qu'il me vénère...
Ça finit par être embêtant! (*Bis.*)

(Tout à coup pleurant.) Ah! je vois bien que vous ne m'aimez pas!

ALIDOR.

Moi?... je ne vous aime pas?... eh bien, je vais vous en donner une preuve!

ROSA.

Laquelle?...

ALIDOR, tirant une marguerite de son sein.

Nous allons interroger la marguerite!

ROSA.

Ah! encore les marguerites!

ACTE TROISIÈME.

ALIDOR.

Écoutez ça! (Effeuillant la fleur.) Je l'aime... un peu... beaucoup... *normément*.

ROSA.

Eh bien, c'est convenu! *normément!...* après?

ALIDOR.

Maintenant, nous allons voir si vous m'aimez, vous!
Il tire une autre marguerite de son sein.

ROSA.

Vous allez encore plumer celle-là? (Lui arrachant sa marguerite.) Voyons... êtes-vous un homme sérieux?

ALIDOR.

Mais...

ROSA, allant voir au fond et redescendant à droite.

Il y a bal ce soir pour la fête de Trouville... M. Track se couche de bonne heure... j'ai une forte envie de pincer un cotillon... je vous emmène!...

ALIDOR, joyeux.

Vous avec moi! moi avec vous!

ROSA.

Nous boirons du punch, du bordeaux... du champagne! A part.) Ça le grisera!

ALIDOR.

C'est que je n'ai jamais pincé de cotillon...

ROSA.

Vous ne savez pas danser?

ALIDOR.

Non... mais je vous en prie... donnez-moi une leçon...

ROSA.

AIR d'Hervé.

Comment, encore une leçon
　　Pauvre garçon!
　　Mais il faut donc
　　Tout vous apprendre!
Allons, monsieur, regardez-moi;
　　Mais, je le voi,
Je suis trop bonne, sur ma foi.
　　Joyeux signal,
　　Voici du bal
Le piston qui se fait entendre.
　　L'orchestre part,
　　Et, sans retard,
Vous partez avec lui... dardar...

ALIDOR, parlé.

Dardar...

ROSA, chantant et dansant.

　　Vous avancez,
　　Vous balancez
Votre danseuse d'un air tendre...
　　Vient un moment
　　Où, plein d'élan,
Vous risquez un léger cancan.

ALIDOR, parlé.

Le cancan!... qu'est-ce que c'est que ça?

ROSA, dansant.

C'est une danse sans façon...
　　Pauvre garçon,
　　Mais il faut donc
　　Tout vous apprendre!
Allons, voyons, imitez-moi!
　　Mais, je le voi,
Je suis trop bonne sur ma foi.

L'orchestre continue, et, sur la reprise, Alidor danse en imitant gauchement Rosa. Mouillebec paraît, venant de la droite.

SCÈNE VI.

Les Mêmes, MOUILLEBEC, avec une hottée de bois sur le dos.

MOUILLEBEC.

Eh bien!... ils dansent!...

ROSA

Oh! le vieux!

MOUILLEBEC, prêchant, sa hotte sur le dos, et à Rosa.

Ah! madame! voilà donc où nous conduit l'entraînement des passions! Sénèque a bien raison lorsqu'il dit *Nihil non longa demolitur...*

ROSA.

Du latin! je file! (Elle sort par la gauche en dansant.) Tra la la...

MOUILLEBEC.

Fugit ad salices!... (A Alidor.) Mais vous, me comprendrez-vous?... *Nihil non longa demolitur...*

ALIDOR ; il se sauve dans la cuisine en dansant.

Tra la la...

MOUILLEBEC, seul.

Parti! C'est égal! je n'en aurai pas le démenti! (Au public.) *Nihil non longa demolitur vetustas atque...*

SCÈNE VII.

TRACK, MOUILLEBEC, puis ALIDOR, dans la cuisine.

TRACK, entrant par la gauche au fond.

Thomas!

MOUILLEBEC.

Ah! c'est vous, monsieur?...

TRACK.

Je viens de faire le tour des murs... je n'ai rencontré personne... qu'un cantonnier... Je lui ai essayé le chapeau... il ne lui va pas...

MOUILLEBEC.

Parbleu!

TRACK, soupçonneux.

Pourquoi dis-tu : « Parbleu? »

MOUILLEBEC.

Moi?... je dis : « Parbleu!... » comme je dirais : « Voilà un joli temps. »

ALIDOR, ouvrant la fenêtre de la cuisine.

Donnons de l'air... ça fume.

On le voit installé devant ses fourneaux et retournant ses casseroles.

TRACK, à Mouillebec.

Pst! ici!

MOUILLEBEC, s'approchant.

Monsieur?

ACTE TROISIÈME.

TRACK

Il m'est venu une idée pour prendre l'homme au chapeau... je vais acheter quarante piéges à loup...

MOUILLEBEC.

Des piéges à loup?...

TRACK.

Oui, des petites machines en fer... avec un ressort en acier... Dès qu'on met le pied dessus... dzing!... ça casse la jambe!

MOUILLEBEC.

Comment?

TRACK.

J'en sèmerai tout autour de la maison.

MOUILLEBEC.

Et les jambes de vos domestiques, monsieur?

TRACK.

Ça m'est égal... je les rembourserai!

MOUILLEBEC, à part.

Il est atroce, cet animal-là!... il croit qu'on rembourse une jambe comme un carreau cassé!

ALIDOR, tirant une fleur de son sein.

Ça mitonne... Interrogeons la marguerite.

Il se met à effeuiller plusieurs marguerites, et, sans s'en apercevoir, il jette les pétales dans les casseroles

TRACK, à Mouillebec.

Tu vas partir pour le Havre.

MOUILLEBEC

Moi?

TRACK.

Et tu me rapporteras ces quarantes piéges... Cours ! vole !

MOUILLEBEC.

« Cours ! vole ! » Pardon, monsieur... c'est que j'ai du bois dans le dos...

TRACK.

Dépose-le, ton bois... et pars vite. (Mouillebec va déposer sa hottée de bois au fond, à droite. — Appelant.) Pégase !

ALIDOR, dans la cuisine.

Monsieur ?

TRACK.

Mon déjeuner ! vite ! j'ai faim !

ALIDOR, dans la cuisine.

Voilà ! voilà !

Track rentre dans le pavillon.

SCÈNE VIII.

MOUILLEBEC, puis ALIDOR, puis ROSA.

MOUILLEBEC, seul, revenant en scène.

Des piéges à loup, maintenant !... Ah ! il me tarde de voir arriver le beau-père avec son moyen ingénieux !

ALIDOR, sortant du pavillon.

L'omelette de monsieur !

Il remet le plat à madame Taupin, qui paraît à la porte du pavillon, et il garde une fourchette.

ACTE TROISIÈME.

ROSA, arrivant vivement de la gauche.

Qu'est-ce que ce moricaud qui me fait des signes?

MOUILLEBEC et ALIDOR.

Un moricaud?

Mouillebec va voir au fond.

ROSA.

Un nègre... que j'ai rencontré à la grille du parc... il a voulu me parler... mais je me suis sauvée... (Regardant Alidor.) J'aime mieux les blancs, moi!

MOUILLEBEC, venant au milieu.

Demain, il ne rôdera plus personne par ici, ni blancs ni noirs...

ROSA.

Comment?

MOUILLEBEC.

M. Track... votre crocodile... va planter des corbeilles de piéges à loup...

ROSA et ALIDOR.

Qu'est-ce que c'est que ça?

MOUILLEBEC.

Des petites machines en fer... avec un ressort en acier... Dès qu'on met le pied dessus... dzing! ça casse la jambe!

ROSA.

Par exemple!

ALIDOR.

Mais c'est une bourrique! (Gesticulant avec sa fourchette.) Qu'il ne m'asticote pas ou sinon... (Il se pique la joue avec sa fourchette.) Oye!

ROSA, allant à lui.

Il s'est blessé !

ALIDOR.

Un coup de fourchette !...

ROSA.

Vite du taffetas d'Angleterre !

Elle va vers la cuisine.

MOUILLEBEC.

Soyez tranquille... j'ai ce qu'il faut.

Il tire de sa poche le timbre-poste et le colle sur la joue d'Alidor.

ROSA, riant.

Un timbre-poste ! ah ! ah ! ah !

ALIDOR, riant

Si j'étais nègre... on dirait que je suis affranchi !

Il se tord de rire.

ROSA, à part.

Tiens ! il est bête ! mais je ne déteste pas ça !

MOUILLEBEC, comprenant après coup et riant.

Ah ! affranchi !... (S'arrêtant tout à coup et avec mépris.) Non ! c'est un calembour !

Grand bruit de vaisselle cassée dans le pavillon.

SCÈNE IX.

LES MÊMES, MADAME TAUPIN, puis TRACK.

TOUS, se retournant.

Quel est ce bruit ?

ACTE TROISIÈME.

MADAME TAUPIN, sortant du pavillon.

Ah! mon Dieu! quel homme!

ROSA

Quoi?

MADAME TAUPIN.

C'est encore votre sauvage!... je ne sais ce qu'il a... A peine a-t-il eu goûté à l'omelette, qu'il a renversé la table...

ALIDOR.

J'aurai peut-être oublié d'y mettre du sel!

Madame Taupin rentre dans le pavillon après l'entrée de Track.

TRACK, sortant du pavillon furieux et une cravache à la main.

Ah! pour le coup, c'est trop fort!... des marguerites dans mon omelette!

ALIDOR, à part.

Bigre de bigre!

MOUILLEBEC, à part.

Le malheureux!

ROSA, faisant le geste d'effeuiller; à part.

Il a interrogé... au-dessus de l'omelette!

TRACK, à Alidor.

Des marguerites dans le thé! des marguerites dans tout! Tu veux donc m'empoisonner?

ALIDOR.

Je vas vous dire... ça dépend des pays... En Bretagne, on met du lard...

TRACK, levant sa cravache.

Tais-toi, misérable!

ROSA, l'arrêtant.

Oh!

ALIDOR, passant à gauche.

Touchez pas!

MOUILLEBEC.

Touchez pas!

TRACK, exaspéré.

C'est juste! des blancs!... toujours des blancs!... il ne me viendra donc pas un nègre!...

SCÈNE X.

ALIDOR, MOUILLEBEC, TRACK, MONTDÉSIR, ROSA.

Montdésir entre par le fond à droite ; il est en nègre. — Livrée de domestique.

TRACK, apercevant Montdésir.

Ah! enfin! voilà un nègre! (Le prenant par le bras, et lui donnant des coups de cravache.) Tiens! tiens! tiens!...

MONTDÉSIR, sautant sous les coups.

Oye! oye! oye!

Il se réfugie entre Mouillebec et Alidor.

TRACK, respirant.

Ah! ça fait du bien!

ROSA, à Track.

Ça fait du bien... pas à lui!

MONTDÉSIR, bas, à Mouillebec et à Alidor.

C'est moi!... Montdésir!...

ACTE TROISIÈME.

ALIDOR et MOUILLEBEC, à part.

Le beau-père !

MOUILLEBEC, à part.

Voilà son moyen ingénieux !

ALIDOR, étonné, bas, à Montdésir.

Tiens !... vous avez donc perdu quelqu'un, que vous êtes en deuil ? (Il veut l'embrasser.) Embrassons-nous !...

MONTDÉSIR, le repoussant, bas.

Prends garde !... je ne suis pas sec !

TRACK, à Montdésir.

Ah ! je suis bien heureux de t'avoir sous la main, va !

MONTDÉSIR, imitant le nègre.

Baï-bo... baï-bo !...

ROSA, lorgnant Montdésir.

Est-il possible d'être laid comme ça !

TRACK, à Montdésir.

Approche ici, toi !

MONTDÉSIR, passant près de lui.

Bon maître à moi...

TRACK.

Tu me conviens... je t'arrête !

MOUILLEBEC, bas, à Alidor.

Cet animal-là prend toute la famille à son service...

TRACK, à Montdésir.

Mais je te préviens que, lorsque j'aurai à me plaindre de ces deux blancs ou de madame... comme il faut que je me soulage... c'est sur toi que je taperai !

Il fait siffler sa cravache.

ROSA.

Oh! pas devant moi! je n'aime pas à voir battre les animaux!

TRACK, à Mouillebec.

Thomas, tu vas arroser le jardin...

MOUILLEBEC.

Arroser?... permettez...

TRACK.

Tu raisonnes! coquin!

Il donne un coup de cravache à Montdésir.

MONTDÉSIR.

Oh la la!

Mouillebec remonte et va prendre deux arrosoirs derrière la cuisine.

ROSA.

Mon ami...

TRACK.

Il a raisonné! (A Alidor.) Toi, prépare le dîner et surtout plus de marguerites!

ALIDOR.

Je vas vous dire... en Bretagne...

TRACK.

Pas de réflexions! drôle!

Il donne un coup de cravache à Montdésir.

MONTDÉSIR.

Oh la la!

Alidor remonte, passe vivement à droite et se met à éplucher des poireaux, qu'il prend sur le fourneau par la fenêtre de la cuisine.

ACTE TROISIEME.

MOUILLEBEC, à part, revenant avec deux arrosoirs.

Eh bien, il a mis la main sur une jolie place !

TRACK, à Montdésir.

Tu vas tirer de l'eau au puits.

ROSA.

Tiens ! je vais arroser aussi !

Elle va prendre un arrosoir au fond.

MONTDÉSIR.

Oui, bon maître... (A part.) Je crois que j'ai eu tort de me mettre en nègre.

TRACK.

A la besogne ! (Faisant siffler sa cravache.) Allons ! allons ! ça va marcher !

Mouillebec dispose ses arrosoirs. — Alidor, qui épluche ses poireaux, s'est assis sur le banc. — Montdésir se dispose à aller au puits, mais il s'oublie, relève ses manches et laisse voir ses bras blancs avec des mains noires.

TRACK.

Mille millions ! des bras blancs !

ROSA, MOUILLEBEC et ALIDOR.

Ah !

Alidor se lève et met ses poireaux sur le banc. — Mouillebec descend entre Montdésir et Track.

TRACK, furieux.

Un nègre blanc !

ROSA, descendant à droite.

Il déteint !

ALIDOR, à Track.

C'est un métis !

MOUILLEBEC, à Track.

Pline l'Ancien parle d'un nègre qui avait le nez jaune...

ALIDOR.

Oui... *Nasus jonquillus.*

TRACK.

Allez au diable! mais cet homme... oh! (Allant à Montdésir.) quelle idée! (Il saisit le chapeau et le plante sur la tête de Montdésir.) Il lui va!

TOUS.

Il lui va!

Rosa remonte.

TRACK, à Montdésir.

Enfin, je te tiens!... gredin!...

MOUILLEBEC, ALIDOR et MONTDÉSIR.

Ne touchez pas!

Montdésir passe vivement à droite suivi de Mouillebec.

ROSA, descendant à la droite de Track.

C'est un blanc!

Mouillebec avec son arrosoir verse de l'eau sur les pieds de Track.

TRACK, reculant.

C'est juste... toujours des blancs!... Oh! mais n'importe!... tu ne sortiras pas vivant de cette maison... je vais fermer les portes...

TOUS, effrayés.

Hein?

ALIDOR.

Monsieur, j'ai besoin d'aller chercher du beurre...

TRACK.

Tu m'ennuies! (A Montdésir.) Je choisis le pistolet.

ACTE TROISIÈME.

TOUS.

Un duel!

TRACK.

A mort!

MONTDÉSIR, passant près de Track.

Eh bien, oui, je l'accepte! Allez chercher des sabres, des épées, des pistolets! j'ai soif de votre sang, je veux vous couper en morceaux!

ALIDOR et MOUILLEBEC.

Bravo!

ROSA.

ENSEMBLE.

AIR du *Donjon du Nord.*

TRACK.

Tremblez tous, je le jure!
Tremblez tous sur son sort...
Son affreuse imposture
A mérité la mort.

ROSA.

Je tremble, je le jure!
Je tremble pour son sort,
Car dans cette aventure
Il va trouver la mort.

MOUILLEBEC, ALIDOR.

O ciel! je t'en conjure!
Fais qu'il soit le plus fort!
Car, dans cette aventure,
Il va braver la mort!

MONTDÉSIR.

Sans crainte, je le jure!

Sans crainte pour mon sort,
Je ris de l'aventure,
Et je brave la mort!

        Track, furieux, rentre dans le pavillon.

SCÈNE XI.

ROSA, MONTDÉSIR, MOUILLEBEC, ALIDOR.

MOUILLEBEC, qui a posé des arrosoirs près du puits.

Ah! ah! nous allons voir!

ALIDOR.

Nous allons manger de l'Américain!

MONTDÉSIR.

Il ne s'agit pas de ça... cachez-moi quelque part!

TOUS.

Hein?

ALIDOR.

Il canne!

TRACK, en dehors.

Ne vous impatientez pas!

MONTDÉSIR.

Je l'entends!... je file!...

        Il sort vivement par le fond à droite.

ROSA, passant près d'Alidor.

Mais quel est cet homme?

SCÈNE XII.

Les Mêmes, TRACK, puis MADAME TAUPIN.

TRACK, sortant du pavillon, furieux, avec une boîte à pistolets.

Monsieur, je suis à vos ordres... Comment! parti?...

ROSA.

Il vous attend.

TRACK.

Où ça?

ROSA, à part.

Je vais te faire voyager. (Haut.) A l'hôtel des *Trois-Pistolets*, à Bruxelles...

ALIDOR.

En Sardaigne!

MOUILLEBEC, criant.

En Belgique!

TRACK.

Je n'irai pas!

ROSA, à part.

C'est ce que nous allons voir! (Haut.) Il a dit, en partant, que vous étiez un poltron!...

MOUILLEBEC.

Un fanfaron!

ALIDOR.

Un savoyard!

TRACK, furieux.

Mille millions !...

ROSA.

Un paltoquet !

MOUILLEBEC.

Un saltimbanque !

ALIDOR.

Un polichinelle !

TRACK, éclatant.

Un polichinelle ! (Appelant.) Madame Taupin ! madame Taupin ! (Aux autres.) Je pars !

ROSA, à part.

Allons donc !

MADAME TAUPIN, paraissant à la porte du pavillon.

Monsieur ?

TRACK.

Vite ! mon paletot ! mon sac de nuit !... (Elle rentre.) Je serai de retour dans deux ou trois jours... le temps de donner une leçon à ce drôle !...

MADAME TAUPIN, revenant avec le paletot et le sac de nuit, et les donnant à Track.

Voilà, monsieur.

TRACK, embrassant Rosa.

A bientôt.

ROSA.

Rapportez-moi quelque chose...

TRACK.

C'est convenu... une de ses oreilles.. peut-être les deux...

ACTE TROISIÈME.

ROSA.

J'aimerais mieux de la dentelle...

TRACK.

Adieu ! (Remontant.) Un polichinelle !

Il sort par le fond à droite.

ALIDOR, MOUILLEBEC et ROSA, criant en l'accompagnant.

Un capon ! un savoyard ! un paltoquet ! une canaille !

ALIDOR, de même.

Et un Bédouin !... savoyard de Bédouin !..

SCÈNE XIII.

MADAME TAUPIN, MOUILLEBEC, ROSA, ALIDOR, puis MONTDÉSIR.

ROSA, se mettant à danser en chantant.

Part pour Bruxelles
Monsieur de Frambroisy !

TOUS, l'imitant.

Part pour Bruxelles,
Et nous restons ici !
Tra la, la, la,
Etc.

Tous descendent en chantant et en dansant.

ROSA et MADAME TAUPIN.

Parti !

MOUILLEBEC.

Plus de bottes à cirer !

ROSA.

Nous voilà seuls !

ALIDOR.

Et pour trois jours!... faudra nous lever de bonne heure...

MOUILLEBEC.

Oui... je veux lire *l'Énéide!*

MADAME TAUPIN.

Ça sera bien gai!

ALIDOR, à Rosa.

Ah! allons-nous effeuiller des marguerites! (Tirant un bouquet de sa poche.) Si nous commencions?

ROSA, lui faisant sauter son bouquet.

Ah! vous m'ennuyez, avec vos marguerites!

ALIDOR.

Comment!

ROSA.

Quand on aime véritablement une femme, on ne s'amuse pas à écosser des marguerites!

MADAME TAUPIN, à Mouillebec.

Ni à mâchonner *l'Énéide!*

ROSA.

On le lui dit... on le lui prouve... on lit dans ses yeux.. on comprend ses regards...

MADAME TAUPIN, à Mouillebec.

Ses prévenances... ses petites soupes...

MOUILLEBEC, illuminé.

Ah! mon Dieu!

ALIDOR, de même.

J'ai des crampes d'estomac!

ACTE TROISIÈME.

ROSA, à Alidor et à Mouillebec.

On n'est pas cornichon comme ça. (Frappant sur sa poitrine.) Mais vous n'avez donc rien là ?... Mais vous ne sentez donc pas votre cœur qui bat ?

ALIDOR.

Continuez !

MOUILLEBEC.

Continuez !...

ROSA.

Votre sang qui bout ?... votre main qui brûle ?

MOUILLEBEC et ALIDOR, se montant.

Oh ! oh ! oh !

ROSA.

Vous êtes donc des bonshommes de pain d'épices ?

ALIDOR.

Non ! du soufre ! du salpêtre !

MOUILLEBEC, à part.

Elle est corrosive, cette femme ! (Haut et brusquement à madame Taupin.) Ne vous en allez pas, vous !

MADAME TAUPIN.

Hein ! Alphonse ?...

ALIDOR.

Cré nom ! j'ai des pétards dans les veines !

MOUILLEBEC, exalté.

O Tibulle ! ô Catule ! ô Paul de Kock !

AIR : des *Néréides*.

ALIDOR.

Sur mon cœur ! (*Bis.*)
Que tout cède à mon ardeur !

MOUILLEBEC

Je le sens (*Bis.*)
Je reviens à mes vingt ans

ENSEMBLE.

ALIDOR et MOUILLEBEC.

Sur mon cœur! (*Bis.*)
Que tout cède à mon ardeur!
Je le sens (*Bis.*)
Je suis jeune et j'ai vingt ans!
Je reviens à mes vingt ans!

Rosa, pressée par Alidor, passe à droite

ROSA et MADAME TAUPIN.

Sur son cœur! (*Bis.*)
Dieu! quelle subite ardeur!
Doux instants! (*Bis.*)
C'est l'amour et ses vingt ans!
Il renaît... il a vingt ans!

ROSA, à Alidor.

Jurez-moi d'être fidèle!

MADAME TAUPIN, à Mouillebec.

Voyons, calmez-vous un peu.

Elle passe près d'Alidor.

ALIDOR, à Rosa.

Votre œil est une étincelle
Qui m'a mis le cœur en feu!

MOUILLEBEC.

Oh! mon âme, tu t'éveilles!
Oui, ça me fait, ô bonheur!
Frou frou dans les deux oreilles!

ALIDOR.

Moi toc toc au fond du cœur!

ACTE TROISIÈME.

ENSEMBLE.

ALIDOR et MOUILLEBEC.

Sur mon cœur! etc. (*Bis*.)

ROSA et MADAME TAUPIN.

Sur son cœur! etc. (*Bis*.)

A la fin de cet ensemble, Rosa passe près de madame Taupin.

ROSA, à Alidor.

Hier, vous étiez de glace!

ALIDOR.

La glac' vient de se briser.

MOUILLEBEC, à madame Taupin.

Nini, faut que j' vous embrasse!

ALIDOR, à Rosa.

Comm' lui, je veux un baiser.

MADAME TAUPIN.

Un baiser, c'est inutile...

ROSA.

Pourtant, si nous refusions...

MOUILLEBEC.

J'en veux cent!... Non, j'en veux mille!
J'en veux des millions d' millions!...

Trémolo à l'orchestre. — Alidor embrasse Rosa et Mouillebec madame Taupin. — Formidable coup de tamtam.

MONTDÉSIR, qui a paru au fond, au-dessus du mur, et qui a vu les baisers; à part. — Parlé.

Tiens! tiens! tiens!

Il est débarbouillé. — Alidor, Rosa, Mouillebec et madame Taupin très-émus, baissant les yeux et reprenant le refrain piano.

ENSEMBLE.

ALIDOR et MOUILLEBEC.

Sur mon cœur, (*Bis.*)
Etc.

ROSA et MADAME TAUPIN.

Sur son cœur, (*Bis.*)
Etc.

ALIDOR, très-ému.

Je ne sais ce que j'éprouve... je tremble... et je voudrais trembler toujours...

MOUILLEBEC, avec mélancolie.

Felix qui potuit rerum cognoscere causas !...

MONTDÉSIR, appelant.

Alidor !

ALIDOR, se retournant.

Tiens ! vous voilà !

MONTDÉSIR.

Nous pouvons partir, mon gendre !

ROSA, à Alidor.

Son gendre !...

ALIDOR.

Je peux vous le dire, maintenant... Maman veut que j'épouse sa fille !

ROSA, à part.

Ah ! le petit gueux !

LA VOIX DE TRACK, en dehors.

Madame Taupin !... madame Taupin !

TOUS.

M. Track !

ACTE TROISIÈME.

MONTDÉSIR.

Lui!

Il disparaît. — Mouillebec court au puits et fait mine de tirer un seau d'eau. — Alidor va se rasseoir sur le banc et reprend ses poireaux. — Rosa prend un arrosoir et arrose des fleurs près de la cuisine. — Madame Taupin tire son mouchoir de sa poche, s'assied à gauche et fait semblant de coudre. — Tous ont l'air de travailler avec ardeur.

SCÈNE XIV.

MADAME TAUPIN, MOUILLEBEC, TRACK, ROSA, ALIDOR.

TRACK, entrant par le fond à droite et les voyant à l'ouvrage.

Tous à la besogne... c'est bien!

ROSA, à Track.

Vous! qui vous ramène?

Elle pose son arrosoir.

TRACK.

J'ai fait une réflexion... Avant de m'engager dans ce duel... dont les chances sont inconnues... j'ai résolu de vous donner mon nom... je vous épouse!

ROSA.

Vraiment! (Lui donnant la main avec compassion.) Ah! mon pauvre ami!

On entend rire derrière le mur. — Rire étouffé de tous.

TRACK, se retournant.

Quel est ce bruit?

ALIDOR.

C'est les grenouilles!...

TRACK, à Rosa.

Nous nous marierons à Bruxelles...

ROSA, regardant Alidor.

Je ne sais si je dois... (Changeant de ton.) Bah ! j'accepte !

Ils remontent en parlant bas.

ALIDOR, à part, se levant.

Bah ! j'en ai assez, de la vie de garçon !... (Passant au milieu.) O mes illusions ! mes illusions !

MOUILLEBEC, descendant près de madame Taupin.

Nini !... venez en Bretagne... et je vous épouse !

MADAME TAUPIN, se levant.

Mon Alphonse !

MOUILLEBEC.

Chut ! Le soir de notre mariage... je vous promets des vers latins !

TRACK, à Rosa, en descendant avec elle à droite.

Nous allons partir... (Montrant Mouillebec et Alidor.) Payez ces hommes.

ROSA.

Mon ami, c'est inutile... c'est fait.

ALIDOR, à Mouillebec.

Eh bien, père Mouillebec ?...

MOUILLEBEC.

Vois-tu, mon ami, l'amour, c'est comme la coqueluche : tôt ou tard, faut l'avoir.

ALIDOR.

Tiens ! j'aime cette pensée !... Dites donc, le jour noces, nous dirons des bêtises !

MOUILLEBEC.

Oh ! oui !...

ENSEMBLE.

AIR de *la Traviata* (*Lanterne magique.* — J. Nargeot.)

Enfin, selon nos vœux,
Un triple mariage
Aujourd'hui nous engage
Et nous rend tous heureux.

ROSA, au public.

Pas de ces bruits méchants,
Qu'il est si dur d'entendre...
N'allez plus rien apprendre
A nos deux merles blancs!

ENSEMBLE. — REPRISE.

Enfin, selon nos vœux,
Etc.

FIN DES DEUX MERLES BLANCS.

LA
CHASSE AUX CORBEAUX

COMÉDIE-VAUDEVILLE

EN CINQ ACTES

Représentée pour la première fois, à Paris, sur le théâtre du PALAIS-ROYAL,
le 25 juin 1853.

COLLABORATEUR : M. MARC-MICHEL

PERSONNAGES

	ACTEURS qui ont créé les rôles.
DE CRIQUEVILLE.	MM. Ravel.
MONTDOUILLARD.	Grassot.
ANTOINE.	Hyacinthe.
DE FLAVIGNY.	Derval.
DE SAINT-PUTOIS.	Amant.
LE GÉNÉRAL RENAUDIER.	Lhéritier.
PAGEVIN, tailleur.	Pellerin.
BARTAVELLE.	Lacourière.
UN ANGLAIS.	Michel.
ARTHUR.	Lucien.
KERKADEC.	Augustin.
MADAME DARBEL	Mmes Morel.
CATICHE.	Azimont.
ÉMERANCE.	Chauvière.
UNE MARCHANDE DE GATEAUX.	Thaïs.
UN GARÇON DE CAFÉ.	MM. Ferdinand.
UN BOURGEOIS.	Remy.
INVITÉ.	

LA CHASSE AUX CORBEAUX

ACTE PREMIER.

Un quai avec un parapet au fond. — On aperçoit des maisons dans le lointain. — A droite et à gauche, une maison avec porte donnant sur la rue. — Sur la maison de droite une enseigne de marchand de vin. — Il fait petit jour.

SCÈNE PREMIÈRE.

ANTOINE, seul.

Antoine est installé devant la boutique du marchand de vin, avec sa boîte de décrotteur devant lui; il est assis sur une chaise au dossier de laquelle est cloué un écriteau portant ces mots : ANTOINE, CIRE LES HOMMES, TOND LES CHIENS ET ACHÈTE LES BOUTEILLES CASSÉES. — AFFRANCHIR!...

ANTOINE, soufflant dans ses doigts.

Pristi! pristi!... ça pince ce matin!... dix degrés au-dessous de zéro chez l'*ingénieux* Chevalier!... le cheval d'Henri IV a le nez rouge! quel bête de froid! ma ruine, quoi! ma ruine! ni chiens ni chats à tondre... on craindrait de leur-z-y procurer la grippe! et ce pavé... regardez-moi ce pavé!... pas une miette de crotte! qué sale temps! (Il se remet à souffler dans ses doigts.) Pristi! pristi!... que ça pince!

SCÈNE II.

ANTOINE, CRIQUEVILLE.

Criqueville arrive de la gauche, il est drapé dans un manteau et s'avance jusqu'à la rampe d'un air sombre.

CRIQUEVILLE.

C'est moi!... je suis venu pour me fiche à l'eau!... ça n'est pas drôle, mais c'est comme ça! Cet endroit me paraît propice... j'y venais pêcher à la ligne de mon vivant... Allons!

ANTOINE.

Cirer... monsieur?

CRIQUEVILLE.

Que le diable l'emporte, celui-là!... il va me gêner... il est capable de me repêcher pour avoir la prime... Bah! c'est sitôt fait! (Il ôte son manteau et paraît en pantalon blanc et veste de nankin. — A Antoine.) Mon ami, voulez-vous me faire le plaisir de me garder mon manteau... jusqu'à ce que je revienne?

ANTOINE, regardant le costume de Criqueville avec étonnement.

Tiens!... monsieur a trop chaud?

CRIQUEVILLE.

(A part.) C'est tout ce qui me reste de ma garde-

ACTE PREMIER.

ANTOINE, à part.

C'est un Russe!

CRIQUEVILLE.

Allons, voilà le moment! (Il fait quelques pas vers le parapet et s'arrête.) Eh bien, c'est particulier... est-ce que j'aurais la venette? (Résolûment.) Allons donc! (Il court vivement vers le parapet et s'arrête.) Ah! sapristi! la Seine est prise!... voilà un guignon! (Redescendant.) Je ferais peut-être bien d'attendre le dégel? non... j'ai un moyen... (Allant à Antoine.) L'ami!... hé! décrotteur!

ANTOINE.

Cirer... monsieur?

CRIQUEVILLE.

Non... dis-moi... sais-tu casser la glace?

ANTOINE, étonné.

S'il vous plaît?

SCÈNE III.

CRIQUEVILLE, ANTOINE, CATICHE.

Catiche entre par la gauche précédée d'un commissionnaire qui porte sa malle. — Le jour se fait peu à peu.

CATICHE, au commissionnaire.

Holà! oh! l'homme!... un instant!

CRIQUEVILLE.

Allons, bon! on vient nous déranger!

CATICHE, à Criqueville.

Monsieur, pourriez-vous me lire c't' adresse-là, s'il vous plaît?

CRIQUEVILLE.

Est-ce que j'ai le temps! (A part.) C'est vrai, on ne peut pas se noyer tranquillement! (Haut.) Voyons... donnez! (Lisant.) « M. Albert de Criqueville... » Tiens! c'est pour moi!

CATICHE.

Ah! ben... en v'là une chance! (A Criqueville.) c'est moi! Catiche!

CRIQUEVILLE.

Catiche! qu'est-ce que c'est que ça?

CATICHE.

La fille au père Greluche!

CRIQUEVILLE.

Greluche? de Vauchelles... en Picardie?

CATICHE.

Mais oui! j' sommes du même endroit! je suis vot'e payse!... Voulez-vous me permettre?

Elle l'embrasse.

CRIQUEVILLE.

Volontiers. (A part.) Elle me retarde

ANTOINE, à part.

C'est une belle coupe de fille! je suis fâché de ne pas être un peu Picard!

CRIQUEVILLE.

Et qu'est-ce que tu viens faire à Paris?

CATICHE.

Je viens pour être cuisinière... c'est M. l'adjoint qui m'a donné une lettre pour entrer chez vous.

CRIQUEVILLE.

Ah!... c'est une fameuse idée qu'il a eue là, ton adjoint!... Au moins, sais-tu faire la cuisine?

CATICHE.

Je fais un peu l'omelette...

CRIQUEVILLE.

Et après?

CATICHE.

V'là tout!

CRIQUEVILLE.

Comme c'est heureux qu'il y ait des poules!

CATICHE.

Alors, vous me prenez?

CRIQUEVILLE.

Non, je pars... je vais faire un voyage d'agrément!

CATICHE.

C'est embêtant tout de même! je me serais plu chez vous... vous avez l'air gai!

CRIQUEVILLE.

Très-gai! (A part.) Elle me retarde! (Haut.) Allons, bonjour! bonjour!

ANTOINE, à part.

Si j'avais le moyen, je la prendrais, moi!

CATICHE.

Je vas continuer mon chemin... j'ai d'autres adresses .. mais j'aurais mieux aimé vous... parce qu'un pays...

CRIQUEVILLE.

Oui... bon voyage!

CATICHE.

Monsieur, voulez-vous me permettre?

Elle l'embrasse.

CRIQUEVILLE, à part.

Le baiser de l'étrier!

ANTOINE, à part.

Cristi! je bisque de ne pas être Picard!

CATICHE, au commissionnaire.

Allons, hue!... en route!

Elle disparaît à droite.

SCÈNE IV.

CRIQUEVILLE, ANTOINE.

ANTOINE, debout.

Ah! monsieur, voilà une belle coupe de fille!

CRIQUEVILLE.

Il ne s'agit pas de ça!... sais-tu casser la glace?

ANTOINE.

Qué glace?

CRIQUEVILLE.

La glace de la rivière!

ANTOINE.

Tiens! pardi! en tapant dessus.

CRIQUEVILLE.

Précisément! eh bien, fais-moi le plaisir de descendre sur la berge... ici, au-dessous... et de me pratiquer dans la

Seine une ouverture de quatre à cinq pieds de diamètre... tu sais ce que c'est que le diamètre?

ANTOINE.

Tiens! pardi! c'est comme qui dirait... le diamètre!

CRIQUEVILLE.

Juste! va, je te donnerai vingt sous pour ta peine.

ANTOINE, à part.

Qué drôle de commission! casser la glace! (Haut.) C'est-y que vous voulez faire baigner un chien?

CRIQUEVILLE.

Oui, dépêche-toi!

ANTOINE.

Tout de suite! Ah! s'il vous plaît, monsieur, ayez l'œil sur ma boîte. (A part, sortant.) Mais ousqu'il est donc, son chien?

CRIQUEVILLE, seul.

Allons! dans un petit quart d'heure... (Regardant le ciel.) Sapristi! vont-ils avoir une belle journée aujourd'hui! (Tout à coup.) Tiens! c'est Longchamps! (Regardant sa veste de nankin.) A vrai dire, je n'ai pas la prétention de faire adopter mon costume! C'est égal... se noyer un vendredi... ça porte malheur!... Voyons donc... si je me payais un jour de plus... un instant! je ne sais pas si mes moyens me le permettent. (Il tire de l'argent de sa poche.) Vingt-quatre sous! c'est sec! et j'en dois vingt à ce savoyard... Dire qu'il y a un an j'avais quarante mille francs à moi! j'aurais pu me faire quincaillier tout comme un autre... mais, étant bachelier ès lettres... je me suis cru poëte!... Me croyant poëte, j'ai commis des vers... et généralement, quand on commet des vers, on désire les lire à quelqu'un... Peu de poëtes ont le courage du vers solitaire! J'avais beau dire à mes amis : « Venez donc! je vous lirai quelque chose de tapé! »

les gueux ne venaient pas! Alors, je me suis mis à donner des soupers... à truffer mes élégies!... j'eus du monde! beaucoup de monde! on me fêta, on me flatta, on me couronna... il y eut même un de ces messieurs qui eut la bonté de trouver que j'avais le profil de Pindare... je lui ai prêté trois cents francs, à celui-là!... et voilà comment je me trouve au bord de l'eau avec vingt-quatre sous dans ma poche... et un violent amour dans le cœur... (Au public.) Car je ne vous ai pas dit... je vais vous le dire! elle s'appelle Clotilde Renaudier... Figurez-vous l'assemblage de toutes les grâces... (Fouillant à sa poche.) Attendez! j'ai là cinq cents petits vers qui la dépeignent de pied en cap. (Tirant un papier.) C'est très-court! (Lisant.) « Trois remontages... cinquante-neuf francs. » (Parlé.) Tiens! c'est la note de mon bottier... acquittée! (Se fouillant.) Où puis-je les avoir fourrés?

SCÈNE V.

CRIQUEVILLE, RENAUDIER, puis ANTOINE.
Renaudier entrant par le fond à droite.

RENAUDIER.

Où diable y a-t-il une place de fiacres par ici? (Apercevant Criqueville près de la boîte d'Antoine.) Ah! un commissionnair Hé! l'homme!

CRIQUEVILLE, se retournant.

Monsieur?

RENAUDIER.

Monsieur de Criqueville!

CRIQUEVILLE, à part.

Le général Renaudier! le père de Clotilde!

RENAUDIER.

Que diable faites-vous là?

CRIQUEVILLE.

Vous le voyez... je me promène...

RENAUDIER.

En costume de planteur?

CRIQUEVILLE.

C'est aujourd'hui Longchamps.

RENAUDIER, à part.

Quel drôle d'original! (Haut.) Ah çà! mon cher, je suis bien aise de vous rencontrer... Vous m'avez écrit il y a trois jours pour me demander la main de ma fille?...

CRIQUEVILLE.

C'est vrai, général.

RENAUDIER.

Ma première idée fut d'aller vous couper les oreilles.

CRIQUEVILLE.

Comment?

RENAUDIER.

Et puis j'ai réfléchi que ça pouvait être un poisson d'avril...

CRIQUEVILLE.

Pourquoi un poisson d'avril?... nous sommes en mars

RENAUDIER.

Dame!... vous n'avez pas de position!

CRIQUEVILLE.

Bachelier ès lettres!

RENAUDIER.

Connais pas! ce n'est pas que vous me déplaisiez personnellement... au contraire, vous m'allez.

CRIQUEVILLE, remerciant.

Ah! général!

RENAUDIER.

Vous m'allez, parce que votre père a servi dans le 7ᵉ hussards.

CRIQUEVILLE.

Vous êtes bien bon!

RENAUDIER.

Moi, je sabrais dans le 8ᵉ.

CRIQUEVILLE.

Et j'ai eu un oncle qui massacrait dans le 9ᵉ.

RENAUDIER.

Certainement... ce sont des titres!... mais je donne cent mille francs de dot à ma fille... où sont les vôtres?

CRIQUEVILLE.

J'avoue que, pour compléter cette somme, il me manque...

RENAUDIER.

Combien?

CRIQUEVILLE.

Un léger appoint.

RENAUDIER.

Complétez-vous, mon cher, complétez-vous!

CRIQUEVILLE.

Tout de suite!... je vais m'en occuper!... je suis sorti pour ça!

RENAUDIER.

Je ne vous cache pas que j'ai hâte de marier Clotilde... après l'aventure qui nous est arrivée hier soir...

CRIQUEVILLE.

Quelle aventure?

RENAUDIER.

Le général Doblin, mon collègue, donnait un bal travesti... je m'étais mis en Espagnol...

CRIQUEVILLE.

Ah! ça devait bien vous aller...

RENAUDIER.

Non! ça me serrait... j'ai mal soupé... En sortant, je laisse ma fille une seconde sous le vestibule pour faire avancer une voiture... je n'avais pas fait dix pas... j'entends un cri... je me retourne... que vois-je? un masque... une espèce de moine qui cherchait à embrasser Clotilde!

CRIQUEVILLE.

Pristi!

RENAUDIER.

Crebleu! je saute dessus!... et dame!... je me mets à calotter...

CRIQUEVILLE.

Je m'en rapporte à vous...

RENAUDIER

Malheureusement, j'avais mon manteau... ça me gênait... le gueux s'esquive...

CRIQUEVILLE.

Et vous n'avez pas reconnu?

RENAUDIER.

Non... mais je crois que c'est un parfumeur... son mouchoir est resté dans mes mains... et il répand une odeur... que je reconnaîtrais dans cent ans! (Le lui faisant sentir.) Tenez, flairez-moi ça!

CRIQUEVILLE.

Attendez donc, c'est de l'essence de bergamotte!

RENAUDIER, remettant le mouchoir dans sa poche.

Bergamotte?... bon! ça rime avec botte!... je ne vous dis que ça!... si jamais je le trouve...

ANTOINE, entrant, à Criqueville.

Monsieur, votre trou est prêt!

RENAUDIER, se retournant.

Quoi?

CRIQUEVILLE.

Rien!... une commission!

RENAUDIER.

Adieu... ainsi, c'est convenu... ayez cent mille francs... et une place! ma fille est à vous.

CRIQUEVILLE.

Ah! il faut aussi une place?

RENAUDIER.

Oui... et une bonne!

CRIQUEVILLE.

Au fait... il n'en coûte pas plus!

RENAUDIER

Mais dépêchez-vous... car je me suis formellement promis de la marier avant le jour de sa majorité...

CRIQUEVILLE

Et ce jour?

RENAUDIER.

Sonne dans deux mois.

CRIQUEVILLE.

Deux mois! (Lui tendant la main. — Découragé.) Adieu, général!...

RENAUDIER.

Adieu, mon garçon; ne restez pas là, en plein air.. vous allez vous enrhumer!

CRIQUEVILLE.

Merci!... vous êtes bien bon.

RENAUDIER, sortant, à lui-même.

Ah! c'est de la bergamotte!... crelotte!

Il sort en grommelant, par la gauche.

SCÈNE VI.

CRIQUEVILLE, ANTOINE, puis PAGEVIN.

CRIQUEVILLE.

Deux mois!... peut-on donner une plus vigoureuse poussée à un homme penché sur un parapet!

ANTOINE, à part.

Mais ousqu'il est donc, son chien?

CRIQUEVILLE.

Décidément je crois que je n'irai pas à Longchamps... C'est singulier... je suis parti de chez moi parfaitement résolu... et maintenant... j'ai beau faire... je n'y vais pas gaiement!

ANTOINE.

Monsieur, votre trou est prêt.

CRIQUEVILLE.

C'est bien!... je sais! (A part.) Est-il pressé, cet animal-là!... mon âme de poëte ne recule pas, oh! Dieu!... elle ne demande qu'à s'élancer... mais c'est l'enveloppe... le corps! je le compare à un portier qui ne veut pas tirer le cordon!... (Trouvant un cigare dans sa poche.) Tiens!... un havane très-sec!... oublié dans ma veste de campagne... ce serait dommage de le mouiller... si je le fumais!... (A Antoine.) Donnez-moi du feu!

ANTOINE, allumant une allumette.

Voilà, monsieur... Dites donc, si vous ne vous dépêchez pas... ça va reprendre...

CRIQUEVILLE.

Quoi?

ANTOINE.

La glace.

CRIQUEVILLE.

Un instant... que diable! (A part.) Il est agaçant!... il me semble que je puis bien m'accorder le sursis d'un cigare.

Il se promène.

ANTOINE, à part.

Il attend son chien.

CRIQUEVILLE.

C'est drôle!... ce n'est pas un havane... c'est ma vie que je fume en ce moment!... A la dernière bouffée.. (Faisant le geste de piquer une tête.) crac! c'est convenu! c'est juré!

ANTOINE, venant à lui.

Monsieur!

CRIQUEVILLE.

Eh bien?

ANTOINE.

Si vous ne fumez plus, donnez-moi votre bout?

CRIQUEVILLE, bondissant.

Hein? par exemple!... veux-tu me laisser tranquille, toi! (A part.) Il est féroce, cet homme-là!... (Haut.) Tiens! voilà tes vingt sous!

ANTOINE.

Merci, monsieur.

CRIQUEVILLE.

Il m'en reste quatre... (A Antoine.) Tu n'as pas *la Patrie?*

ANTOINE.

S'il vous plaît?

CRIQUEVILLE, gaiement.

Tiens! si je me faisais cirer?... il faut entrer proprement dans l'éternité! (Posant son pied sur la boite.) Cire-moi!

ANTOINE, étonné.

Ah bah!... mais vous n'êtes pas crotté!

CRIQUEVILLE.

Puisque je te paye... Tiens, voilà quatre sous...

Il lui remet ses quatre sous.

ANTOINE, cirant.

A la bonne heure! vous faites travailler l'ouvrier! si tout le monde était comme vous, le commerce marcherait!

CRIQUEVILLE.

Est-ce que tu n'es pas content?

ANTOINE.

Ah! ouiche! content!

CRIQUEVILLE, à part.

Encore un qui maudit la destinée! (Le quittant.) Une idée!

si je lui proposais de m'accompagner? à deux, c'est plus gai... je le ferais passer devant! (Haut.) Antoine!

ANTOINE.

Monsieur?

CRIQUEVILLE.

Voyons, franchement... est-ce que tu te plais beaucoup sur cette terre de douleurs?

ANTOINE.

Monsieur, ça dépend des jours... Quand il y a de la boue, je n'ai pas à me plaindre.

CRIQUEVILLE.

Mais, quand tu auras passé dix ans de ta vie à décrotter tes contemporains, où cela te mènera-t-il?

ANTOINE

Tiens! je me marierai.

CRIQUEVILLE, retirant son pied.

Imbécile! ta femme te trompera!

ANTOINE, se levant.

Pourquoi ça?

CRIQUEVILLE.

Tes enfants ne seront pas à toi...

ANTOINE.

Ah! par exemple!

CRIQUEVILLE.

Et, plus tard, tu seras couvert d'infirmités... très-laides. (Boitant.) Tu marcheras comme ça!

ANTOINE.

Mais, monsieur!

CRIQUEVILLE.

Crois-moi, va, prends mon bras et partons!

Il lui prend le bras.

ANTOINE

Ousque nous allons?

CRIQUEVILLE.

Savoir ce qu'il y a au fond du trou que tu as creusé!

ANTOINE, se dégageant vivement.

Dans la rivière? ah! mais non! voulez-vous me lâcher!

CRIQUEVILLE.

Tu as peur?

ANTOINE.

Je le crois fichtre bien que j'ai peur! (A part.) Il me propose ça tranquillement, comme s'il s'agissait d'aller manger une friture!

CRIQUEVILLE, à Antoine.

Approche!

ANTOINE, se reculant.

Non!

CRIQUEVILLE.

Ne crains rien... c'est pour te faire mon héritier.

ANTOINE, se rapprochant avec crainte.

Bien vrai?

CRIQUEVILLE, fouillant à sa poche.

Voici d'abord ma garde-robe... un faux col... tu le feras blanchir.

ANTOINE, l'examinant.

Il est encore très-propre!

CRIQUEVILLE.

Deux paires de gants blancs...

ANTOINE.

Ah ! je les aimerais mieux noirs...

CRIQUEVILLE.

Bah ! tu les cireras... (Tirant un volume de sa poche.) Ma bibliothèque ! Sais-tu lire ?

ANTOINE.

Je crois bien ! à livre ouvert ! tenez !

Il ouvre le livre et lit.

« Maître corbeau, sur un arbre perché... »

CRIQUEVILLE.

Assez... je la connais !

ANTOINE.

Permettez... je ne la connais pas moi !

Lisant.

« Tenait en son bec un fromage. »

CRIQUEVILLE.

Tu m'ennuies !

ANTOINE, lisant.

« — Hé ! bonjour ! monsieur du corbeau !

Criqueville fredonne un air de chasse entre ses dents.

» Que vous êtes joli ! que vous me semblez beau ! »

CRIQUEVILLE, à part.

Je suis fâché de lui avoir légué ma bibliothèque.

ANTOINE, lisant.

« A ces mots, le corbeau ne se sent pas de joie ;

Criqueville cesse de fredonner.

» Il ouvre un large bec, laisse tomber sa proie. »

CRIQUEVILLE, attentif.

Hein !...

ANTOINE, lisant.

« Le renard s'en saisit... »

CRIQUEVILLE.

Continue...

ANTOINE.

« Et dit : « Mon bon monsieur,
» Apprenez... que tout flatteur
Vit aux dépens de celui qui l'écoute...
» Cette leçon... »

CRIQUEVILLE, se promenant avec agitation.

Assez !... Mais cette fable... c'est un monde ! une révélation ! Tout flatteur vit aux dépens de celui qui l'écoute. Quel horizon ! oui... c'est cela ! prendre les hommes par la flatterie... caresser leur amour-propre... se pâmer devant leur laideur !... et l'on vit ! l'on parvient ! on arrive à tout ! voilà le ressort ! (Changeant de ton.) Oui, mais c'est plat ! c'est bas !... Après tout, je ne fais que rendre au monde ce qu'il m'a fait... Les flatteurs !... m'ont-ils assez rongé, grugé jusqu'à mon dernier sou ! et j'hésiterais ? j'irais me jeter à l'eau... sans lutter... comme un collégien ?

ANTOINE.

Monsieur, le trou va reprendre.

CRIQUEVILLE.

Ah ! qu'il reprenne !

Il éteint son cigare.

ANTOINE.

Vous éteignez votre cigare ?

Il étend la main pour le prendre.

CRIQUEVILLE.

Oui, morbleu ! mais je le garde ! (A part.) Quitte à le rallumer si la fable a menti !

ANTOINE, à part, avec mépris.

Ça! c'est un petit commis à six cents francs!

CRIQUEVILLE, à lui-même.

Qu'est-ce que je risque? la rivière ne s'envolera pas... et si je réussis... j'épouse Clotilde... Morbleu! je veux en faire l'expérience... Voilà un homme! perdu sur un quai, en veste de nankin, au cœur de l'hiver... sans un sou, sans crédit, sans asile... qui entre dans le monde avec un seul mot : « Flatte! flatte! flatte!... » C'est une mise de fonds comme une autre... je veux voir où ça le conduira! Ah! monsieur du corbeau n'a qu'à bien se tenir... voici le renard! (Appelant.) Antoine!

ANTOINE.

Monsieur?

CRIQUEVILLE.

J'ai besoin d'un groom... je te prends à mon service.

ANTOINE.

Moi... groom?

CRIQUEVILLE.

Je ferai ta fortune!

ANTOINE.

Ma fortune? j'accepte! (A part.) C'est un banquier!

On entend jouer du piano dans la maison de gauche.

CRIQUEVILLE, à lui-même.

Aïe!... cristi! quelle horrible musique! (Se reprenant.) Eh bien, c'est comme ça que je débute!... (Se plaçant sous la fenêtre de gauche et applaudissant.) Bravo! bravo! bravo! (A part. — Écoutant la musique qui continue.) C'est encore plus faux... tant mieux!... ça m'exerce... (A Antoine.) Fais comme moi! (Applaudissant plus fort.) Bravissimo! bravissimo!

ANTOINE, de même.

Bravissimo! bravissimo!

PAGEVIN, paraissant à la fenêtre et à part.

Qu'est-ce qu'il me veut cet imbécile-là? (Haut, à Criqueville, qui le salue, et affectant un ton gracieux.) Montez donc, monsieur, montez donc!

CRIQUEVILLE, à part.

Tiens! ça prend!... (A Pagevin.) Avec plaisir, monsieur. (A Antoine.) Tu me rejoindras là-haut... (Le piano reprend dans l'intérieur, Criqueville entre en applaudissant.) Bravo! c'est charmant! c'est charmant!

ANTOINE, seul.

Mon opinion est qu'il va se faire fiche une raclée! (Prenant sa boîte et sa chaise.) Je vais vendre mon établissement chez le marchand de vin.

ACTE DEUXIÈME.

Un salon chez Pagevin. — Porte au fond. — Portes latérales. — Une croisée à gauche, deuxième plan ; un poêle au premier plan. — Un piano à droite, premier plan. — Un portrait de femme accroché au fond.

SCÈNE PREMIÈRE.

PAGEVIN, ÉMERANCE, puis CRIQUEVILLE.

PAGEVIN, à la croisée et à lui-même.

Le diable m'emporte, je crois qu'il monte !... en voilà un toupet !... (En scène.) Où est ma canne ?

Il la prend.

ÉMERANCE, devant son piano

Papa !... vous allez vous faire une querelle !

PAGEVIN.

Je n'aime pas les mauvais plaisants... Continue à pianoter !

ÉMERANCE.

Mais, papa...

PAGEVIN.

Je t'enjoins de continuer à pianoter !

Émerance se remet à jouer.

CRIQUEVILLE, paraissant au fond et applaudissant.

Ah ! bravo !... bravo !... bravissimo !...

ACTE DEUXIÈME.

PAGEVIN, à Criqueville.

Ah çà ! monsieur, nous prenez-vous pour des imbéciles ?

CRIQUEVILLE, à part.

Tiens ! il se fâche !

PAGEVIN, brandissant sa canne.

Savez-vous que je ne suis pas d'humeur...?

CRIQUEVILLE.

Ah ! que vous avez là un joli jonc ! (Le lui prenant.) Voulez-vous permettre ?

PAGEVIN.

Mais, monsieur !...

CRIQUEVILLE.

C'est un jonc femelle... ça vaut deux cent cinquante francs... sans la pomme !

Il va la poser au fond.

PAGEVIN, à part.

Tant que ça ! (Haut.) Voyons, monsieur... que demandez-vous ?

CRIQUEVILLE.

Vous m'avez prié de monter, me voilà !... mais je ne regretterai pas les vingt-trois marches de votre entresol, si mademoiselle veut nous faire la grâce de nous jouer encore un de ces délicieux morceaux...

ÉMERANCE.

Avec plaisir, monsieur.

PAGEVIN.

Ma fille n'apprend pas le piano pour amuser les paysants !

CRIQUEVILLE.

Ah ! mademoiselle est votre fille ?... beau talent, monsieur talent splendide !

PAGEVIN.

Mais non, monsieur, elle n'a pas de talent!

ÉMERANCE.

Oh!... papa!...

CRIQUEVILLE.

Pardon!

PAGEVIN.

Mais non!

CRIQUEVILLE.

Mais si!

PAGEVIN.

Puisque le propriétaire nous flanque à la porte parce qu'elle lui écorche les oreilles!

CRIQUEVILLE, à part.

Pas de chance!...

PAGEVIN, à part.

Il m'ennuie avec ses compliments!... mais nous allons voir! (Haut.) Émérance, fermez votre piano.

CRIQUEVILLE.

Émerance!... Ah! le joli nom!...

PAGEVIN, à part.

Oui, attends, je vais t'en donner. (A sa fille.) Rentrez

ÉMERANCE.

Tout de suite, papa.

Elle sort à droite.

CRIQUEVILLE, à part.

Ça débute mal!... tiens! un poêle! c'est toujours ça de gagné pour un homme en nankin!

Il se chauffe.

SCÈNE II.

CRIQUEVILLE, PAGEVIN.

PAGEVIN, à part, apercevant Criqueville près du poêle. Il a repris sa canne.

Comment! il se chauffe?...

CRIQUEVILLE, ouvrant la porte du poêle, à part.

Pristi! des andouillettes... Si je pouvais déjeuner ici!...

PAGEVIN, brandissant sa canne.

Monsieur, j'entends parfois la plaisanterie...

CRIQUEVILLE, à part.

Encore la canne! (Haut, la lui prenant des mains.) Mais, mon Dieu, que vous avez donc là un joli jonc!...

PAGEVIN, avec colère.

Monsieur!

CRIQUEVILLE, mettant la main dans sa poche comme pour y chercher de l'argent.

Consentiriez-vous à vous en défaire?

PAGEVIN, radouci.

Dame!... si j'en trouvais un bon prix? (A part.) Est-ce qu'il va m'en donner deux cent cinquante francs?

CRIQUEVILLE, retirant sa main vide.

Ça suffit... j'ai un de mes amis qui est très-amateur... je vous l'amènerai... mais il ne faut rien frapper avec... c'est très-fragile!

Il reporte la canne au fond.

PAGEVIN.

Mais, monsieur !

CRIQUEVILLE, apercevant le portrait de femme appendu au mur.

Mazette !... Voilà une belle toile !... C'est un Murillo ?

PAGEVIN, impatienté.

Non, monsieur, c'est un Galuchet !

CRIQUEVILLE.

Ah ! c'est un Galuchet... Beau talent ! talent splendide !

PAGEVIN.

Lui ? un barbouilleur qui me devait vingt-cinq francs.. et qui m'a croutonné ça en payement... C'est le portrait de mon épouse !

CRIQUEVILLE.

Votre épouse ? (A part.) Je le tiens ! Il va m'inviter ! (Haut.) Ah ! quelle figure suave ! le type des vertus domestiques !...

PAGEVIN.

Hélas ! monsieur... je l'ai perdue !...

CRIQUEVILLE, tirant son mouchoir et prêt à pleurer.

Perdue !... si jeune et si belle ! ah !...

PAGEVIN.

Mais non !... je l'ai perdue aux Champs-Élysées.. dans la foule...

CRIQUEVILLE, à part.

Pas de chance !

PAGEVIN.

Je soupçonne un clerc de notaire !

CRIQUEVILLE, remettant vivement son mouchoir dans sa poche.

J'allais le dire !... (Au portrait, avec mépris.) Ah ! que voilà bien la figure d'une femme qui a dû se perdre aux Champs-Élysées... dans la foule, avec un clerc de notaire.

PAGEVIN.

Figurez-vous, monsieur, c'était devant une boutique de macarons... (A lui-même.) Allons ! voilà que je lui conte mes affaires !...

SCÈNE. III.

CRIQUEVILLE, PAGEVIN, CATICHE, puis ANTOINE.

CATICHE, paraissant au fond et parlant à la cantonade.

Holà ! ho ! un instant, vous !... on vous appellera !

PAGEVIN.

Qu'est-ce que c'est ?

CRIQUEVILLE, à part.

Tiens ! ma payse !... on va s'embrasser !

CATICHE.

M. Pagevin, s'il vous plaît ?

PAGEVIN.

C'est moi ! après ?

CATICHE, lui remettant un papier.

C'est une lettre de notre adjoint pour entrer cuisinière chez vous.

PAGEVIN.

Justement, j'en cherche une... (Montrant le poêle.) Je suis obligé de faire cuire moi-même... (Ouvrant la lettre.) Voyons.

CATICHE, apercevant Criqueville.

Tiens! mon pays! (Voulant l'embrasser.) Monsieur voulez-vous permettre...?

CRIQUEVILLE.

Plus tard... au jour de l'an.

CATICHE.

Dites donc, j'ai déjà fait deux maisons... depuis que je vous ai vu... Ils veulent tous des cuisinières qui sachent faire la cuisine!

CRIQUEVILLE.

C'est absurde!... Eh bien, dis que tu la sais... tu l'aprendras après.

CATICHE.

Vous croyez?

PAGEVIN, achevant de lire la lettre.

Les renseignements sont bons... (A Catiche.) Que savez-vous faire?

CATICHE, hésitant.

Dame!... (Sur un signe de Criqueville.) tout!... et la pâtisserie aussi!

PAGEVIN.

Très-bien! je vous arrête!

CATICHE, à part.

Tiens! ça y est!

CRIQUEVILLE, à part.

En voilà un qui mangera de l'omelette!

CATICHE, criant au fond à la cantonade.

Hue!... là-bas!... arrivez!

PAGEVIN.

Est-ce qu'elle amène un âne?

ANTOINE, entrant avec la malle de Catiche sur le dos.

Voilà, mam'selle! (A part.) J'ai monté derrière elle; elle a un cou-de-pied digne de l'Olympe!

PAGEVIN, à Catiche.

Venez... je vais vous indiquer la cuisine. Savez-vous faire des œufs à la neige?

CATICHE.

Tout!... et la pâtisserie aussi!

PAGEVIN, s'approchant de Criqueville.

Monsieur... voici l'heure de mon déjeuner...

CRIQUEVILLE, saluant.

Ah! monsieur... vous êtes bien bon!...

PAGEVIN.

Je ne vous retiens pas.

CRIQUEVILLE, désappointé.

Vous êtes trop bon!

PAGEVIN, à Catiche.

Suivez-moi!...

Catiche, Antoine et Pagevin entrent à droite

SCÈNE IV.

CRIQUEVILLE, puis ANTOINE.

CRIQUEVILLE, seul.

Ça ne prend pas!... Est-ce que mon système serait mauvais?... Allons donc! ça n'est pas possible!... Je suis tombé sur un vieux corbeau... juif et coriace!... Quittons cette maison!... cherchons des animaux plus tendres!...

Il remonte.

ANTOINE, rentrant, à lui-même.

Ah ben!... il ne paye pas la course!... un maître tailleur!...

CRIQUEVILLE, redescendant.

Hein?... c'est un tailleur?

ANTOINE.

Dans le grand...

CRIQUEVILLE, à part.

Comme ça se trouve! moi qui ai besoin d'un habit!... Je reste!

ANTOINE.

A propos, monsieur... j'ai vendu mon établissement!

CRIQUEVILLE.

Combien?

ANTOINE.

Trois francs soixante-quinze centimes.

CRIQUEVILLE, à part.

Une paire de gants... c'est toujours ça. (Haut.) Tu les as

ANTOINE.

Oh! non, monsieur, j'ai traité avec un Bordelais.

CRIQUEVILLE.

Aïe!

ANTOINE.

Un bien aimable homme! Quand il a su que j'étais de Limoges, il s'est mis à me débiter sur les Limousins des choses si flatteuses... mais si flatteuses!... alors, je lui ai fait crédit.

CRIQUEVILLE, à part.

Sapristi! mais le système est bon!

ANTOINE

Et puis je lui ai payé à boire... nos vingt-quatre sous y ont passé!

CRIQUEVILLE.

Cornichon!

ANTOINE.

De c't' affaire-là, j'ai plus un liard... mais avec une bonne place... A propos, nous avons oublié une petite chose...

CRIQUEVILLE.

Quoi?

ANTOINE.

Mes gages.

CRIQUEVILLE.

Est-ce que tu serais intéressé, par hasard?

ANTOINE.

Non, mais...

CRIQUEVILLE.

Toi! un enfant de Limoges!... la contrée la plus généreuse, la plus... large de la France centrale!

ANTOINE, flatté, et à part.

Tiens!... juste comme le Bordelais!

CRIQUEVILLE.

Celle qui produit les plus beaux hommes... les plus beaux chevaux.

ANTOINE, flatté.

C'est vrai!

CRIQUEVILLE, à part.

J'essaye mon encensoir! (Haut.) Car, enfin, quand on rencontre un fort cheval... qu'est-ce qu'on dit?... on dit...

ANTOINE.

« Voilà un Limousin ! » (A part.) Il a raison !... je suis dans mon tort ! (Haut.) Monsieur, vous me donnerez ce que vous voudrez !

CRIQUEVILLE, à part.

Allons donc ! je savais bien qu'il était bon !

ANTOINE, aspirant du côté du poêle.

Pristi !... la bonne odeur que ça sent !... Monsieur, à quelle heure déjeunez-vous ?

CRIQUEVILLE.

Et toi ?

ANTOINE.

Moi ?... à toutes !

CRIQUEVILLE.

Alors, nous ne sommes pas en retard.

ANTOINE, qui a ouvert le poêle.

Tiens ! il est habité !... des andouillettes qui rissolent !... faut les retourner !

Il les retourne.

SCÈNE V.

ANTOINE, CRIQUEVILLE, PAGEVIN, puis ÉMERANCE.

PAGEVIN, à la cantonade.

C'est bien ! en voilà assez !

ANTOINE.

Quoi donc ?

ACTE DEUXIÈME.

PAGEVIN.

A-t-on jamais vu!... cette cuisinière qui veut m'embrasser, parce que je suis de Soissons!

CRIQUEVILLE, avec empressement.

Vous êtes de Soissons?... mon compliment, monsieur!

PAGEVIN, à part.

Il est encore ici, celui-là!

CRIQUEVILLE.

Le Soissonnais!... la contrée la plus généreuse, la plus large de la France centrale!

PAGEVIN, lui tournant le dos.

Eh! monsieur...

CRIQUEVILLE, à part.

Diable! est-ce que ça ne réussirait que sur les commissionnaires?

PAGEVIN, bas, à Antoine.

Garçon! prends-moi cet homme, porte-le dans la rue... je te donne dix sous!...

ANTOINE.

Impossible!... je suis son groom!

PAGEVIN, à part.

Un groom? (Regardant Criqueville avec méfiance.) Il est bien légèrement vêtu! (Haut.) Monsieur ne me paraît pas frileux?

CRIQUEVILLE.

J'arrive du Brésil!

PAGEVIN.

Tiens! je fais des affaires avec ce pays-là... Connaissez-vous le général...?

CRIQUEVILLE.

Beaucoup....

PAGEVIN.

Santa-Guarda?...

CRIQUEVILLE

C'est mon ami. Comme j'ai l'intention de passer l'hiver à Paris... je désirerais un habillement complet pour moi... et une livrée pour ceci.

Il lui indique Antoine.

ANTOINE, à part.

Est-il possible!... ceci serait en livrée!

PAGEVIN, à part.

Je te vois venir!

CRIQUEVILLE.

Auriez-vous l'obligeance de me donner...?

PAGEVIN.

Quoi?

CRIQUEVILLE.

L'adresse de M. Dusautoy?

PAGEVIN.

Comment?

CRIQUEVILLE.

On dit que c'est le premier tailleur de Paris.

PAGEVIN, piqué.

Le premier!... le premier!... il y en a qui le valent!

CRIQUEVILLE, à part.

Je le tiens! (Haut.) Allons donc! qui ça?

PAGEVIN.

Mais dame!... quand ça ne serait que moi!

CRIQUEVILLE.

Comment! vous êtes...?

PAGEVIN.

Tailleur, oui, monsieur!

ANTOINE, à part.

Il est bête! je viens de lui dire...

PAGEVIN.

Et, sans me vanter, la maison Pagevin est connue...

CRIQUEVILLE.

Connue!... connue!... Entre nous, vous passez pour faire un peu de camelotte!

PAGEVIN.

De la camelotte, moi?

ANTOINE.

Oh!

PAGEVIN.

Monsieur, mes ateliers sont là... Donnez-vous la peine d'y jeter un coup d'œil...

CRIQUEVILLE.

Non, monsieur, c'est inutile!

PAGEVIN.

Ah! monsieur... vous venez de prononcer un mot qui me donne le droit d'exiger...

CRIQUEVILLE.

C'est pour vous être agréable... mais je vous préviens que je suis extrêmement difficile...

PAGEVIN.

Tant mieux!... entrez, monsieur, et vous choisirez.

ANTOINE..

C'est ça!... choisissons! choisissons!...

CRIQUEVILLE, passant devant Pagevin.

C'est absolument pour vous être agréable!...

ANTOINE, même jeu.

C'est absolument pour vous être agréable!...

Ils entrent à gauche.

PAGEVIN, à part.

J'ai peut-être eu tort de lui offrir... mais je ne lui livrerai qu'au comptant!

ÉMERANCE, entrant vivement, et à son père qui se dispose à sortir.

Papa!

PAGEVIN.

Quoi?

ÉMERANCE.

C'est la nouvelle bonne... elle met des fines herbes dans les œufs à la neige!

PAGEVIN.

Qu'est-ce que ça me fait?... je suis en affaires.

Il entre à gauche.

SCÈNE VI.

ÉMERANCE, MONTDOUILLARD, puis CATICHE.

MONTDOUILLARD, paraissant au fond.

Comment!... personne?...

ÉMERANCE, à elle-même.

A-t-on jamais vu! des fines herbes dans les œufs à la neige!

MONTDOUILLARD, apercevant Émerance.

Oh!

Il s'approche d'elle sur la pointe du pied et lui prend la taille.

ÉMERANCE, poussant un cri.

Ah!

MONTDOUILLARD.

Chut!... c'est moi!

ÉMERANCE.

Monsieur Montdouillard!

MONTDOUILLARD

Appelle-moi Sulpice!... je veux que tes lèvres de rose balbutient mon petit nom!

ÉMERANCE.

Finissez! ou je le dirai à papa!

MONTDOUILLARD

Méchante!... Tiens! voilà un sac de marrons glacés.

ÉMERANCE, le prenant.

Ah! c'est bien aimable!...

MONTDOUILLARD.

Méfie-toi, il y a un billet au fond!

ÉMERANCE.

Encore! c'est le neuvième.

MONTDOUILLARD.

Oui, c'est mon genre... quand je donne un sac de marrons glacés, il y a toujours un billet au fond... (Avec exaltation.) Un morceau de lave sucré dans de la glace! (La lutinant.) Ah! petit lutin!

ÉMERANCE, se défendant.

Mais, monsieur Montdouillard...

MONTDOUILLARD.

Appelle-moi Sulpice!... ou j'expire à tes pieds!

ÉMERANCE.

Ah! laissez-moi donc! vous voulez vous moquer de moi.

MONTDOUILLARD.

Ne blasphème pas, folle enfant!... Sais-tu pourquoi je viens régulièrement tous les deux jours me faire prendre la mesure d'un gilet de quarante-cinq francs... mal cousu?

ÉMERANCE.

Non...

MONTDOUILLARD.

Mais c'est pour te voir! te respirer!

ÉMERANCE.

Vous m'aimez donc?

MONTDOUILLARD.

Amour et gilets! voilà ma devise!

ÉMERANCE.

Pourquoi ne parlez-vous pas à mon père?

MONTDOUILLARD.

Moi?... pour quoi faire?

ÉMERANCE

Pour nous marier!

MONTDOUILLARD, froidement

Mademoiselle, je ne m'explique pas votre insistance... elle manque de retenue!...

ACTE DEUXIÈME.

ÉMERANCE.

Mais cependant...

MONTDOUILLARD.

Pas un mot de plus! Il me semblait vous avoir dit que j'attendais mes papiers...

ÉMERANCE.

Voilà six mois que vous les attendez!

MONTDOUILLARD.

La mairie de mon endroit a été brûlée... on fait des fouilles!

CATICHE, entrant.

Mamselle!

ÉMERANCE.

Quoi? que voulez-vous?

CATICHE.

Ousqu'est la poêle?

MONTDOUILLARD, à part.

Une nouvelle bonne!

ÉMERANCE.

Quelle poêle?

CATICHE, faisant le mouvement de retourner une omelette.

Eh bien, pour faire sauter les œufs à la neige!

ÉMERANCE.

Suivez-moi. (A part.) Quelle drôle de cuisinière!

Elle sort à droite.

MONTDOUILLARD, pinçant la taille de Catiche.

Eh! eh!... bonjour l'Alsacienne!

CATICHE.

Touchez pas!

MONTDOUILLARD, bas.

Aimes-tu les marrons glacés?

CATICHE.

J'aime pas les asticoteurs!

Elle lui donne un coup de poing et sort par la droite.

MONTDOUILLARD.

Aïe!

SCÈNE VII.

MONTDOUILLARD, puis PAGEVIN,
puis CRIQUEVILLE.

MONTDOUILLARD.

La maîtresse est charmante!... la bonne aussi!... Toutes les femmes sont charmantes!... J'adore en bloc ce gracieux produit de la création... et il me le rend bien!... La femme est ma seule occupation... jusqu'à deux heures; car, dès que la Bourse est ouverte, mon cœur se ferme... je tire le verrou!... j'appartiens à la haute coulisse... De deux à quatre, je fais des reports, et après... dame! après.. je fais des scélératesses! Il faut bien jouir de son reste... Il est question de me marier... Quelle joie pour les maris quand ils sauront que Montdouillard désarme. (Apercevant Pagevin qui entre.) Ah! eh bien, Pagevin?

PAGEVIN, saluant.

Monsieur!...

MONTDOUILLARD.

Où en est mon dix-neuvième gilet?

PAGEVIN.

On coud les boutons.

ACTE DEUXIÈME.

MONTDOUILLARD.

Dépêchons-nous!

CRIQUEVILLE, entrant tout habillé de neuf, et à la cantonade.

Vous entendez?... pour le chapeau, un galon d'or fin, de huit centimètres!... (Apercevant Montdouillard, et le saluant.) Monsieur...

MONTDOUILLARD, saluant.

Monsieur...

PAGEVIN, à Criqueville.

Veuillez attendre un moment... je suis à vous! (A part.) Je vais lui faire sa facture.

MONTDOUILLARD, à Pagevin.

N'oubliez pas mon gilet!

PAGEVIN.

Tout de suite! (Il rentre en criant.) Le dix-neuvième gilet de M. Montdouillard!

SCÈNE VIII.

CRIQUEVILLE, MONTDOUILLARD.

CRIQUEVILLE, à part, regardant Montdouillard.

Dix-neuf gilets!... c'est un collectionneur!

MONTDOUILLARD, à part, remontant.

Où diable est passée cette petite Émerance?

CRIQUEVILLE, sur le devant, montrant son habit.

Enfin, je l'ai!... je suis dedans. (Tirant son carnet.) Et je l'inscris, comme dette d'honneur, à la première page de mon carnet... avec cette maxime : « Flattons, mais ne filoutons pas! »

Il écrit.

MONTDOUILLARD, le lorgnant.

Tiens! ce monsieur a le dessin de mon septième gilet!... J'ai aveuglé trois femmes avec...

Il remonte.

CRIQUEVILLE, humant l'air.

C'est étonnant comme ces andouillettes parfument la brise!... Si je les retournais! (Il va au poêle et l'ouvre.) Pristi! que j'ai faim!

MONTDOUILLARD, impatienté.

Mais ce tailleur n'en finit pas!... Et moi qui déjeune à midi, au *Café de Paris!*

CRIQUEVILLE, à part.

Au *Café de Paris!* (Refermant le poêle.) Ça vaut mieux que les andouillettes! (Saluant familièrement Montdouillard.) Monsieur...

MONTDOUILLARD, de même.

Monsieur...

CRIQUEVILLE, à part.

Il s'agit de faire jouer ma petite serinette... (Haut, à Montdouillard, qui a ouvert son habit et découvert son gilet.) Dieu! le joli gilet!... Ah! le beau gilet!...

MONTDOUILLARD.

Franchement, comment le trouvez-vous?

CRIQUEVILLE.

Superbe! délicieux! abracadabrant!

MONTDOUILLARD.

Et de bon goût!

ACTE DEUXIEME.

CRIQUEVILLE

C'est par là qu'il brille.

MONTDOUILLARD.

Tel que vous me voyez, je suis le premier gilet de la Bourse.

CRIQUEVILLE, à part.

J'ai trouvé sa corde... ça va marcher!

MONTDOUILLARD.

J'en ai dix-neuf... neufs! (Riant.) Tiens! c'est un calembour!

CRIQUEVILLE.

Charmant! charmant!... Moi, monsieur, j'ai toujours pensé que cette partie de notre habillement était la véritable pierre de touche de l'élégance et de la distinction!

MONTDOUILLARD.

Moi aussi! (A part.) Il est très-spirituel!

CRIQUEVILLE.

Je vais plus loin!... j'ose avancer avec Buffon...

MONTDOUILLARD.

Buffon? ah oui!... un auteur!

CRIQUEVILLE.

Qui a écrit sur les bêtes... oui, monsieur... Eh bien, j'ose avancer avec lui que le gilet, c'est l'homme!

MONTDOUILLARD.

Bah! comment ça?

CRIQUEVILLE, à part.

Ça va lui coûter un déjeuner. (Haut.) Tenez... je n'ai pas l'honneur de vous connaître, n'est-ce pas?... eh bien, voulez-vous parier qu'à la simple inspection de votre délicieux gilet, je devine vos qualités et vos défauts?

MONTDOUILLARD.

Parbleu! ça serait fort!... Que parions-nous?

CRIQUEVILLE.

Ce que vous voudrez... Un déjeuner... au *Café de Paris!*

MONTDOUILLARD.

C'est tenu.

CRIQUEVILLE.

Commençons par les qualités... Ah! ne me cachez pas votre gilet!... c'est mon livre.

MONTDOUILLARD.

Je l'étale... Allez!

CRIQUEVILLE, lorgnant le gilet.

J'y lis d'abord... que vous êtes un homme charmant.

MONTDOUILLARD.

Ça... ce n'est pas malin!

CRIQUEVILLE, continuant.

D'un esprit des plus distingués, d'un commerce agréable...

MONTDOUILLARD, flatté et étonné.

Ah! mais... c'est curieux ça!

CRIQUEVILLE.

Possédant au plus haut degré le tact des affaires... le génie de la spéculation!

MONTDOUILLARD, de même.

Ah! mais... c'est très-curieux, ça!

CRIQUEVILLE.

Si je me trompe, reprenez-moi.

ACTE DEUXIÈME.

MONTDOUILLARD.

Non, vous ne vous trompez pas!... allez toujours!

CRIQUEVILLE.

Grand, généreux, brave, loyal...

MONTDOUILLARD, à part.

C'est inouï! il n'oublie rien!

CRIQUEVILLE.

Mais... horriblement dangereux auprès des femmes...

MONTDOUILLARD, modestement.

Oui, je suis un peu gueu-gueux!

CRIQUEVILLE.

Enfin, monsieur, cet admirable gilet me révèle chez vous un mérite bien rare... celui qui fait l'**homme supérieur**, l'homme vraiment accompli...

MONTDOUILLARD.

Lequel?

CRIQUEVILLE.

Vous n'aimez pas les compliments... vous détestez la flatterie...

MONTDOUILLARD.

C'est vrai! (A part.) Ma parole, c'est écrasant!

CRIQUEVILLE.

Eh bien, monsieur, vous voyez...

MONTDOUILLARD.

Oui! très-bien pour les qualités... mais les défauts! mes défauts?

CRIQUEVILLE, à part.

J'ai une faim de crocodile! (Haut.) Permettez... (Après avoir lorgné le gilet.) Pas un seul!

MONTDOUILLARD, vivement.

Vous avez gagné! (A part.) C'est prodigieux! il est très-spirituel! (Haut.) Parbleu! monsieur, vous m'allez... je veux que nous soyons amis! Ce cher!... Tiens! comment vous appelez-vous?

CRIQUEVILLE

De Criqueville.

MONTDOUILLARD.

Moi, Montdouillard.

CRIQUEVILLE.

J'aime mieux Montdouillard.

MONTDOUILLARD.

Moi aussi!... Puisque j'ai perdu... allons déjeuner!

CRIQUEVILLE.

Oh! un autre jour!... rien ne presse...

MONTDOUILLARD.

Du tout!... aujourd'hui... j'y tiens! (A part.) C'est un de mes amis qui paie!

CRIQUEVILLE.

A vos ordres... partez devant... je vous suis... j'attends mon domestique.

MONTDOUILLARD.

C'est ça!... je vais faire ouvrir les huîtres... et vous annoncer à mes amis!... Dites donc, vous nous referez la lecture de mon gilet?

CRIQUEVILLE.

Oh! c'est que...

MONTDOUILLARD.

Si! si! devant le monde... ça me fera plaisir... Adieu!

(A part, en sortant.) Il est charmant! charmant! charmant!
Il sort par le fond.

SCÈNE IX.

CRIQUEVILLE, puis ANTOINE, puis PAGEVIN, puis EMERANCE.

CRIQUEVILLE, seul.

Eh bien!... ça ne me procure aucune satisfaction... avec celui-là c'est trop facile... je le passerai à mon domestique!... justement le voici. (Antoine entre majestueusement; il est en grande livrée et tient sur son bras le pardessus de son maître. — Considérant Antoine qui se tient raide et immobile.) Pristi!... j'ai un beau nègre... Qu'est-ce que tu tiens là?

ANTOINE, avec solennité.

J'ai l'honneur de porter le pardessus de monsieur!

CRIQUEVILLE.

Dieu! quel air majestueux! Voyons, es-tu content de ta livrée?

ANTOINE.

Oh! oui!... mais les grandeurs ne m'éblouiront pas!... quoique domestique, je me souviendrai toujours que je suis sorti du peuple!

CRIQUEVILLE, au public.

Hein? comme un petit bout de galon peut griser un homme! (Haut.) Nous partons!

ANTOINE.

Je suis aux ordres de monsieur.

Ils remontent.

PAGEVIN, entrant par le fond

Eh bien!... où allez-vous donc? vous oubliez la petite note...

Il présente un papier à Criqueville.

CRIQUEVILLE

Quoi?

PAGEVIN.

La petite facture, six cent soixante-trois francs.

CRIQUEVILLE.

C'est bien... je vérifierai...

PAGEVIN.

Pardon... je ne vends qu'au comptant!...

CRIQUEVILLE, à part.

Sapristi! est-ce qu'il faudrait reprendre ma veste de nankin? (A Pagevin.) Vous n'auriez pas la monnaie d'un billet de mille francs?

PAGEVIN.

Si, monsieur...

CRIQUEVILLE.

Très-bien!... je vais le chercher!

Fausse sortie.

PAGEVIN, l'arrêtant.

Mais puisque je vous dis que je l'ai!

ANTOINE, à Criqueville.

Puisqu'il l'a!

PAGEVIN.

Veuillez me remettre votre billet, et...

CRIQUEVILLE, cherchant dans toutes ses poches.

Oui... certainement... (A part.) Quel diable d'air faut-il lui chanter à celui-là?

ACTE DEUXIÈME.

PAGEVIN.

Eh bien?

CRIQUEVILLE.

Oui... (A Pagevin très-ahuri.) Dieu! le joli gilet!... Ah! le gilet! (A part.) Non!... c'est l'air de l'autre!

PAGEVIN.

Vous dites?

CRIQUEVILLE.

Je regarde mon groom!... quelle admirable livrée !

PAGEVIN, offrant toujours sa facture.

Si vous vouliez...

CRIQUEVILLE, à Antoine.

Tourne-toi! Quelle coupe! quelle élégance!... C'est-à-dire que Dusautoy ne vous va pas à la cheville!... On devrait signer ces choses-là... comme un tableau!... Pagevin *fecit!*

PAGEVIN.

Vous êtes bien bon... c'est six cent soixante-trois francs.

CRIQUEVILLE, à part.

Allons, il n'aime pas cet air-là!

PAGEVIN.

Elle est acquittée!

CRIQUEVILLE.

Tout à l'heure!... Ah çà! mais je remarque une chose... rien à la boutonnière!

PAGEVIN.

Moi?... Oh! monsieur!... dans mon humble profession !

CRIQUEVILLE.

Vous ne l'avez peut-être jamais demandée?

PAGEVIN

Pardon... cinq fois.

CRIQUEVILLE, à part, avec joie.

Tiens! j'ai touché la note! (Haut.) Et que vous a-t-on répondu?

Antoine passe à gauche.

PAGEVIN.

Mais dame!... on ne m'a rien répondu...

CRIQUEVILLE.

Ah! ça n'est pas poli!

PAGEVIN.

Il y a si loin de Paris au Brésil...

CRIQUEVILLE.

Comment!... c'est au Brésil?

PAGEVIN.

Par l'entremise du général...

CRIQUEVILLE.

Santa-Guarda.

PAGEVIN.

Votre ami!

CRIQUEVILLE.

Intime!... intime!

PAGEVIN.

Comme je lui ai fait trois uniformes... j'avais cru pouvoir espérer...

CRIQUEVILLE, très-mystérieusement.

Chut!

PAGEVIN.

Quoi!

CRIQUEVILLE, à Antoine.

Éloignez-vous, Antonio !

ANTOINE, à part, surpris.

Antonio !

Il retourne à droite.

CRIQUEVILLE, conduisant Pagevin à l'autre extrémité de la scène et très-mystérieusement.

Votre affaire marche à pas de géant !

PAGEVIN.

Ah bah !... vous savez quelque chose ?

Il remet la facture dans sa poche.

CRIQUEVILLE, à part.

Il dépose les armes !... bravo !

PAGEVIN, revenant.

Parlez !

CRIQUEVILLE.

Chut !... (A Antoine.) Éloignez-vous, Antonio !

ANTOINE, à part, s'éloignant.

Pourquoi m'appelle-t-il Antonio ?

CRIQUEVILLE, à Pagevin.

J'ai fortement plaidé votre cause auprès du général... Santa... machin !

PAGEVIN.

Ah ! monsieur !... que de remerciments !

CRIQUEVILLE.

Ah ! dame !... ça n'a pas été comme sur des roulettes !.. « Un tailleur, disait-on, c'est un état un peu... cocasse ! »

PAGEVIN.

Comment !

CRIQUEVILLE, avec chaleur.

Qu'appelez-vous cocasse?... me suis-je écrié; est-il une profession plus noble, plus grande, plus utile à la société? Répondez, général... Santa... chose !... Supprimez les tailleurs... que devient la morale?

PAGEVIN.

C'est vrai!

ANTOINE, ouvrant le poêle, à part.

Tiens! elles sont cuites!

Il prend une andouillette et la mange.

CRIQUEVILLE.

«Sans eux, que devient la civilisation? elle tombe à l'état... sauvage!... ou tout au moins au costume hideux de garçon boulanger!... Supprimez les tailleurs!... et tout le Brésil est en mitron! »

PAGEVIN, transporté.

Bien dit! bravo! bravo!

CRIQUEVILLE, à part, regardant Antoine.

Et l'autre qui mange là-bas... « Tout flatteur vit aux dépens... » c'est la fable en action!

PAGEVIN.

Comme ça, vous croyez que j'obtiendrai..?

CRIQUEVILLE.

Chut!... c'est fait!

PAGEVIN, avec joie.

Je suis nommé?

CRIQUEVILLE.

Vous recevrez ça aujourd'hui ou demain... ou après-demain... ou un autre jour...

ACTE DEUXIÈME.

PAGEVIN.

Oh! si je pouvais l'avoir pour dimanche!... est-ce un peu grand?

CRIQUEVILLE.

Énorme!

PAGEVIN.

De quelle couleur?

CRIQUEVILLE, à part.

Il m'ennuie! j'ai très-faim! (Haut.) Jaune, vert, bleu et groseille... sur lilas!

PAGEVIN, enthousiasmé.

Cinq couleurs!... les cinq couleurs sont revenues!... je voulais encore vous demander...

CRIQUEVILLE.

Pardon... je suis attendu à déjeuner au *Café de Paris*... Mon chapeau?

PAGEVIN.

Le voici.

ANTOINE, à part.

Au *Café de Paris*!... si j'avais su!...

Il rejette l'andouillette dans le plat.

PAGEVIN.

Croyez, monsieur, que ma reconnaissance éternelle...

CRIQUEVILLE, lui frappant doucement la joue.

Eh! eh! ce bon Pagevin!... Adieu!

ANTOINE, de même.

Eh! eh! ce bon Pagevin!... Adieu!

PAGEVIN, les accompagnant

Allez doucement!... l'escalier est ciré!... prenez la

rampe !... (Seul, redescendant.) Quel charmant jeune homme !
Enfin, me voilà nommé !... je suis chevalier de l'ordre...
Tiens ! de quel ordre ?... (Se rappelant.) Ah sapristi ! nous
avons oublié la facture ! (Courant à la porte du fond et appelant.)
Monsieur !... c'est six cent soixante-trois...

ACTE TROISIÈME.

Le boulevard devant le *Café de Paris*. — Chaises, tables. — Au fond les fenêtres du café. — Au milieu, au fond, le perron qui conduit dans le café.

SCÈNE PREMIÈRE.

Promeneurs, Consommateurs, un Anglais, ANTOINE,
puis CRIQUEVILLE, à la fenêtre du café.

Au lever du rideau, quelques promeneurs passent et disparaissent. — Un Anglais est assis à une table, à droite, devant le café. Antoine se tient debout au pied du perron, le pardessus de son maître sur le bras.

CHŒUR, dans l'intérieur.

AIR de *Galathée*.

Convive agréable
Et vins délicats,
Voilà, de la table,
Les plus doux appas !

ANTOINE, montrant le café.

Il déjeune ! il déjeune là dedans avec un tas de petits bourgeois très-bien gantés ; moi, on m'a invité à rester à la porte... ça me creuse !...

VOIX DE CRIQUEVILLE, dans le café.

Ah! le joli gilet!... Dieu! le beau gilet!...

VOIX DE MONTDOUILLARD.

Charmant! charmant!

L'ANGLAIS, appelant.

Garçon!

LE GARÇON.

Monsieur?

L'ANGLAIS.

Je avais demandé à vous un verre d'absinthe *souisse*.

LE GARÇON, le servant.

Vous êtes servi, monsieur!

ANTOINE, à part.

C'est un Anglais qui cherche à s'ouvrir l'appétit... Le mien est ouvert à deux battants!

CHOEUR. — REPRISE.

Convive agréable...
Etc.

On entend chanter dans le café.

Font-y une noce là-dedans! Pristi! je regrette les andouillettes du tailleur!

L'Anglais sort par la droite. On entend des éclats de rire dans le café, la fenêtre s'ouvre.

CRIQUEVILLE, paraît à la fenêtre de gauche, un verre de champagne à la main.

Mazette! on déjeune bien au *Café de Paris!*

ANTOINE.

Monsieur... passez-m'en.

CRIQUEVILLE.

De quoi?

ACTE TROISIÈME.

ANTOINE.

Du fricot!

CRIQUEVILLE.

Est-ce que tu crois que j'ai mis de la mayonnaise da ma poche? (Lui passant son verre.) Tiens, bois un coup!

ANTOINE, après avoir bu.

C'est bon!... mais ça ne nourrit pas... c'est pas assez épais.

Il rend le verre.

CRIQUEVILLE.

Ça marche! je suis déjà invité pour toute la semaine

ANTOINE.

Et moi?

CRIQUEVILLE.

Tu m'accompagneras comme aujourd'hui.

ANTOINE.

Pas plus?

VOIX DE L'INTÉRIEUR.

Criqueville! Criqueville!

CRIQUEVILLE.

Tu vois!... ils ne peuvent pas se passer de moi... voilà! voilà!

Il ferme la fenêtre et disparaît.

SCÈNE II.

ANTOINE, puis CATICHE

ANTOINE, seul.

Pristi ! si la place n'était pas si bonne ! (Apercevant Catiche, qui entre par la gauche avec un panier sous le bras.) Tiens, la Picarde !

CATICHE.

Bonjour, monsieur Antoine... Je viens du marché.

ANTOINE, flairant le panier.

Mâtin ! ça sent le nanan... (Haut.) Qu'est-ce que vous avez donc là dedans ?

CATICHE.

C'est un canard !

ANTOINE, vivement.

Cuit ?

CATICHE.

Non, cru.

ANTOINE, refermant le couvercle.

N'y touchons pas !... Il paraît qu'il se nourrit bien votre tailleur ?...

CATICHE.

Ah bien, oui ! je ne suis plus chez lui.

ANTOINE.

Déjà !

CATICHE.

Nous n'avons pas pu nous entendre ; il n'aime pas l'omelette !

ANTOINE.

Oh Dieu! dire qu'il y a au dix-neuvième siècle des tailleurs qui n'aiment pas l'omelette!

CATICHE.

Je suis restée chez lui deux heures, mais il m'a payé mes huit jours!

ANTOINE.

Parbleu! c'est bien le moins!

CATICHE.

Heureusement que je me suis replacée dans la même maison, au-dessus!... En v'là encore des gens qui vous ont une drôle de cuisine! Savez-vous ce qu'ils m'ont commandé pour leur dîner?

ANTOINE.

Non! mais j'en mangerais bien!

CATICHE.

Un canard aux olives... et une crème au chocolat!...

ANTOINE.

C'est des étrangers!

CATICHE.

Je ne sais pas ce que je vais leur faire... J'ai toujours acheté des œufs!

ANTOINE, à part.

Voilà un canard qui commence par des olives et qui pourrait bien finir par une omelette!

CATICHE.

Adieu, je me sauve!

ANTOINE.

Bonne chance! Quelle belle coupe de fille! (Catiche sort par la droite.) Qué jolie Picarde!

SCÈNE III.

ANTOINE, puis L'ANGLAIS, LE GARÇON,
puis CRIQUEVILLE,
puis UNE MARCHANDE DE GATEAUX.

L'ANGLAIS, entrant et s'asseyant à une table à gauche.

Garçonne!

LE GARÇON.

Monsieur !

L'ANGLAIS.

Je demandais encore un verre d'absinthe *Souisse*.

ANTOINE, à part, regardant l'Anglais.

La vue de cet homme me creuse de plus en plus!... Oh! une idée... (Appelant le garçon qui sert l'Anglais.) Garçon !

LE GARÇON, à Antoine.

De l'absinthe, monsieur?... tout de suite !

ANTOINE.

Mais non!... imbécile... Voulez-vous dire à M. Criqueville qu'un monsieur bien mis désire lui parler.

LE GARÇON.

J'y cours...

Il rentre dans le café.

ANTOINE, seul.

Je vas lui demander cent sous et je me ferai servir un bifteck.

ACTE TROISIÈME.

CRIQUEVILLE, paraissant sur le perron.

Qui est-ce qui me demande?

ANTOINE, mystérieusement.

Chut! approchez!

CRIQUEVILLE, descendant.

Eh bien?

ANTOINE.

C'est moi!

CRIQUEVILLE.

Que le diable t'emporte! Que veux-tu?

ANTOINE.

Je voudrais avoir cent sous pour déjeuner?

Il tend la main.

CRIQUEVILLE.

Cent sous?... Il est facétieux... est-ce que je les ai?

ANTOINE.

Alors, donnez-moi la clef... je vas aller les chercher.

Il tend la main.

CRIQUEVILLE.

Quelle clef?

ANTOINE.

De votre domicile... A propos, où demeurons-nous?

CRIQUEVILLE.

Tiens! c'est vrai! Nous ne demeurons pas!

ANTOINE, à part.

Sapristi! pas d'argent et pas de domicile!... Ah! si la place n'était pas si bonne! (Haut.) Mais je ne peux pourtant pas vivre comme ça!

AIR : de *Madame Favart.*

N'avoir, monsieur, pour toute subsistance,
Qu'un pardessus qu'on porte sur le bras...

CRIQUEVILLE.

C'est très-joli !

ANTOINE.

Mais pas comme pitance !
Mon estomac rêve d'autres repas !

CRIQUEVILLE.

Veux-tu, gratis, un festin confortable ?

ANTOINE.

Mon sort, pour lors, serait un des plus beaux !

CRIQUEVILLE.

Eh bien, mon cher, souviens-toi de la fable :
Fais le renard... et trouve des corbeaux.
Rappelle-toi le renard de la fable...
Imite-le, fais chanter les corbeaux !

ANTOINE.

Sur le boulevard des Italiens ?

CRIQUEVILLE.

Il y en a partout ! (Apercevant une marchande de gâteaux qui entre par la droite et traverse.) Tiens ! voilà une marchande de gâteaux !

La marchande de gâteaux en offre à l'Anglais.

ANTOINE.

Vous croyez ?

CRIQUEVILLE.

Parbleu !

ANTOINE.

Je vas essayer ! (Il lui prend la taille.) Eh ! bonjour, ma petite mère !

ACTE TROISIÈME.

LA MARCHANDE, le repoussant.

Dites donc, vous !

ANTOINE.

Ah ! que vous êtes donc fraîche et jolie à ce matin !

LA MARCHANDE.

Achetez-moi quelque chose.

ANTOINE.

Acheter ? merci ! je sors de table ! (La suivant.) Mais que vous êtes donc fraîche et jolie à ce matin !

Il disparaît avec elle.

CRIQUEVILLE, le suivant du regard dans la coulisse.

Eh bien, mais il ira ce garçon, il ira !

SCÈNE IV.

CRIQUEVILLE, RENAUDIER, LE GARÇON, L'ANGLAIS.

RENAUDIER, descendant le perron et s'adressant au garçon.

Adrien, rendez-moi...

CRIQUEVILLE, se retournant.

Renaudier ! mon beau-père !

RENAUDIER.

Criqueville !... avez-vous la monnaie d'un billet de cent francs ?

CRIQUEVILLE, fouillant à sa poche.

Non... non... je ne crois pas ! (A part.) Il s'adresse bien.

RENAUDIER, descendant.

Alors prêtez-moi vingt francs !

CRIQUEVILLE, à part.

Pristi!

RENAUDIER, changeant d'idée.

Au fait... c'est inutile! (Au garçon.) Nous réglerons demain.

Le garçon rentre.

CRIQUEVILLE, fouillant à sa poche avec empressement.

Nous disons vingt francs... vous ne voulez pas davantage?...

RENAUDIER.

Merci... je n'en ai plus besoin.

CRIQUEVILLE.

Général, tout... tout ce que j'ai est à vous!

RENAUDIER.

Je le sais... J'allais vous écrire.

CRIQUEVILLE.

A moi?

RENAUDIER.

Êtes-vous en mesure? avez-vous complété votre appoint?

CRIQUEVILLE.

Pas encore.

RENAUDIER.

Et votre place?

CRIQUEVILLE.

Je m'en occupe...

RENAUDIER.

Dépêchez-vous, morbleu!

L'ANGLAIS, appelant.

Garçonne!

Le garçon s'approche. — Il lui parle à voix basse.

ACTE TROISIÈME.

RENAUDIER.

Je vous préviens qu'on doit me présenter ce soir un futur pour ma fille...

CRIQUEVILLE.

Comment! ce soir?... mais vous m'aviez donné deux mois.

RENAUDIER.

Deux mois... si je ne trouvais pas avant... Mais, si je trouve... je n'ai pas envie de vous attendre sous l'orme!

CRIQUEVILLE.

Cependant, général...

LE GARÇON, qui a quitté l'Anglais et s'approchant de Renaudier.

Monsieur..

RENAUDIER.

Quoi? que veux-tu?

LE GARÇON.

C'est que... je ne sais comment vous dire ça... c'est cet Anglais... qui est là-bas... (L'Anglais se lève et salue Renaudier, qui lui rend son salut.) Il m'a chargé de vous demander si vous vouliez manger contre lui...

RENAUDIER.

Manger contre lui?...

LE GARÇON.

C'est un pari... un défi... il est venu de Londres exprès... le vaincu payera le dîner!

CRIQUEVILLE.

Le duel à l'indigestion!

RENAUDIER, avec colère.

Va te coucher toi et ton Anglais!... A-t-on jamais vu un jocko pareil! — Adieu, Criqueville!

CRIQUEVILLE.

Mais, général...

RENAUDIER.

Dépêchez-vous, mon cher, dépêchez-vous!

Il sort par la gauche, Criqueville l'accompagne et disparaît

L'ANGLAIS, se levant.

Oh! shocking... cet mossieu, il voulait pas manger contre moa... c'était le poltronnerie...

Il disparaît à droite.

SCÈNE V.

CRIQUEVILLE, puis MONTDOUILLARD, ARTHUR, BARTAVELLE, Jeunes Gens.

CRIQUEVILLE, rentrant seul.

Eh bien, me voilà gentil! on présente ce soir un futur à ma prétendue... c'est ma faute aussi ; je déjeûne, j'avale du champagne et je ne fais pas mes affaires !... c'est que cent mille francs et une place, ça ne s'offre pas comme une prise de tabac dans un omnibus! c'est très-difficile à demander!

Montdouillard descend le perron du café, suivi de Bartavelle, d'Arthur et des invités. — Montdouillard a un nouveau gilet.

CHŒUR.

AIR d'Hervé.

Quel aimable convive,
Joyeux et charmant causeur,
Il séduit, il captive
L'esprit, l'oreille et le cœur !

Pendant le chœur chacun accable Criqueville de poignées de mains

ACTE TROISIÈME.

BARTAVELLE.

Ce cher ami !

ARTHUR.

Ce bon Criqueville !

MONTDOUILLARD, avec expansion.

Albert... voulez-vous un cigare...

CRIQUEVILLE.

Volontiers, Montdouillard.

MONTDOUILLARD.

Appelez-moi Sulpice !

Il remonte.

ARTHUR, bas, à Criqueville.

Jetez donc ça... Montdouillard est un cuistre... il ne fume que des deux sous... Tenez, en voici un... pur havane. (Il lui présente son porte-cigares.)

CRIQUEVILLE, acceptant.

Merci... demain, je vous ferai goûter des miens.

Arthur remonte.

BARTAVELLE, bas, à Criqueville.

Ne fumez pas ça... c'est un havane fabriqué à Bruges. (Offrant son porte-cigares.) Voilà le vrai havane !

CRIQUEVILLE.

Trop aimable... (Offrant un cigare.) A mon tour, permettez-moi de vous en offrir un... c'est du sucre ! (A part.) Celui de Montdouillard... le deux-sous-tados !

BARTAVELLE, l'examinant.

Comme il est noir !

CRIQUEVILLE.

Il est fait par les nègres ! (A Bartavelle qui se dispose à l'allumer.) Non !... ce soir avant de vous coucher ! (A part.)

Certainement, ils sont très-gentils avec leurs cigares... mais tout cela ne constitue pas une dot!

MONTDOUILLARD.

Garçon !... servez-nous vite le café... il faut que j'aille à Bourse !

ARTHUR.

Bah ! la Bourse ! tu iras demain.

MONTDOUILLARD.

Impossible ! je suis occupé de ma grande affaire...

ARTHUR.

Quelle affaire ?

MONTDOUILLARD.

Mon emprunt valaque... c'est dans quatre jours qu'on le soumissionne... nous n'avons pas de concurrents... il y a là un coup de fortune !...

CRIQUEVILLE, à part

Un coup de fortune ! si je pouvais me fourrer là dedans !

LE GARÇON.

Le café est servi.

TOUS, remontant vers la table au fond.

Bravo ! bravo !

CRIQUEVILLE, arrêtant Montdouillard.

Vous me disiez donc que l'emprunt valaque...?

MONTDOUILLARD.

Une opération superbe ! les éventualités font déjà cent francs de prime... et j'en ai réservé cinq mille pour papa !

CRIQUEVILLE.

Ah ! vous en avez réservé... (Le cajolant.) Ce bon petit

Saint-Sulpice! (Caressant son gilet.) Mon Dieu! la jolie étoffe! quelle jolie étoffe!

MONTDOUILLARD, à part, se pavanant.

Il est très-spirituel... mais le café refroidit.

Il veut remonter.

CRIQUEVILLE, le retenant.

Dites donc, Sulpice... est-ce qu'il n'y aurait pas moyen de s'en procurer un peu, de vos éventualités?

MONTDOUILLARD.

Pour vous, cher enfant... il y en a toujours!

CRIQUEVILLE, avec effusion.

Ah! brave ami...

MONTDOUILLARD.

Allons donc... entre nous.

Il remonte prendre son café.

CRIQUEVILLE, à part.

J'en demanderai mille... ça fera mon compte. (Apercevant Bartavelle qui fume à droite, près du perron.) Bartavelle! est-ce que vous êtes malade?

BARTAVELLE.

Non... je suis ennuyé.

CRIQUEVILLE.

Est-il possible! un homme qui a de si beaux chevaux (A part.) Il faut flatter ses chevaux à celui-là!

BARTAVELLE, douloureusement.

Criqueville... j'ai une jument qui ne se nourrit pas... vous savez, Mauviette...

CRIQUEVILLE, affectant la plus vive douleur.

Ah! mon Dieu! mon Dieu!... Mauviette qui ne se nourrit pas!

BARTAVELLE.

Et puis je crois que Pichenette...

CRIQUEVILLE.

Encore une?

BARTAVELLE.

Non... Une danseuse! je crois qu'elle me trompe!

CRIQUEVILLE.

Oh! ça...

BARTAVELLE.

Ce n'est pas pour la chose... mais c'est humiliant... J'ai trouvé ce matin chez elle un billet au fond d'un sac de marrons glacés...

MONTDOUILLARD, à part.

Le mien !

CRIQUEVILLE.

Et vous supposez que le confiseur
Ils se lèvent et descendent la scène. — Criqueville avec son petit verre.

BARTAVELLE

Non! pas le confiseur... je soupçonne cinq de mes amis... mais j'ai un moyen de découvrir...

CRIQUEVILLE.

Voyons, ne pensez pas à cela! pensez à vos chevaux! car en avez-vous!

MONTDOUILLARD.

Sans compter ce magnifique attelage qui l'attend là.. devant Tortoni...

BARTAVELLE, avec mépris

Ça?... allons donc! des chevaux de notaire!

ACTE TROISIÈME.

CRIQUEVILLE.

Comment?

BARTAVELLE.

Ça vous mène... ça vous ramène... et ça ne casse jamais rien !

Il va prendre un verre.

TOUS.

Ah ! charmant !...

Criqueville descend la scène.

BARTAVELLE.

Je vais m'absenter pour quelques jours, je cherche un ami pour les promener.

CRIQUEVILLE.

Tiens !

BARTAVELLE.

Criqueville ! je ne vous les propose pas...

CRIQUEVILLE.

Pourquoi ?

BARTAVELLE.

Vous avez les vôtres... .

CRIQUEVILLE.

C'est-à-dire... (A part.) Une voiture... moi qui n'ai pas de domicile !... je coucherais dedans !

BARTAVELLE, *qui a reporté sur la table son petit verre.*

Je ne pars que dans une heure... si nous allions voir vos écuries !

Il lui prend le bras.

CRIQUEVILLE.

Non !... pas aujourd'hui... j'ai les maçons !... et puis, vous allez bien rire... dans ce moment, je suis à pied...

TOUS, se levant.

Ah! ah! ah!...

CRIQUEVILLE.

J'ai tout vendu!

BARTAVELLE.

Ah bah!... c'est à merveille! vous allez prendre ma voiture.

CRIQUEVILLE.

C'est que je ne sais...

BARTAVELLE.

Allons donc! des façons!... je me brouille!...

CRIQUEVILLE.

Diable d'homme!... allons, j'accepte!

BARTAVELLE.

A la bonne heure! Je vais dire à mon cocher de se tenir à votre disposition.

CRIQUEVILLE, à part.

Me voilà logé.

MONTDOUILLARD.

Deux heures! nom d'un petit Mouzaia!

ARTHUR.

Qu'est-ce que c'est que ça?

MONTDOUILLARD.

C'est un juron industriel... que j'ai inventé un jour où j'ai perdu cinq mille francs sur les mines... Adieu, mes bibi!... A propos, j'ai rendez-vous ici à quatre heures avec Flavigny... Si vous le voyez, priez-le de m'attendre...

ARTHUR.

Ça se trouve bien... j'ai quelque chose à lui demander... une place pour un de mes amis...

CRIQUEVILLE.

Hein? Qu'est-ce que c'est que ce Flavigny qui donne des places?

BARTAVELLE.

Un administrateur de chemin de fer...

MONTDOUILLARD.

Et il n'est pas fort! j'ai lu son dernier rapport aux actionnaires... Quel orgue de Barbarie, mon ami!

CRIQUEVILLE.

Et il donne des places?

MONTDOUILLARD.

Lui, il en a plein ses poches!

CRIQUEVILLE, à part.

En voilà un que je fouillerai!

MONTDOUILLARD.

A tantôt!

CHOEUR.

AIR : Chœur final du vaudeville *Quand on attend sa bourse*.

A regret on vous laisse :
Adieu donc!... Votre main;
Mais donnez-nous promesse
De nous revoir demain.

CRIQUEVILLE.

A regret je vous laisse,
Chers amis, votre main...
Vous avez ma promesse
De vous revoir demain.

Tous sortent, excepté Criqueville.

SCÈNE VI

CRIQUEVILLE, pu's ANTOINE.

CRIQUEVILLE, seul.

J'ai un équipage et une dot!... c'est-à-dire je l'aurai demain... C'est égal... l'homme est une bien drôle de mécanique! dire qu'il suffit d'un petit morceau de sucre... Est-ce que je suis comme ça, moi? allons donc!

ANTOINE, entrant.

Ouf! je n'en puis plus!

CRIQUEVILLE.

Antoine!... Eh bien, et ta marchande de gâteaux?

ANTOINE.

C'est une usurière... je l'ai flattée jusqu'à la barrière du Roule... Voilà tout ce que j'ai pu accrocher... un plaisir!...

Il en fait une boulette et l'avale.

CRIQUEVILLE.

Diable... mais c'est un succès!

ANTOINE.

Bien léger!... Tiens! vous fumez! monsieur, donnez-moi votre bout.

CRIQUEVILLE.

Eh! tu m'ennuies!

ANTOINE, à part.

Nous allons voir! je parie qu'y me le donne!

CRIQUEVILLE.

Dis donc... en ton absence, je me suis donné une voiture...

ANTOINE.

Ah bah!

CRIQUEVILLE.

Regarde... là... devant Tortoni.

ANTOINE.

Ça ne m'étonne pas... Monsieur a tant d'esprit !

CRIQUEVILLE, flatté.

Vraiment? tu trouves?

ANTOINE, à part.

Je parie qu'y me le donne!... (Haut.) Ah! monsieur, je ne sais pas où vous allez prendre tout ce que vous dites...

CRIQUEVILLE.

Continue...

ANTOINE.

Mais, dès que vous parlez, je reste de là... comme un imbécile... la bouche ouverte...

CRIQUEVILLE, à part, flatté.

J'aime son langage rustique.

ANTOINE.

Et vous êtes fin... fin comme *l'encre*... et beau de corps!... Ah! quel corps beau!

CRIQUEVILLE, à part, épanoui.

C'est un bien brave garçon! (Haut.) Tiens, voilà un cigare.

ANTOINE, le prenant.

Oh! merci, monsieur! (Au public.) Ça y est... Il est aussi bête que les autres! (A Criqueville.) Je vas voir notre équipage.

Il sort.

SCÈNE VII.

CRIQUEVILLE, FLAVIGNY, LE GARÇON.

CRIQUEVILLE, regardant sortir Antoine.

C'est la nature !... ça ne sait pas flatter !

FLAVIGNY, entrant et s'adressant au garçon.

Adrien !... savez-vous si Montdouillard est ici ?

LE GARÇON.

Il est reparti, monsieur de Flavigny.

CRIQUEVILLE.

Hein ?... Flavigny !

FLAVIGNY, regardant sa montre.

Je suis en avance... je vais l'attendre. (Il s'assied à une table.) Servez-moi un verre de porto !

LE GARÇON.

Tout de suite !

Il entre dans le café.

CRIQUEVILLE, à part.

Flavigny ! ma place ! ouvrons la tranchée ! (Il s'approche de Flavigny en le saluant. Flavigny ne répond pas à ses saluts.) Il a peut-être la vue basse !

Il s'assoit à une table voisine.

FLAVIGNY.

Adrien !... une allumette !

CRIQUEVILLE, voyant Flavigny tirer un cigare, lui offre le sien

Monsieur veut-il du feu ?

ACTE TROISIÈME.

FLAVIGNY, froidement.

Merci !

Le garçon lui présente l'allumette.

CRIQUEVILLE, à part.

Il est froid !... (Haut, après un silence.) Jolie journée ! (Flavigny, importuné, prend un journal et lui tourne le dos. — A part.) Je ne le crois pas d'un caractère liant.

FLAVIGNY, appelant.

Adrien !... à quelle heure doit revenir Montdouillard?

CRIQUEVILLE, avec empressement.

A quatre heures, monsieur, à quatre heures !

FLAVIGNY, froidement.

Merci, monsieur.

CRIQUEVILLE, après un silence.

Quel charmant homme que ce Montdouillard ! de l'esprit ! des manières ! de la distinction !...

FLAVIGNY.

Vous n'êtes pas difficile.

Il reprend son journal.

CRIQUEVILLE, à part.

Il paraît qu'avec celui-là, il faut abîmer le prochain.. On en trouve comme ça ! (Haut.) Il m'a toujours fait l'effet d'un perruquier qui venait de gagner le gros lot !

FLAVIGNY.

De qui parlez-vous?

CRIQUEVILLE.

De Montdouillard !

FLAVIGNY, souriant.

Ah ! (Il pose son journal.) Mais vous disiez tout à l'heure.

CRIQUEVILLE.

Oh! devant le garçon... je ne voulais pas le priver de son seul admirateur.

FLAVIGNY, riant.

En effet, il a beaucoup de succès auprès de ces messieurs...

CRIQUEVILLE.

Que voulez-vous!... un homme qui change cinq fois de gilet par jour... ça éblouit!

FLAVIGNY, rapprochant sa chaise.

Ah! c'est bien cela!

CRIQUEVILLE, à part.

Il est chatouillé... (Haut.) C'est comme ce petit Bartavelle... le connaissez-vous?

FLAVIGNY.

Oui... mais ça ne fait rien... .

CRIQUEVILLE, à part.

Parbleu!... au contraire... (Haut.) Un homme qui n'a d'esprit qu'à cheval... et qui a toujours l'air d'être à pied!

FLAVIGNY rapprochant sa chaise.

Il est charmant! (Haut.) Monsieur, peut-on vous offrir un verre de porto?

CRIQUEVILLE.

Merci! (A part.) J'ai trouvé le ressort.

FLAVIGNY.

Je vois que vous êtes l'ami de tous ces messieurs.

CRIQUEVILLE.

L'ami? Ah! c'est une épigramme! Je les rencontre dans le monde!... mais, entre nous, j'estime peu ces batteurs de boulevard!

ACTE TROISIÈME.

FLAVIGNY.

Cela fait votre éloge !

CRIQUEVILLE.

Je ne voudrais compter mes amis que parmi ces hommes sérieux, ces esprits lucides et pratiques... qui honorent la science et l'industrie...

FLAVIGNY.

Très-bien dit !

CRIQUEVILLE.

Tenez, j'ai lu dernièrement un écrit d'un de ces hommes... vraiment utiles ! et je suis resté frappé d'admiration devant l'immensité de cette haute intelligence !..

FLAVIGNY, redevenant froid et reprenant son journal.

Ah ! vous êtes bien heureux !

CRIQUEVILLE, à part.

Il croit que je parle d'un de ses amis !...

FLAVIGNY, ironiquement.

Et peut-on savoir le nom de cette merveille ?

CRIQUEVILLE.

L'écrit était signé d'un nommé... Flavigny.

FLAVIGNY.

Tiens ! (Il pose son journal.) Vous avez lu ça ?

CRIQUEVILLE, avec feu.

Si je l'ai lu ! je l'ai lu et relu !

FLAVIGNY, flatté.

Ah !

CRIQUEVILLE, à part.

Bois du lait, va ! bois du lait !

FLAVIGNY.

Et ce Flavigny est de vos intimes?

CRIQUEVILLE.

Si l'intimité... c'est l'admiration... oui, monsieur... Quant à sa personne, je me la figure... ce doit être un noble vieillard !

FLAVIGNY.

Hein ?

CRIQUEVILLE.

Au regard vif encore... aux cheveux blanchis par l'étude !...

FLAVIGNY.

Permettez !...

CRIQUEVILLE, avec enthousiasme.

Ce n'était qu'un simple rapport, monsieur... un rapport aux actionnaires... ordinairement tout ce qu'il y a de plus bête au monde !

FLAVIGNY, riant.

Le rapport, ou les actionnaires ?

CRIQUEVILLE.

Les deux ! (S'animant.) Mais, sous la plume magique de ce vieillard, l'horizon s'est élargi !... quelle séve ! quelle vigueur ! quelle netteté !

FLAVIGNY, se laissant aller.

La fin, surtout !

CRIQUEVILLE.

Tout, monsieur... pas plus la fin que le commencement tout est beau ! jusqu'aux chiffres ! les chiffres... ces chardons du discours ! il sait les transformer en autant de fleurs suaves et harmonieuses...

ACTE TROISIÈME.

FLAVIGNY, à part.

Il s'exprime très-bien!

CRIQUEVILLE, à part.

Toi, demain, tu m'offriras une place! (Haut.) Voyez-vous, monsieur!... je ne mourrai pas content avant d'avoir serré la main de ce savant vénérable!...

FLAVIGNY.

Oh! vénérable!...

CRIQUEVILLE

Vous dites?

FLAVIGNY.

Vénérable est de trop...

CRIQUEVILLE, se levant avec menace.

Prétendriez-vous l'insulter?

FLAVIGNY, se levant aussi.

Non; mais...

CRIQUEVILLE, avec véhémence.

Je ne le souffrirais pas!... je ne le souffrirais pas!

FLAVIGNY.

Calmez-vous! Je puis vous procurer le plaisir de serrer la main à M. de Flavigny!

CRIQUEVILLE, vivement.

Où? quand? partons!

FLAVIGNY.

Inutile! (Lui tendant la main.) Touchez là!

CRIQUEVILLE.

Quoi! monsieur... vous seriez?... si jeune encore!... et si...

FLAVIGNY.

Assez... je croirais maintenant que vous voulez me flatter...

CRIQUEVILLE.

Moi!... flatter?... vous ne me connaissez pas...

FLAVIGNY.

Puis-je savoir le nom de mon nouvel ami?

CRIQUEVILLE.

Albert de Criqueville.

FLAVIGNY.

Je ne l'oublierai pas... Venez me voir... nous reprendrons cette conversation... j'ai beaucoup, mais beaucoup de plaisir à vous entendre...

CRIQUEVILLE, à part.

Gourmand!

FLAVIGNY.

Mais pardon... j'entre au café... une lettre à écrire... (Au garçon.) Adrien!... dès que Montdouillard sera venu, vous m'avertirez...

LE GARÇON.

Oui, monsieur...

FLAVIGNY, à Criqueville, en riant.

Ce pauvre Montdouillard! vous ne devineriez jamais pourquoi je l'attends...

CRIQUEVILLE.

Pour causer gilets..,

FLAVIGNY.

Non... il veut se marier.

CRIQUEVILLE.

Ah! le malheureux!...

FLAVIGNY.

J'ai promis de le présenter à cinq heures... e m'en lave les mains... je le déposerai chez le beau-père, comme une carte de visite...

CRIQUEVILLE.

Cornée...

FLAVIGNY.

Ah! charmant!... d'autant mieux que la future est jolie... C'est la fille du général Renaudier...

CRIQUEVILLE, bondissant

Hein?

FLAVIGNY, montant le perron.

Cornée est charmant!... au revoir!

Il entre dans le café.

SCÈNE VIII.

CRIQUEVILLE, puis PAGEVIN, puis ANTOINE.

CRIQUEVILLE, seul.

Clotilde.. ma prétendue, Montdouillard veut l'épouser... et l'entrevue est pour cinq heures... il faut l'empêcher à tout prix!...

Il remonte et se heurte contre Pagevin, qui entre avec un paquet sous le bras.

PAGEVIN.

Aïe!

CRIQUEVILLE.

Butor!

PAGEVIN, le reconnaissant.

Tiens! c'est vous?

CRIQUEVILLE, à part.

Pagevin! que le diable l'emporte!... (Haut.) Ce cher ami...

PAGEVIN.

Dites donc... ça n'est pas encore arrivé...

CRIQUEVILLE.

Quoi?

PAGEVIN.

Du Brésil...

CRIQUEVILLE

Les vents sont contraires...

PAGEVIN.

Et puis je voulais vous demander... de quel ordre?

CRIQUEVILLE. à part.

Oh! qu'il m'ennuie! (Haut.) L'ordre du Merle-Blanc!!

PAGEVIN.

Tiens, je croyais qu'il n'y en avait pas?

CRIQUEVILLE.

Si... au Brésil.. mais c'est un ordre extrêmement rare! Vous êtes pressé... bonjour!

PAGEVIN.

A propos... nous avons oublié ce matin la petite facture...

Il la tire de sa poche.

CRIQUEVILLE.

Que vois-je? vous faites vos courses à pied!

PAGEVIN.

J'attends l'omnibus. (Présentant sa facture.) C'est six cent soixante-trois francs...

CRIQUEVILLE.

Mon tailleur... en omnibus?... je ne le souffrirai pas...
où allez-vous ?

PAGEVIN.

A la Bastille... C'est six cent...

CRIQUEVILLE, appela

Antonio!... (A Pagevin.) Vous allez prendre ma voiture...

PAGEVIN, à part.

Il a voiture...

ANTOINE, entrant.

Monsieur ?

CRIQUEVILLE.

Conduisez cet excellent M. Pagevin jusqu'à mon coupé...
vous reviendrez.

PAGEVIN.

J'aurais pourtant bien voulu régler...

CRIQUEVILLE.

Allez, allez, pas de remerciments... Ce bon monsieur
Pagevin...

ANTOINE.

Donnez-moi votre paquet... Ce bon monsieur Pagevin !

Antoine entraîne Pagevin par la droite.

SCÈNE IX.

CRIQUEVILLE, puis MONTDOUILLARD, puis FLAVIGNY.

CRIQUEVILLE.

Emballé... et d'un !...

MONTDOUILLARD, entrant vivement par la gauche

Je suis en retard... Flavigny est-il arrivé ?

CRIQUEVILLE.

Il sort d'ici...

MONTDOUILLARD.

Nom d'un petit Mouzaïa...

CRIQUEVILLE.

Tenez, cette voiture qui part du côté de la Bastille..
Il indique la voiture qui emporte Pagevin

MONTDOUILLARD.

Ah! sapristi!... (Appelant.) Flavigny!... Flavigny!... il n'entend pas... je vais prendre un régie. (Il sort en appelant.) Cocher!... cocher!...

Criqueville se joint à lui pour appeler.

CRIQUEVILLE.

Et de deux !

FLAVIGNY, sortant du café.

Ah çà! ce diable de Montdouillard...

CRIQUEVILLE, vivement.

Il vient de partir...

FLAVIGNY.

Comment ?

CRIQUEVILLE, indiquant la gauche.

Ce fiacre qui se dirige vers la Madeleine...

FLAVIGNY

L'imbécile!... il y a un malentendu... il faut que je le rejoigne... Vite! une voiture! (Il sort par la gauche en appelant.) Cocher!... cocher!...

Criqueville appelle aussi.

SCÈNE X.

**CRIQUEVILLE, ANTOINE, LE GARÇON,
L'ANGLAIS**, qui rentre et se place à la table de gauche ; UN
COMMISSIONNAIRE, UN BOURGEOIS.

CRIQUEVILLE.

Et de trois !... il ne se mordront pas... voilà une entre
vue qui se tourne le dos.

ANTOINE, entrant.

Monsieur... le tailleur vous remercie bien... (A part.) Ma
foi ! je me suis commandé un second pantalon... Pristi !
que j'ai faim !

LE GARÇON, qui vient de causer avec l'Anglais, à Criqueville.

Monsieur... c'est encore cet Anglais,...

CRIQUEVILLE.

Quoi ?

LE GARÇON.

Il demande si vous voulez manger contre lui.

CRIQUEVILLE.

Ah ! mais il n'a qu'une note... donne-lui un sou ! (Apercevant Antoine et rappelant le garçon.) Non !... ne lui dis rien !
(Bas, à Antoine.) Antoine ! te sens-tu capable d'un grand appétit ?

L'Anglais monte lentement l'escalier.

ANTOINE.

Ah ! monsieur, je mangerais un bœuf !

CRIQUEVILLE.

Ça suffit... Endosse mon pardessus... Là !... cache ton
chapeau...

ANTOINE, à part.

Qu'est-ce qu'il va faire?

CRIQUEVILLE, à l'Anglais, qui s'est rapproché.

Milord... permettez-moi de vous présenter un jeune banquier... (Bas, à Antoine.) Cache ton chapeau! (Haut.) Qui brûle de se mesurer avec vous...

L'ANGLAIS, redescendant à Antoine.

Haô! vous vôlez manger contre moâ, vô?

ANTOINE.

Dans ce moment, monsieur, je mangerais contre mon père...

CRIQUEVILLE.

Le premier rassasié payera la carte... tu entends!

ANTOINE, frappant son gousset.

Je suis doublement tranquille!

L'ANGLAIS, à Antoine.

Je avais déjà fait crever deux amis à moâ... (Lui indiquant l'entrée du café.) A votre tour!

ANTOINE.

Après vous!

L'ANGLAIS, au haut du perron.

Garçone! rosbeef pour houit!

Antoine et l'Anglais entrent dans le café.

CRIQUEVILLE, seul.

Qu'on dise que je ne nourris pas mes gens!... Allons! voilà une bonne journée... aujourd'hui, j'ai semé... à demain la récolte... Qu'est-ce que je vais faire en attendant mon groom?... j'ai envie de prendre une glace! (Tâtant ses poches.) Diable! vide complet! (Avisant un bourgeois assis à une table à droite.) Que je suis bête!... et ce monsieur... il n'a pas été mis là pour des prunes... (Appelant.) Garçon... une vanille...

ANTOINE, ouvrant la fenêtre du café, il a la bouche pleine.

Garçon !... bœuf aux choux... pour huit !

CRIQUEVILLE.

Comme il soutient le pavillon français ! (Allant s'asseoir à la table du bourgeois.) Monsieur, après vous, *le Constitutionnel* ?

LE BOURGEOIS.

Oui, monsieur !

Il veut ôter son chapeau qui est sur la table

CRIQUEVILLE.

Laissez ! laissez ! il ne me gêne pas !

LE BOURGEOIS.

Oh ! monsieur...

CRIQUEVILLE.

Non, monsieur.

Le garçon apporte la glace

ACTE QUATRIÈME.

Une pièce servant de bureau. — A droite, une table à écrire. — Cartons, papiers. — Près de la table, une chaise avec un coussin mobile. — Porte principale au fond. — Portes latérales ; sur l'une : CABINET DU DIRECTEUR ; sur l'autre : ADMINISTRATION.

SCÈNE PREMIÈRE.

KERKADEC, FLAVIGNY, puis MONTDOUILLARD

KERKADEC, tenant des papiers à la main et parlant à la cantonade.

Bien ! monsieur de Saint-Putois... soyez tranquille... ça sera moulé. (Revenant à sa table.) En voilà un directeur de chemin de fer qui m'embête à grande vitesse !

FLAVIGNY, entrant par la porte de l'administration.

Mon ami, voyez si M. de Saint-Putois peut me recevoir

KERKADEC.

Tout de suite, monsieur.

Il donne une lettre à Flavigny et entre à gauche.

FLAVIGNY, seul, décachetant la lettre.

Ah ! une lettre !... Encore une demande pour cette place d'inspecteur de première classe... elle n'est vacante que depuis hier... il y a déjà quatorze concurrents... mais je ne puis en disposer sans l'adhésion de mon collègue Saint-Putois... et réciproquement... c'est un duumvirat !

ACTE QUATRIÈME.

MONTDOUILLARD, entrant par le fond. — Nouveau gilet. — A la cantonade.

Dites à la voiture de m'attendre.

FLAVIGNY.

Montdouillard!

MONTDOUILLARD.

Vous voilà donc enfin !

FLAVIGNY.

Eh bien, vous êtes gentil!... et notre rendez-vous d'hier-

MONTDOUILLARD.

Ne m'en parlez pas; j'ai poursuivi une bête de voiture jusqu'à la Bastille.

FLAVIGNY.

Et moi, jusqu'à la barrière de l'Étoile...

MONTDOUILLARD.

Et qu'est-ce que j'ai trouvé dedans?... mon tailleur!

FLAVIGNY.

Et moi, un sapeur du 29ᵉ de ligne avec une Alsacienne.

MONTDOUILLARD.

Nom d'un petit Mouzaïa !... et mon entrevue manquée!

FLAVIGNY.

J'ai vu le général ce matin... On se trouvera à trois heures chez madame Darbel..... Prétextez une visite.

MONTDOUILLARD, étalant son gilet.

Bien !... justement, je suis habillé !

FLAVIGNY.

Comment! est-ce que vous allez vous présenter avec ce gilet-là?

MONTDOUILLARD.

Vous ne le trouvez pas joli?

FLAVIGNY.

Vous avez l'air de promener une planche de tulipes.

MONTDOUILLARD, piqué.

Une planche de tulipes!... Tout le monde n'est pas de votre avis. (A part.) Je suis fâché que Criqueville ne soit pas là.

FLAVIGNY.

Vous venez voir Saint-Putois?

MONTDOUILLARD.

Oui... j'ai à lui parler de mon emprunt valaque.

KERKADEC, entrant.

Ces messieurs peuvent entrer.

FLAVIGNY.

Allons! mais, croyez-moi, changez de gilet.

MONTDOUILLARD, à part.

Est-ce qu'il serait jaloux?

Montdouillard et Flavigny sortent.

SCÈNE II.

KERKADEC, CRIQUEVILLE, ANTOINE,
puis CATICHE.

CRIQUEVILLE entrant et parlant à Antoine dans la coulisse.

Allons, arrive donc!

ANTOINE paraît, portant toujours le pardessus de son maître; il est très-pâle.

Voilà, monsieur!

ACTE QUATRIÈME.

CRIQUEVILLE, à Kerkadec.

M. de Flavigny est-il dans ses bureaux?

KERKADEC.

Il vient d'entrer chez M. le directeur avec M. Montdouillard.

CRIQUEVILLE.

Tous les deux sont ici? bravo! (A part.) Ma dot et ma place!

KERKADEC.

Si vous voulez prendre la peine d'attendre...

CRIQUEVILLE.

Certainement.

Kerkadec sort.

ANTOINE, à part.

Ah! je ne suis pas à mon aise!... Gredin d'Anglais!

Il s'assied sur une chaise.

CRIQUEVILLE, à Antoine.

Eh bien, qu'est-ce que tu fais là?

ANTOINE.

Monsieur, je suis mélancolique... j'ai des tristesses d'estomac!

CRIQUEVILLE.

Tu as encore faim?

ANTOINE, se levant d'un bond.

Oh non! je n'aurai plus jamais faim!

CRIQUEVILLE.

Il paraît que tu as joliment fonctionné hier?

ANTOINE.

Il fallait vaincre, monsieur, il fallait vaincre!

CRIQUEVILLE.

Ou périr!

ANTOINE.

Ou payer!... ah! monsieur! quel Anglais!... Si vous l'aviez vu manœuvrer à travers les biftecks, les gigots, les rosbifs!... haoup!... haoup!

CRIQUEVILLE.

AIR : *Il me faudra quitter l'empire.*

Cette lutte gastronomique
Devait être un coup d'œil charmant!

ANTOINE.

N' m'en parlez pas! cet Anglais diabolique
Était affreux! fantastique! effrayant!
J'en tremble encor, monsieur, en en parlant.
Dix plats, vingt plats ne paraissaient qu'à peine
Pour s'engloutir dans ses flancs dévorants!...
Et j' me croyais, cauch'mar des moins riants,
Tête-à-tête avec la baleine,
Au milieu d'un banc de harengs,
Quand ell' déjeûn' dans un banc de harengs!
Ça entrait! ça entrait!

CRIQUEVILLE.

Eh bien!... et toi?

ANTOINE.

Moi, je tenais bon... d'abord! mais, au bout d'une heure, je commençais à me sentir gonfler dans votre pardessus... on vous l'a fait un peu étroit... pour moi!... l'English me guignait de l'œil... je ne bougeais pas!... enfin, on apporte le café!... Je me dis : « C'est fini!... » ah bien, oui!... le gredin commande un vaste plat de haricots... au lard!... je bondis!... un bouton part... ma livrée paraît!

CRIQUEVILLE.

Maladroit!

ANTOINE.

Au contraire!... ça m'a sauvé!... Milord se voyant à table avec un domestique, perd tout à coup l'appétit, se lève, me lance un *shocking*... paye et disparaît... mais trop tard!...

CRIQUEVILLE.

Bah! tu étais vainqueur!

ANTOINE.

Mais blessé!... (Tristement.) Ah! je me frictionnerais bien avec une tasse de thé!

CRIQUEVILLE.

Voyons! du courage!... nous touchons au but. (Avec exaltation.) Antoine, c'est aujourd'hui Marengo!

ANTOINE, grommelant.

Oui, Marengo! mais, avec tout ça, nous n'avons pas encore vu la couleur d'une pièce de cent sous!

CRIQUEVILLE.

Patience! car la fable a raison... Tout flatteur vit aux dépens...

ANTOINE.

Il vit, c'est possible!... mais il ne s'enrichit pas!... il ne s'enrichit pas!... voilà le *hic!*... nous n'avons pas même de domicile!

CRIQUEVILLE.

Eh bien, et la voiture de mon ami Bartavelle? on y est fort bien!

ANTOINE.

Dedans! c'est possible; mais pas sur le siége!... et puis un appartement sur roulettes!

CRIQUEVILLE.

Plains-toi donc! je te loge dans les plus beaux quartiers... boulevard des Italiens!...

ANTOINE.

On y fait un bruit!

CRIQUEVILLE.

Si tu préfères le Marais... parle!... il n'y a qu'un coup de fouet à donner!

ANTOINE.

Vous riez!... mais vous verrez qu'un de ces matins nous nous réveillerons en fourrière... pour n'avoir pas allumé les lanternes!

CRIQUEVILLE.

Sois tranquille!... Dans une heure, notre vagabondage aura cessé; j'aurai une place, une dot et un logement.

ANTOINE, joyeux.

Ah bah! et une théière aussi, monsieur?

CATICHE, entrant avec une tasse sur une assiette.

Ousqu'est le cabinet de monsieur à présent?

CRIQUEVILLE.

Ma payse!... Te voilà ici, toi?

CATICHE.

Oui, monsieur, les autres m'ont fichu à la porte... y me commandent des crèmes aux olives et des canards au chocolat; et y n'en veulent plus!

ANTOINE.

Pauvre fille!

CATICHE.

Mais ils m'ont payé mes huit jours... ça fait deux fois qu'on me les paye depuis hier!

CRIQUEVILLE.

Seize jours en vingt-quatre heures!... Elle va bien.

ANTOINE.

Elle a trouvé une bonne ficelle, la Picarde!

CATICHE.

Je cherche le cabinet de mon maître pour lui porter son thé.

ANTOINE.

Du thé!!!

Il prend la tasse et boit.

CATICHE.

Eh bien, qu'est-ce que vous faites donc?

ANTOINE, après avoir bu.

Ah! ça va mieux!

CATICHE.

Faut que j'aille en chercher d'autre.

ANTOINE.

Tu en as d'autre?

CATICHE.

Dans la cuisine.

ANTOINE.

Je ne te quitte pas!... viens, je te raconterai mes malheurs! Gredin d'Anglais!

Ils entrent dans la cuisine.

SCÈNE III.

CRIQUEVILLE, MONTDOUILLARD.

MONTDOUILLARD, sortant du cabinet et parlant à la cantonade

C'est bien, cher ami, c'est convenu!

CRIQUEVILLE, à part.

Montdouillard!... voici le moment de passer à la caisse.

MONTDOUILLARD.

Tiens! Criqueville!... je suis bien aise de vous voir... (A part.) Je ne suis pas fâché de savoir ce qu'il pense de mon gilet.

Il ouvre son habit.

CRIQUEVILLE.

Quelle figure radieuse!

MONTDOUILLARD.

Oui, je quitte Saint-Putois; il a presque consenti à se laisser nommer président du conseil d'administration de mon emprunt valaque... C'est un nom dans la finance! nous sommes capables de monter encore de quinze francs.

CRIQUEVILLE.

Et cent... ça fait cent quinze!

MONTDOUILLARD.

Exactement! (A part.) C'est drôle, il ne me dit rien de mon gilet!

Il ouvre davantage son habit.

CRIQUEVILLE.

Mon cher ami... j'ai une petite demande à vous adresser... vous avez eu l'obligeance, hier, de m'offrir quelques-unes de vos éventualités valaques!...

MONTDOUILLARD.

Je ne m'en dédis pas.

CRIQUEVILLE.

Si ce n'est pas indiscret, j'en prendrai mille.

MONTDOUILLARD.

Très-bien! (Tirant son carnet.) Je vais vous faire votre bordereau... Nous disons : mille à cent quinze francs...

CRIQUEVILLE.

Plaît-il?

MONTDOUILLARD.

Mettons-les à cent francs... ça fait cent mille francs que vous me devrez.

CRIQUEVILLE.

Comment, cent mille francs?

MONTDOUILLARD.

Pour la prime... la prime!...

CRIQUEVILLE.

Pardon! je croyais que vous me les aviez offertes au pair?

MONTDOUILLARD.

Au pair! moi? mais je ne vends au pair... que les actions qui sont au-dessous du pair... Il est bon, le petit!

CRIQUEVILLE, à part.

Que je suis bête! j'ai oublié... (S'extasiant sur le gilet de Montdouillard.) Ah! oh! c'est un nouveau? il est encore plus joli que celui d'hier!...

MONTDOUILLARD.

La... franchement?

CRIQUEVILLE.

Délicieux!

MONTDOUILLARD.

Ça ne ressemble pas un peu...?

CRIQUEVILLE.

A quoi?

MONTDOUILLARD.

A une planche de tulipes?

CRIQUEVILLE.

Par exemple! quelle calomnie!... (A part) Pour les tulipes!

MONTDOUILLARD, à part, flatté.

Bon petit garçon! (Fouillant à sa poche et en tirant un billet.) Tenez, si vous voulez aller à l'hippodrome... on m'a donné deux places.

CRIQUEVILLE.

Merci... (Lui prenant le bras.) Voyons, Sulpice, vous ne me refuserez pas ces mille actions au pair?

MONTDOUILLARD, se dégageant.

Jamais de la vie!

CRIQUEVILLE.

Pour un ami!

MONTDOUILLARD.

Des amis de cent mille francs! merci! (Offrant son billet) Si vous voulez aller à l'hippodrome...

CRIQUEVILLE.

Eh! l'hippodrome...

MONTDOUILLARD.

Bonjour! j'ai rendez-vous à trois heures.. (A part.) Mon entrevue...

ACTE QUATRIÈME.

CRIQUEVILLE.

Il s'en va! (Courant après lui.) Montdouillard!

MONTDOUILLARD.

Je suis pressé!... (A part, en sortant.) mille valaques au pair!... Il est bon, le petit!

Il sort par le fond.

SCÈNE IV.

CRIQUEVILLE, puis FLAVIGNY.

CRIQUEVILLE, seul.

Refusé!... Sapristi!... (Se promenant.) Voyons donc! voyons donc!... Est-ce que le bon Lafontaine aurait radoté à la face du grand siècle?... Non! je m'y suis mal pris!... Je n'ai joué qu'un petit air... j'aurais dû chanter un grand morceau!... pour cent mille francs... il faut un grand morceau!... Flavigny... nous allons voir!

FLAVIGNY, entrant.

Je ne me trompe pas... monsieur de Criqueville!

CRIQUEVILLE.

Vous avez daigné m'inviter à venir vous troubler dans vos graves travaux, et, vous le voyez... j'abuse déjà de l'invitation.

FLAVIGNY.

Abuser?... je vous en défie!

CRIQUEVILLE.

Peut-être... car je viens vous demander un service.

FLAVIGNY.

Il est rendu!

CRIQUEVILLE, lui serrant la main.

Ah! monsieur de Flavigny! (A part.) A la bonne heure... avec les gens comme il faut, c'est tout plaisir!...

FLAVIGNY.

Je vous écoute.

CRIQUEVILLE.

Je tremble que vous ne trouviez ma requête un peu... indiscrète! (A part.) Il va me répondre que non.

FLAVIGNY.

Indiscrète?... de votre part, c'est impossible!

CRIQUEVILLE.

Ah! monsieur de Flavigny!... (A part.) La!... qu'est-ce que je disais!

FLAVIGNY.

Je n'ai pas oublié notre conversation d'hier... vous y avez développé des vues si justes, des appréciations si vraies...

CRIQUEVILLE, à part.

Je crois bien!... j'ai abîmé tout le monde, excepté lui.

FLAVIGNY.

Parlez!... ce sera pour moi, un rare bonheur de pouvoir obliger un aussi galant homme.

CRIQUEVILLE.

J'arrive au fait... Mon cher monsieur de Flavigny, j'ai résolu d'occuper mes loisirs, de les consacrer à un travail sérieux, productif...

FLAVIGNY.

Vous?

CRIQUEVILLE.

Je ne rougis pas d'ajouter que ma fortune... assez bornée... m'en fait une nécessité.

FLAVIGNY, à part.

Tiens! je le croyais riche! (Il place sur sa tête son chapeau que jusqu'alors il tenait à la main.) Vous permettez, je prends froid.

CRIQUEVILLE.

Par exemple!... je viens donc, sans préambule, vous demander une place dans votre administration... car je n'en accepterais pas ailleurs... c'est sous un maître tel que vous que je veux...

FLAVIGNY.

Et avez-vous fixé votre choix?

CRIQUEVILLE.

J'ai appris qu'une place d'inspecteur de première classe était vacante...

FLAVIGNY, réprimant un premier mouvement de surprise.

Ah!... vous savez que c'est une place de dix mille francs?

CRIQUEVILLE, vivement.

Dix mille francs!... je l'ignorais. (Gaiement.) Mais ce chiffre n'atténue en rien mon vif désir de l'obtenir.

FLAVIGNY.

Vraiment! (A part.) Il ne doute de rien, ce petit monsieur! (Haut.) Je serais très-heureux... certainement... de pouvoir vous dire, à l'instant même : Entrez en fonctions... mais cette nomination ne dépend pas de moi seul... il faut deux signatures, la mienne et celle de M. de Saint Putois...

CRIQUEVILLE, vivement.

Donnez-moi toujours la vôtre, elle doit être prépondérante...

FLAVIGNY.

Non.

CRIQUEVILLE.

Modestie! est-ce qu'on peut refuser quelque chose à l'auteur du fameux rapport du 2 janvier...

FLAVIGNY.

Permettez!...

CRIQUEVILLE.

Cette œuvre si lucide! si remarquable! si éloquente!... si... tenez, voilà une plume et de l'encre...

FLAVIGNY.

Vous le voulez?... avec plaisir!...

Il va au bureau de l'employé et écrit un mot qu'il cachète.

CRIQUEVILLE, à part.

Je l'ai étourdi! je lui ai mis la tête sous l'aile!

FLAVIGNY, à part.

Il ne comprend rien, ce garçon-là!... (Lui remettant le billet.) Voici...

CRIQUEVILLE.

Monsieur de Flavigny!... si jamais je puis vous rendre un service... disposez de moi.

FLAVIGNY.

Merci! merci! (A part.) En voilà un que je ferai consigner.

Il entre à droite.

SCÈNE V.

CRIQUEVILLE, KERKADEC, puis SAINT-PITOIS

CRIQUEVILLE.

Allons! j'ai la première moitié de ma place, il s'agit de conquérir la seconde. (A Kerkadec, qui entre.) Mon garçon, annoncez-moi chez M. le directeur.

KERKADEC.

Impossible! il ne veut recevoir personne.

CRIQUEVILLE.

Comment?

KERKADEC.

C'est l'ordre.

CRIQUEVILLE, à part.

Ah diable! échouer contre une porte fermée!... ce serait trop bête. (Haut.) J'ai rendez-vous... il m'attend.

KERKADEC.

Ah! c'est différent... c'est que, voyez-vous, quand on le dérange... il est grincheux... comme tous les bossus au reste.

Il entre chez Saint-Putois.

CRIQUEVILLE, seul.

Il est bossu!... il est bossu!... si j'avais pu prévoir ça!... (Apercevant le coussin sur la chaise de l'employé.) Oh! quel trait de génie! (Il le prend et se le fourre dans le dos.) *Similia similibus!...* La flatterie homœopathique.

SAINT-PUTOIS, entrant et grognant.

C'est insupportable! on ne peut pas être un moment tranquille!

CRIQUEVILLE.

Pardon, monsieur!...

SAINT-PUTOIS, brusquement.

Voyons, monsieur, que voulez-vous? (Apercevant la bosse de Criqueville.) Ah!... tiens, tiens! (Très-doucement.) Eh bien, parlez donc, mon ami... ne craignez rien...

CRIQUEVILLE, à part.

Son ami!... ça opère!... (Haut.) Je vois que je suis venu dans un moment inopportun... je vais me retirer...

SAINT-PUTOIS.

Du tout!... Restez donc!... (A part.) Elle est beaucoup plus forte que la mienne.

CRIQUEVILLE.

Vous allez me trouver bien audacieux, moi, un étranger, un inconnu...

SAINT-PUTOIS, qui n'a cessé de regarder le dos de Criqueville.

Pardon!... est-ce de naissance ou d'accident?

CRIQUEVILLE

Vous voulez parler de...?

SAINT-PUTOIS.

Oui.

CRIQUEVILLE.

C'est de naissance.

SAINT-PUTOIS.

Moi aussi.

CRIQUEVILLE.

Quoi?

SAINT-PUTOIS.

Vous n'avez pas remarqué?... j'ai une épaule un peu plus... forte que l'autre.

ACTE QUATRIÈME.

CRIQUEVILLE.

Ah bah!... vous? (Après avoir regardé.) Laquelle?

SAINT-PUTOIS.

Comment!... (A part.) Le fait est qu'à côté de lui, ça ne paraît pas... Il a l'air d'un très-brave garçon!... (Haut.) Voyons, contez-moi votre affaire... Tenez, asseyez-vous.

Ils s'asseyent en face l'un de l'autre. — Profil au public.

CRIQUEVILLE, à part.

Nous devons être bons à prendre au daguerréotype.

SAINT-PUTOIS.

Allez, je vous écoute...

CRIQUEVILLE.

Monsieur de Saint-Putois... j'ai vingt-six ans... quelques études... de la bonne volonté...

SAINT-PUTOIS.

Oui. (A part.) J'ai un plaisir extrême à le regarder... ça m'efface!

CRIQUEVILLE.

Ma première idée fut de me lancer dans la carrière militaire.

SAINT-PUTOIS.

Ah!

CRIQUEVILLE.

Mais le conseil de révision...

SAINT-PUTOIS.

Je comprends!... Vous n'auriez jamais pu porter le sac.

CRIQUEVILLE.

Alors je dus songer à me créer une autre position...

SAINT-PUTOIS, à part, le regardant.

Mais est-il réussi, ce gaillard-là!... est-il réussi!

CRIQUEVILLE.

Dois-je vous le dire?... mon rêve... mon espoir serait d'entrer dans l'administration que vous dirigez avec une supériorité...

SAINT-PUTOIS.

Je puis me flatter d'en être une des principales colonnes.

CRIQUEVILLE, à part.

Une colonne torse!

SAINT-PUTOIS.

C'est à merveille! j'ai justement besoin d'un surnuméraire...

CRIQUEVILLE.

Pardon... quelques personnes m'ont fait espérer que je pourrais porter mes vues plus haut.

SAINT-PUTOIS.

Ah! vous avez de l'ambition! c'est très-bien! et si quelque emploi devient disponible...

CRIQUEVILLE.

Il y en a un.

SAINT-PUTOIS

Lequel?

CRIQUEVILLE.

La place d'inspecteur de première classe.

SAINT-PUTOIS, se levant.

Diable! comme vous y allez!

CRIQUEVILLE, se levant

Soutenu par vos conseils, j'espère...

SAINT-PUTOIS.

Certainement... quant à moi, je n'y vois pas d'obstacle.. je vous préfère même à tous les autres.

KERKADEC, qui est entré, cherchant son coussin

Tiens!

CRIQUEVILLE, inquiet, à part.

Saprelotte!

KERKADEC, cherchant son coussin.

Où donc est-il passé?

SAINT-PUTOIS, à part.

Au moins il ne fera pas la cour à ma femme, celui-là!

CRIQUEVILLE, inquiet, à part.

Et l'autre qui cherche son coussin!

SAINT-PUTOIS.

Mais vous savez... je ne puis disposer seul de cet emploi ; il faut l'adhésion de mon collègue, M. de Flavigny...

CRIQUEVILLE.

N'est-ce que cela?... (Offrant vivement sa lettre.) Voici son apostille.

SAINT-TUTOIS.

Déjà? Eh bien, tant mieux! Voyons!... (A part, décachetant la lettre.) Ces bossus sont malins!

KERKADEC, cherchant partout.

Sapristi!... on me l'a volé!

CRIQUEVILLE, s'éloignant de Kerkadec.

Que le diable t'emporte, toi!

SAINT-PUTOIS, à part, après avoir lu la lettre.

Ah! le pauvre garçon! c'est dommage

Il froisse le papier et le jette à terre

CRIQUEVILLE, à Saint-Putois.

Eh bien, monsieur ?

SAINT-PUTOIS.

Eh bien, monsieur, c'est impossible !

CRIQUEVILLE.

Comment ?

SAINT-PUTOIS.

Il y a des obstacles ! des montagnes ! (Se dirigeant vers son cabinet.) Désolé, mon cher ! désolé !

Il rentre dans son cabinet.

CRIQUEVILLE.

Mais, monsieur... (Abasourdi. — Redescendant.) Pourquoi ça ?

SCÈNE VI.

CRIQUEVILLE, KERKADEC, puis FLAVIGNY, puis MONTDOUILLARD, puis ANTOINE.

KERKADEC, apercevant la bosse de Criqueville.

Ah ! cette bosse que vous n'aviez pas en entrant !

CRIQUEVILLE.

Te tairas-tu !

KERKADEC.

C'est vous !... vous qui l'avez dans le dos.

CRIQUEVILLE.

Tiens !... le voilà, ton coussin ; il n'est bon à rien !... (Il le lui rend. — A part.) Éconduit ! après la recommandation de Flavigny ! (Il ramasse la lettre.) La voilà !... il sera furieux ! ce pauvre ami !... (Lisant.) « N'accordez pas... » hein ?...

« N'accordez pas.... » ça y est!... oh! les amis!.... Et pourtant, lui ai-je cassé l'encensoir sur le nez à celui-là!

FLAVIGNY, à droite, cantonade.

Joseph, fermez mon bureau.

CRIQUEVILLE, allant à lui.

Ah! monsieur, je vous cherchais!

FLAVIGNY.

Pourquoi?

CRIQUEVILLE.

Pour ne pas vous remercier.

Il lui montre la lettre.

FLAVIGNY, avec calme.

Ah! vous avez lu? Que voulez-vous, mon cher! la place est promise à une personne que j'ai le plus grand intérêt à ménager.

CRIQUEVILLE.

Moi qui me croyais votre ami!

FLAVIGNY.

Certainement, je vous aime beaucoup! je vous trouve charmant, complaisant, complimenteur même!... mais, dans ce monde, il ne suffit pas de dire : « Ah! le joli gilet! ah! le beau cheval! ah! le magnifique rapport!... » pour obtenir des places de dix mille francs non, ce serait trop facile!...

CRIQUEVILLE.

Permettez, monsieur...

FLAVIGNY.

Dans le siècle, où nous vivons, il y a une chose qui ne se laisse pas séduire aisément... c'est l'argent!... la pièce de cent sous!... elle n'a pas d'oreilles, pas d'amour-propre... on ne la flatte pas, elle... on la place !... Quant à ces charmantes adulations qui nous font plaisir, j'en conviens... nous avons pour les payer ce que nous appelons la petite monnaie...

CRIQUEVILLE

La petite monnaie?

FLAVIGNY.

Oui, les cigares, les diners, les billets de spectacle...

CRIQUEVILLE, à part.

L'Hippodrome !

FLAVIGNY.

Quant à la grosse monnaie, c'est une autre affaire !... nous la gardons.

CRIQUEVILLE.

Pour qui?

FLAVIGNY.

Mais... pour ceux qui peuvent servir nos intérêts ou pour ceux qui peuvent y nuire... ceux que nous craignons !

CRIQUEVILLE.

Ah !... Merci de la leçon, monsieur, j'en profiterai. (A lui-même, avec découragement.) Allons, je me suis trompé de route !... je n'ai plus qu'à reprendre mon bout de cigare !... c'est triste !... un cigare qu'on rallume... ce n'est jamais bon !

MONTDOUILLARD, entrant radieux à Flavigny.

Ah! mon ami, embrassez-moi !

FLAVIGNY.

Qu'y a-t-il?

MONTDOUILLARD.

Je quitte le général... mon entrevue...

ACTE QUATRIÈME.

CRIQUEVILLE.

Hein ?

MONTDOUILLARD.

La demoiselle est charmante ! et demain. au bal de madame Darbel, je commence ma cour.

CRIQUEVILLE, à part.

Demain !... Clotilde serait la femme de ce paquet de gits ! Oh ! non, je lutterai ! je combattrai !... mais comment ?

ANTOINE, entrant.

Monsieur, la voiture est en bas.

MONTDOUILLARD.

Dînez-vous avec nous ?

CRIQUEVILLE, sèchement.

Merci !

MONTDOUILLARD.

Comme vous voudrez... (Prenant le bras de Flavigny et l'emmenant.) N'a-t-il pas eu l'aplomb de me demander mille Valaques au pair !

FLAVIGNY.

Et à moi, une place de dix mille francs !

MONTDOUILLARD.

Ah ! il est bon, le petit !...

Ils sortent en riant.

CRIQUEVILLE, à lui-même, pensif.

La grosse monnaie on la garde, pour ceux qui se font craindre...

ANTOINE, à Criqueville.

Monsieur, qui allons-nous flatter maintenant ?

CRIQUEVILLE, avec éclat.

Personne!... nous ne flattons plus... nous mordons!...

ANTOINE.

Ah! je n'ai pas d'appétit!

CRIQUEVILLE.

Moi, j'en ai pour deux... suis-moi!

(Ils remontent.)

ACTE CINQUIÈME.

Un salon disposé pour un bal, chez madame Darbel. — Un guéridon à gauche, avec ce qu'il faut pour écrire. — Trois portes au fond. — Portes latérales.

SCÈNE PREMIÈRE.

MADAME DARBEL, FLAVIGNY, BARTAVELLE, ARTHUR, Invités des deux sexes, puis RENAUDIER.

Au lever du rideau, les invités et tous les autres personnages arrivent, madame Darbel va au-devant d'eux et les salue.

CHŒUR.

AIR : *Polka hussarde* (Hervé).

Le bal joyeux nous appelle,
Empressons-nous d'obéir,
Ne nous montrons pas rebelle
Au doux attrait du plaisir.

MADAME DARBEL.

Ah! messieurs!... venir si tard à mon bal... je ne pardonne point cela.

FLAVIGNY.

Souffrez, madame, qu'on plaide les circonstances atténuantes.

BARTAVELLE.

La mienne est dans les cinquante lieues que je viens de faire pour assister à votre charmante soirée.

FLAVIGNY.

La mienne dans ce bouquet qui n'arrivait pas... et que je tenais à vous offrir.

ARTHUR.

La mienne, madame...

MADAME DARBEL, prenant le bouquet.

J'accepte les fleurs... mais non les excuses, et j'impose une amende aux coupables... en leur annonçant, pour minuit, une quête au profit des pauvres.

FLAVIGNY.

Prenez garde! vous encouragerez la paresse!

ARTHUR.

Ah! très-joli!... j'allais le dire.

FLAVIGNY, à Arthur.

Monsieur?...

ARTHUR.

J'allais le dire!...

Madame Darbel cause bas avec les invités.

MADAME DARBEL, apercevant Renaudier qui vient des salons.

Ah! le général!

RENAUDIER, saluant.

Madame...

MADAME DARBEL.

Et notre chère Clotilde... ne l'avez vous pas amenée?

RENAUDIER.

Elle est dans le petit salon avec sa tante.

ACTE CINQUIÈME.

MADAME DARBEL.

Mais nous n'avons pas encore vu le jeune fiancé.

RENAUDIER.

Le sieur Montdouillard...

FLAVIGNY.

Il essaye sans doute ses gilets.

ARTHUR.

Ah! très-joli! j'allais le dire.

FLAVIGNY.

Monsieur?

ARTHUR.

J'allais le dire.

FLAVIGNY, à part.

Il est insupportable, ce monsieur.

Musique dans les salons.

MADAME DARBEL.

L'orchestre!... messieurs, je vous recommande ces dames.

BARTAVELLE, à part.

Il faut absolument que je retrouve Criqueville... j'ai besoin de ma voiture.

REPRISE DU CHŒUR.

Même air.
Le bal joyeux nous appelle,
Etc.

Renaudier, Arthur, Bartavelle et tous les invités passent dans les salons.

SCÈNE II.

FLAVIGNY, MADAME DARBEL,
puis MONTDOUILLARD.

MADAME DARBEL, à Flavigny qui demeure.

Eh bien, monsieur de Flavigny... qu'attendez-vous ?

FLAVIGNY.

Mais... le prix de mon bouquet.

MADAME DARBEL, lui donnant sa main qu'il baise.

Monsieur, ce n'est pas bien, vous spéculez sur les fleurs.

MONTDOUILLARD, en dehors.

Nom d'un petit Mouzaïa !...

MADAME DARBEL, retirant vivement sa main.

Silence ! on vient !...

Montdouillard paraît. — Toilette magnifique, gilet ébouriffant.

MONTDOUILLARD.

Cette fête est charmante !

FLAVIGNY.

Eh ! c'est le berger Némorin !

MADAME DARBEL.

Beau comme un soleil !

MONTDOUILLARD, saluant.

Madame... franchement, comment me trouvez-vous ?

FLAVIGNY.

Horriblement beau !

MONTDOUILLARD.

Oui... j'aime ce qui est simple.

MADAME DARBEL.

On le voit!... Ah! mon Dieu! mais vous portez des odeurs?

MONTDOUILLARD, avec contentement.

Tant soit peu!... tant soit peu!...

FLAVIGNY, à part.

C'est à ouvrir les fenêtres... et à le prier de passer!...

MONTDOUILLARD.

C'est une eau que je fais composer exprès pour moi... l'eau Montdouillard?... Allez chez Lubin, mon parfumeur... il ne vous en donnera pas.

FLAVIGNY, à part.

Je l'espère bien.

MONTDOUILLARD.

J'aime à m'en arroser quand je vais dans le monde... c'est bien porté... et ça enivre les femmes!

MADAME DARBEL.

Les femmes?

FLAVIGNY.

Voilà un pluriel qui paraîtrait fort singulier à votre prétendue.

MONTDOUILLARD, vivement.

Est-ce qu'elle est arrivée?

MADAME DARBEL, avec reproche.

Avant vous, monsieur!

MONTDOUILLARD.

C'est la faute de mon coiffeur... Je cours implorer mon pardon.

Il sort précipitamment par la gauche.

SCÈNE III.

FLAVIGNY, MADAME DARBEL, puis CRIQUEVILLE.

MADAME DARBEL.

Ce pauvre M. Montdouillard!... son bonheur lui donne presque de l'esprit!

FLAVIGNY.

Que ne m'est-il permis d'en avoir aux mêmes conditions!
Criqueville entre et reste au fond, à droite.

MADAME DARBEL.

Patience!... personne ne doit connaître encore nos projets de mariage.

CRIQUEVILLE, à part.

Leurs projets de mariage?... tiens!

MADAME DARBEL.

Et c'est pourquoi je vous abandonne... au malheur et à la solitude.

FLAVIGNY.

Oh !... déjà !...

MADAME DARBEL, prenant un journal sur le guéridon.

Ah! tenez! ceci pourtant pourra vous égayer.

FLAVIGNY.

Un journal?

MADAME DARBEL.

Contenant un article affreux contre vous... on attaque vos capacités administratives.

FLAVIGNY.

Comment?

MADAME DARBEL.

Plaignez-vous donc, ingrat... vous avez des envieux!

Elle entre au bal.

SCÈNE IV.

FLAVIGNY, CRIQUEVILLE.

FLAVIGNY, ouvrant le journal.

Voyons cet article... (Cherchant la signature.) Signé Z... Je ne connais pas... ça doit cacher un de mes amis... (Haut.) « Nous venons de lire jusqu'au bout le soporifique rapport, présenté à ses actionnaires par M. de Flavigny... » — Ça commence bien! — « Style pauvre et obscur, vues étroites et banales... assurance et médiocrité, telle est cette pièce curieuse! monument mémorable de la haute incapacité de certains administrateurs qui n'ont que l'utile talent de savoir imposer leur nullité sonore aux *Gogos* de nos jours! » — (Pliant le journal.) Très-gracieux... juste le contre-pied des compliments dont m'écrasait hier mon bon ami de Criqueville!... Je serais bien charmé de connaître le nom de ce monsieur Z...

CRIQUEVILLE, qui s'est approché doucement.

C'est moi!

FLAVIGNY, étonné

Comment?

CRIQUEVILLE.

Oui, je suis un peu journaliste.

FLAVIGNY.

Journaliste?... oh non!... (Très-doucement.) Coupe-jarret!..

CRIQUEVILLE.

Monsieur de Flavigny!....

FLAVIGNY, avec calme et noblesse.

Monsieur de Criqueville... il y a deux manières de mordre... celle du lion et celle du serpent... Je crois que M. Z... n'a pas choisi la bonne... Dites-lui de ma part qu'il a pris un mauvais moyen pour obtenir sa place... Je lis souvent avec bonheur et reconnaissance les critiques loyales et désintéressées... mais, quand elles sont dictées par la haine ou l'intérêt... j'ai pour habitude de n'en faire aucun cas.

Il jette le journal dans le chapeau de Criqueville, s'incline froidement et sort à gauche.

SCÈNE V.

CRIQUEVILLE, puis MONTDOUILLARD, puis RENAUDIER, puis ANTOINE.

CRIQUEVILLE, froissant le journal.

Eh bien, tant mieux! il a raison! c'est mal, ce que j'ai fait!... c'est grossier! je ne mérite pas de réussir.

MONTDOUILLARD, traversant rapidement au fond, de gauche à droite, et donnant la main à une dame.

Oui, belle dame!... allez chez Lubin, on ne vous donnera pas!

CRIQUEVILLE.

Ah! je m'en veux!...

Il jette le journal dans le feu.

ACTE CINQUIÈME.

NAUDIER, lorsque Montdouillard a disparu, traversant également de gauche à droite, flairant et s'arrêtant à la porte du milieu.

Oh! ça sent la bergamotte! mon moine est ici!

Il poursuit sa route.

CRIQUEVILLE.

Oh! je m'en veux... je chercherais querelle à quelqu'un!

MONTDOUILLARD, au dehors.

Oh! la première... je vous en prie!

CRIQUEVILLE, à part.

Montdouillard... ah! je vais me soulager.

MONTDOUILLARD, entrant par la droite.

Ah! ma foi, ma future est charmante! délicieuse! enivrante! (Apercevant Criqueville.) Hé! bonjour, petit! (Se plaçant devant lui et étalant son gilet.) Eh bien, qu'est-ce que vous dites de mon vingt-troisième?...

CRIQUEVILLE, savourant ses mots.

Horrible! hideux! ridicule!...

MONTDOUILLARD, stupéfait.

Ridicule!...

CRIQUEVILLE.

Vous avez l'air d'un vieux fauteuil Louis XV... fané!

MONTDOUILLARD.

Fané!

CRIQUEVILLE, à part.

Ah!... ça fait du bien de dire un peu ce qu'on pense!

MONTDOUILLARD.

Ah! je comprends!

CRIQUEVILLE.

Non! ça n'est pas possible!

MONTDOUILLARD.

Je vous dis que je comprends... c'est parce que je vous ai refusé des actions de mon emprunt valaque

CRIQUEVILLE.

Ah! votre emprunt!... vous ne le tenez pas encore.

MONTDOUILLARD.

Non, mais dans trois jours... Nous n'avons pas de concurrents.

CRIQUEVILLE.

Qui sait?...

MONTDOUILLARD, très-inquiet.

Hein?... qu'est-ce que vous dites?

CRIQUEVILLE.

D'ici là... une autre compagnie peut se former.

MONTDOUILLARD.

Petit... vous savez quelque chose !

CRIQUEVILLE.

Peut-être.

MONTDOUILLARD, à part, très-ému.

Sapristi! une affaire magnifique... (Haut.) Voyons, Criqueville... parlez... Albert! mon Albert!...

CRIQUEVILLE.

Non, Sulpice...

MONTDOUILLARD.

Nous déjeunerons demain ensemble.

ACTE CINQUIÈME.

CRIQUEVILLE, froidement.

Merci ! je ne déjeune plus !

On entend l'orchestre.

MONTDOUILLARD, vivement.

Allons, l'orchestre !... nom d'un petit Mouzaïa !... et moi qui ai invité ma prétendue. (A Criqueville.) Je vais revenir, je vais revenir !...

CRIQUEVILLE.

Je n'y tiens pas !

MONTDOUILLARD, à part.

Une autre compagnie !... quelle tuile !...

Il sort très-agité par le fond, à gauche.

RENAUDIER, venant des salons par la porte de droite, et aspirant l'air.

Toujours la bergamotte !... il est ici !... ah ! par là !

Il disparaît par la porte où Montdouillard est sorti.

CRIQUEVILLE, seul.

Qu'est-ce qu'il renifle donc le beau-père ?... mais ça ne va pas du tout... pas de dot, pas de place !... Je mords... mais je mords dans le vide !

SCÈNE VI.

CRIQUEVILLE, ANTOINE, puis FLAVIGNY.

Antoine entre par le fond avec un plateau de rafraîchissements.

CRIQUEVILLE, l'apercevant.

Antoine !... qu'est-ce que tu fais ici, toi ?

ANTOINE.

Parlons bas, monsieur, parlons bas ; où est madame Darbel ?

CRIQUEVILLE.

Qu'est-ce que tu lui veux ?

ANTOINE.

Chut ! je suis chargé d'une mission secrète.

CRIQUEVILLE.

Toi ?

ANTOINE.

Vous savez bien la Picarde ?... le bossu lui a payé ses huit jours...

CRIQUEVILLE.

Qu'est-ce que ça me fait ?...

ANTOINE.

Elle cuisine, provisoirement, chez la danseuse de votre ami Bartavelle...

CRIQUEVILLE.

Mauviette ?

ANTOINE.

Non, Pichenette... ah ! voilà une demoiselle pas regardante ; elle m'a promis vingt francs, rien que pour porter ce petit paquet de lettres à madame Darbel.

CRIQUEVILLE, à part.

Tiens !..

ANTOINE.

Ça n'est pas lourd... mais, quand une femme veut se revenger...

CRIQUEVILLE.

Se venger... et de qui ?... Donne.

Il lui arrache le paquet de lettres.

ANTOINE, voyant Criqueville déplier une lettre.

Ah! oui!... lisez-m'en un peu!

CRIQUEVILLE, à part.

Cette signature?... je ne me trompe pas!

Il met les lettres dans sa poche.

ANTOINE.

Comment, monsieur, vous les gardez?

CRIQUEVILLE.

Je me charge de les remettre... va-t'en!

ANTOINE.

Et mes vingt francs?

CRIQUEVILLE.

Je double tes gages!

ANTOINE.

Lesquels?

CRIQUEVILLE.

Assez! laisse-moi!

ANTOINE.

A quelle heure monsieur rentrera-t-il ce soir?

CRIQUEVILLE.

Je n'en sais rien!... tu m'ennuies!

ANTOINE.

L'appartement stationnera au coin de la rue Joubert... monsieur trouvera son bougeoir dans la lanterne.

CRIQUEVILLE.

C'est bien! c'est bien!

Antoine sort par la droite.

FLAVIGNY, dans le second salon, aux invités.

Eh bien, messieurs... et le souper qui nous attend.

CRIQUEVILLE, à part.

Le voici! (Haut, s'approchant.) Un mot, monsieur de Flavigny!...

SCÈNE VII.

CRIQUEVILLE, FLAVIGNY.

FLAVIGNY.

A moi, monsieur?

CRIQUEVILLE.

Monsieur, quand un galant homme a des torts, le meilleur moyen de les effacer... c'est de les reconnaitre... je reconnais les miens... Quant à ce... méchant article... je vous prie de l'oublier... il est au feu!

FLAVIGNY.

Vous avez quelque chose à me demander?

CRIQUEVILLE.

C'est vrai.

FLAVIGNY.

Une place?

CRIQUEVILLE.

Plus tard... mais d'abord un conseil.

FLAVIGNY.

Malgré ma haute incapacité?

CRIQUEVILLE.

Oh!... c'est brûlé!

FLAVIGNY.

Voyons!

ACTE CINQUIÈME.

CRIQUEVILLE.

Il vient de me tomber sous la main... une correspondance assez compromettante... écrite à une danseuse...

FLAVIGNY.

Ah!

CRIQUEVILLE.

Une danseuse intitulée Mauviette... non, Pichenette!... vous la connaissez, je crois?...

FLAVIGNY.

Après, monsieur?..

CRIQUEVILLE.

Ces lettres sont signées...

FLAVIGNY.

De quel nom?

CRIQUEVILLE.

Oh! ne compromettons pas la personne... appelons-la X... tout à l'heure vous m'appeliez Z... appelons ce monsieur X... c'est très-commode, l'alphabet. (Tirant lentement les lettres de sa poche.) Voici la collection.

FLAVIGNY, à part.

Mes lettres!

CRIQUEVILLE.

Permettez-moi de vous en donner lecture... « Cher petit ange... »

FLAVIGNY

C'est inutile!... est-ce que je ne suis pas libre?... est-ce que X... n'est pas libre d'écrire à qui il veut?... Il est garçon!

CRIQUEVILLE.

Oui, mais il va se marier...

FLAVIGNY, alarmé.

Comment! vous savez...?

CRIQUEVILLE.

Oui... je sais comme ça... bien des petites choses...

FLAVIGNY.

Et... que comptez-vous faire?

CRIQUEVILLE.

Dame!... conseillez-moi... supposez que j'aime... non! restons dans l'alphabet!... supposez que Z... aime avec idolâtrie la femme que X... veut épouser.

FLAVIGNY.

Vous? ce n'est pas possible!

CRIQUEVILLE.

Ah! permettez!... ceci n'est pas poli pour madame Darbel!... X... est donc mon rival... j'ai une arme contre lui, dois-je m'en servir?

FLAVIGNY, très-agité.

Monsieur, une pareille conduite!

CRIQUEVILLE.

Serait de bonne guerre... entre rivaux, on se permet de ces petits coups de jarnac... voyez toutes les comédies!... D'ailleurs, je compte prévenir X... cette fois, je ne veux pas mordre comme un serpent, mais comme un lion... en face!

FLAVIGNY, à part.

Oh! je ne céderai pas, morbleu! je ne céderai pas!

CRIQUEVILLE.

Votre opinion?

FLAVIGNY.

Soit!... je vais vous la donner sincèrement... brutalement, même!

CRIQUEVILLE

Vous me ferez plaisir...

FLAVIGNY.

Vous vous êtes dit : « M. de Flavigny me refuse une place... que je ne mérite pas... J'ai entre les mains des lettres qui peuvent renverser tous ses rêves de bonheur... Je lui mettrai ces lettres sous la gorge, et je lui demanderai la bourse ou la vie ! »

CRIQUEVILLE, froidement et avec beaucoup de dignité.

Vous êtes dans l'erreur, monsieur... Je ne demande rien à M. de Flavigny... j'ai eu le malheur de l'offenser... je possède une correspondance dangereuse pour lui... je puis m'en servir et je la brûle.

Il allume le paquet de lettres à un flambeau.

FLAVIGNY, étonné et ému.

Comment, monsieur ?... C'est bien, ce que vous avez fait là !

CRIQUEVILLE, ému.

N'est-ce pas ?

FLAVIGNY.

C'est très-bien !

Il court au guéridon et écrit.

SCÈNE VIII.

Les Mêmes, MONTDOUILLARD, Invités, au fond, dans le second salon.

MONTDOUILLARD, apercevant Flavigny qui écrit, et très-inquiet

Que diable fait-il signer à Flavigny ?... Il s'agit de l'emprunt valaque !

FLAVIGNY, remettant un papier à Criqueville.

Monsieur de Criqueville, voici mon adhésion.

MONTDOUILLARD, à part.

Son adhésion?

FLAVIGNY.

Quant à Saint-Putois, j'en réponds!

MONTDOUILLARD, à part.

Saint-Putois aussi? il me chipe tous mes souscripteurs!

FLAVIGNY, à Criqueville.

Nous sommes quittes.

CRIQUEVILLE.

Pas encore!

FLAVIGNY.

Comment?

CRIQUEVILLE.

Votre main?...

FLAVIGNY, lui serrant la main

Ah! de grand cœur!... de grand cœur!

CRIQUEVILLE, à part.

Celui-là... je n'ai plus rien à lui demander, j'en ferai mon ami...

SCÈNE IX.

CRIQUÉVILLE, MONTDOUILLARD.

MONTDOUILLARD, vivement.

Criqueville, je ne suis pas une buse!... jouons cartes sur table! vous montez une compagnie pour me faire concurrence...

ACTE CINQUIÈME.

CRIQUEVILLE, très-étonné.

Moi?... Ah bah!

MONTDOUILLARD.

Le nierez-vous?

CRIQUEVILLE, vivement.

Non?

MONTDOUILLARD.

Chut!

Il remonte s'assurer qu'on ne peut entendre.

CRIQUEVILLE.

C'est juste.

Il imite le jeu de scène de Montdouillard.

MONTDOUILLARD, redescendant.

Criqueville, je viens vous proposer une fusion entre nos deux compagnies.

CRIQUEVILLE.

J'y pensais! fusionnons-nous... tout de suite.

MONTDOUILLARD.

Faites vos conditions.

CRIQUEVILLE.

Montdouillard, il y a de par le monde un imbécile qui veut épouser celle que j'aime...

MONTDOUILLARD.

Oui... vous me conterez ça demain.

CRIQUEVILLE.

Pour supplanter cet animal, j'aurais besoin d'une petite dot très-grassouillette!

MONTDOUILLARD.

Ah! je comprends! Criqueville, en affaires, je suis trèsrond! je me suis réservé cinq mille actions... Je vous en offre deux cents.

CRIQUEVILLE.

Allons donc! vingt mille francs, c'est une dot de cordonnier!

MONTDOUILLARD.

Quatre cents!

CRIQUEVILLE.

De bottier!

MONTDOUILLARD.

Sapristi

CRIQUEVILLE.

J'en veux mille... au pair... expliquons-nous bien.

MONTDOUILLARD.

Jamais!

CRIQUEVILLE.

Alors, je ne me fusionne pas... bonjour!

Il remonte.

MONTDOUILLARD.

Criqueville!

CRIQUEVILLE.

Est-ce convenu?

MONTDOUILLARD, lui tendant la main.

Vous les aurez demain matin... mais nous sommes fusionnés?

CRIQUEVILLE.

Jusqu'à la mort!

RENAUDIER, entrant et aspirant l'air.

J'ai encore perdu la piste!

ACTE CINQUIÈME.

CRIQUEVILLE, à part.

J'ai ma dot!

MONTDOUILLARD, à part.

Quel petit bêta! j'avais l'ordre d'aller jusqu'à deux mille.

SCÈNE X.

CRIQUEVILLE, MONTDOUILLARD, RENAUDIER.

CRIQUEVILLE, allant vivement au général.

Ah! général, j'ai accompli mes travaux d'Hercule... Je suis en mesure, et je vous demande la main de mademoiselle votre fille.

MONTDOUILLARD.

Sacrebleu!... ma femme!...

RENAUDIER, entre eux deux, à Criqueville.

Désolé, mon cher, il est trop tard!...

CRIQUEVILLE.

Trop tard?...

RENAUDIER.

J'ai promis à... (S'interrompant tout à coup et se tournant vers Montdouillard.) Ah! sapristi! ah! sapristi! (Il arrache le mouchoir que Montdouillard tient à la main et le flaire.) C'est bien ça!

MONTDOUILLARD.

Oui, c'est de la bergamotte!

RENAUDIER.

Juste... Ça rime avec botte!

Il se recule et lui lance un coup de pied.

MONTDOUILLARD, poussant un cri.

Aïe !.

SCÈNE XI.

CRIQUEVILLE, MONTDOUILLARD, RENAUDIER, MADAME DARBEL, FLAVIGNY, ARTHUR, puis ANTOINE.

TOUS.

Qu'y a-t-il ?

RENAUDIER, avec colère.

Il y a que je vous fais part du mariage de ma fille avec M. de Criqueville.

CRIQUEVILLE.

Enfin !

TOUS, étonnés.

Comment ?

MONTDOUILLARD.

Mais, monsieur...

RENAUDIER.

Monsieur... j'ai porté la main sur vous, je suis à vos ordres !

MONTDOUILLARD, avec une grande dignité.

Le pied, monsieur !... Si c'était la main, je vous prie de croire que ça ne se passerait pas comme ça !

ANTOINE, arrivant tout effaré près de Criqueville, qu'on est en train de complimenter.

Monsieur !... on a emporté notre maison !

ACTE CINQUIÈME.

CRIQUEVILLE, bas.

Prends un fiacre à l'heure.

ANTOINE.

Et de l'argent?

CRIQUEVILLE.

Nous le garderons jusqu'à demain... A l'ouverture de la bourse... je réalise!

MONTDOUILLARD, à part, regardant Criqueville.

C'est un homme qui va se lancer, il faut que je m'en fasse un ami. (A Criqueville.) Dieu! le joli gilet... ah! le beau gilet.

CRIQUEVILLE, à part, riant.

Ah! ah! je la connais, celle-là! (A Montdouillard.) Merci!... je vous donnerai demain un billet d'Hippodrome!... (A Flavigny.) Petite monnaie!

MONTDOUILLARD.

Un billet d'Hippodrome!...

CRIQUEVILLE, à Flavigny.

Eh bien: mon cher, vous aviez raison, dans ce monde, il n'y a qu'un moyen d'arriver... c'est de se faire craindre!

FLAVIGNY.

J'en connais un meilleur.

CRIQUEVILLE.

Que faut-il donc?

FLAVIGNY.

Un peu de cœur, et beaucoup de travail.

CRIQUEVILLE, à part.

Décidément, j'en ferai mon ami.

CHOEUR.

AIR de Mangeant.

Oui, si, dans ce monde,
L'on veut réussir,
Il faut, à la ronde,
Flatter à plaisir !

CRIQUEVILLE, au public.

AIR de Mangeant.

Maître public, dans ses stalles perché,
Tenait en ses mains un suffrage ;
Maître l'acteur, par la gloire alléché,
Lui tint à peu près ce langage :
Eh ! bonsoir, public gracieux !
De ce suffrage précieux
Faites trois parts : chacun la sienne ;
Donnez une part aux acteurs,
Une très-petite aux auteurs,
Et la meilleure à Lafontaine,
Et la plus belle à Lafontaine.

CHOEUR. — REPRISE.

Oui, si dans ce monde,
Etc.

FIN DE LA CHASSE AUX CORBEAUX.

UN MONSIEUR
QUI A BRULÉ UNE DAME

COMÉDIE-VAUDEVILLE EN UN ACTE

Représentée pour la première fois, à Paris, sur le théâtre du Palais-Royal, le 29 novembre 1858.

COLLABORATEUR : ANICET-BOURGEOIS

PERSONNAGES

	ACTEURS qui ont créé les rôles
MISTRAL.	MM. LOGUET.
LOISEAU.	BRASSEUR.
BOURGILLON.	GRASSOT.
BLANCMINET.	AMANT.
ANTOINE.	LACROIX.
UN POSTILLON.	MASSON.

La scène se passe chez Bourgillon, notaire à Vitry-le-Brûlé (Champagne).

UN MONSIEUR
QUI A BRULÉ UNE DAME

Le théâtre représente un jardin. Grille d'entrée au fond ; à droite, l'étude ; à gauche, un pavillon servant à serrer des instruments de jardinage et à loger Loiseau ; chaises de jardin.

SCÈNE PREMIÈRE.

BLANCMINET, puis **ANTOINE**, puis **BOURGILLON**, puis **LOISEAU**.

Au lever du rideau, Blancminet sonne à la grille du fond, personne ne répond ; il ouvre la porte avec effort.

BLANCMINET, entrant.

Ah çà ! il n'y a donc personne ?... voyons si à l'étude... (Il frappe à la porte sur laquelle on lit : ÉTUDE.) Fermée !... eh bien, il se donne du bon temps maître Bourgillon... le notaire de Vitry-le-Brûlé ! (Appelant en frappant sur une table.) A la boutique ! à la boutique !

ANTOINE, paraissant au rez-de-chaussée de droite, la figure barbouillée de savon.

Quoi qu'y a ?... Tiens ! c'est M. Blancminet, l'horloger !

BLANCMINET.

Pharmacien!... je suis pharmacien!

ANTOINE.

Oui, mais vous raccommodez aussi les montres!...

BLANCMINET.

Que veux-tu! ils se portent comme des bœufs dans ce pays-ci!... alors, voyant que la pharmacie languissait... j'ai joint une seconde corde à mon arc... la corde de l'horlogerie!

ANTOINE.

Un fameux métier!

BLANCMINET.

Pas mauvais! malheureusement, il n'y a que cinq montres dans tout le village... mais je m'arrange pour qu'il y en ait toujours trois en réparation...

ANTOINE.

Ah! vous êtes un malin, vous!... aussi vous avez du foin dans vos bottes!

BLANCMINET.

J'ai de quoi vivre... Ah çà! tout le monde est donc sorti aujourd'hui?

ANTOINE.

Non, monsieur... je vas vous dire... c'est dimanche!.. alors l'étude se fait la barbe...

BLANCMINET.

Mais tu n'es pas de l'étude, toi, tu es jardinier?

ANTOINE.

Je suis jardinier... et second clerc!... je plante les choux et je porte les dossiers... j'ai aussi ajouté une corde!...

SCÈNE PREMIÈRE.

BLANCMINET.

J'aurais bien voulu parler à ton patron.

ANTOINE.

Il est là... dans sa chambre... Appelez-le !... moi, je vas m'achever ma barbe.

Il rentre.

BLANCMINET, appelant.

Ohé ! Bourgillon !... Bourgillon !

BOURGILLON, paraissant à la fenêtre de droite, la figure barbouillée de savon.

Quoi ?... qu'est-ce que c'est ?

BLANCMINET.

Descendez !... j'ai du nouveau... je viens d'en apprendre des belles sur le receveur !

BOURGILLON.

Le receveur ?... attendez-moi une minute !

BLANCMINET.

Tiens ! vous vous faites la barbe ?

BOURGILLON.

Oui... c'est dimanche... Appelez Loiseau, mon premier clerc, il vous tiendra compagnie.

Il disparaît.

BLANCMINET, seul.

Loiseau ! c'est un jeune homme de Paris... qui a un lorgnon... ça m'intimide ! on dit qu'il va traiter de l'étude... Notaire à Vitry-le-Brûlé !... une commune de cent quarante-huit habitants ! c'est un beau parti ! j'ai prié Bourgillon de le sonder pour ma fille... mais je n'ose espérer..... il est si dédaigneux avec son lorgnon ! si je pouvais le tâter adroitement... (Appelant à la fenêtre de gauche.) Monsieur Loiseau... (Parlé.) C'est drôle, je suis ému... l'idée qu'il va paraître! (Appelant.) Monsieur Loiseau...

LOISEAU, paraissant à la fenêtre de gauche, la figure barbouillée de savon.

Qui est-ce qui m'appelle?

BLANCMINET.

C'est moi... (Très-haut.) Bonjour... bonjour, monsieur Loiseau!

LOISEAU.

Que le diable vous emporte!... vous avez failli me faire couper! Qu'est-ce que vous voulez?...

BLANCMINET.

Rien...

LOISEAU.

Alors adressez-vous au second clerc... il est là-bas qui ratisse...

BLANCMINET.

J'étais venu simplement pour avoir l'honneur de vous souhaiter le bonjour...

LOISEAU.

Et c'est pour ça que vous me dérangez?... un dimanche de barbe!... Bonjour! bonjour!

Il disparaît.

BLANCMINET, seul.

Qu'il est imposant et dédaigneux!

SCÈNE II.

BLANCMINET, BOURGILLON.

BOURGILLON, entrant très-endimanché

Me voilà, père Blancminet... vous me disiez que le receveur?...

BLANCMINET.

Il y a longtemps que je vous le dis, c'est notre ennemi! j'en ai la preuve!

BOURGILLON.

Qu'est-ce qu'il a encore fait, cet intrigant-là?

BLANCMINET.

Hier... je suis certain de ce que j'avance... il a donné un grand dîner!

BOURGILLON.

Bigre!

BLANCMINET.

Et je n'en étais pas!

BOURGILLON.

Ni moi non plus.

BLANCMINET.

Il avait invité toute sa coterie... Basin le coiffeur...

BOURGILLON.

Qui est dentiste en même temps!...

BLANCMINET.

Encore un qui a ajouté une corde!

BOURGILLON.

Êtes-vous bien sûr de ce que vous dites?

BLANCMINET.

On a mangé des huitres!... j'ai vu les coquilles à la porte! voici l'échantillon!

Il montre une coquille d'huître.

BOURGILLON.

Mâtin!... étaler ses coquilles d'huître!...

BLANCMINET.

Pour nous narguer!... il nous dit : « **Je mange des huîtres, vous n'en mangez pas!** »

BOURGILLON.

C'est une déclaration de guerre!

BLANCMINET.

Et, le soir, on a été en procession prendre le café chez Rasin...

BOURGILLON.

Un petit drôle!

BLANCMINET.

Un polisson... Eh bien, qu'est-ce que vous dites de tout cela?

BOURGILLON.

Père Blancminet, il faut nous venger!... on nous attaque, nous allons tirer le canon!... il me vient une idée des plus énergiques...

BLANCMINET.

Parlez!

BOURGILLON.

Suivez-moi bien... vous allez donner un grand dîner aujourd'hui même...

BLANCMINET.

Moi?.. pourquoi pas vous?

SCÈNE DEUXIÈME.

BOURGILLON.

Impossible!... j'ai mal à l'estomac... et puis ma femme est absente... vous inviterez l'huissier... vous m'inviterez moi, le notaire!... et puis Loiseau.

BLANCMINET.

Avec son lorgnon?...

BOURGILLON.

Enfin tout le barreau de Vitry-le-Brûlé!

BLANCMINET.

Ce sera magnifique!

BOURGILLON.

Et au dessert... nous mangerons des huîtres, nom d'un petit bonhomme!

BLANCMINET.

Mazette!... c'est bien hardi

BOURGILLON.

Et nous éparpillerons les coquilles!... nous en ferons un trottoir devant votre porte!... et le receveur sera obligé de marcher dessus tous les soirs en allant faire son whist!

BLANCMINET, effrayé.

Diable! diable! diable!... nous allons nous faire bien des ennemis!

BOURGILLON.

Vous reculez?

BLANCMINET.

Non!... mais, si vous n'aviez pas eu mal à l'estomac.. j'aurais préféré que ce fût vous... Enfin!... on se mettra à table à trois heures précises...

BOURGILLON.

J'y serai à deux...

BLANCMINET.

Ah! tenez, voilà votre montre... c'est quarante sous... c'était la chaîne qui accrochait...

BOURGILLON.

Encore! mais la semaine dernière...

BLANCMINET.

La semaine dernière, c'était la roue... nous avons la chaîne et la roue...

BOURGILLON, à part.

Il est un peu apothicaire, l'horloger!

BLANCMINET.

Ah çà! causons de notre grande affaire... Avez-vous parlé à M. Loiseau pour ma fille?

BOURGILLON.

Oui... je ne comprends rien à ce garçon-là!... Au premier mot, il m'a pris la main, avec son lorgnon, et m'a dit : « N'insistez pas de grâce... il m'est impossible de me marier! »

BLANCMINET.

Impossible!... est-ce qu'il serait malade?

BOURGILLON.

Je pense qu'il a un mauvais estomac... quand il est avec moi, il bâille toujours...

BLANCMINET.

Avec moi aussi.

BOURGILLON.

Avec ma femme, c'est un autre genre... il lui lance des regards... et ne lui parle que de légumes... de haricots verts, de petits pois... je crois qu'il ne peut pas la souffrir!

SCÈNE DEUXIÈME.

BLANCMINET.

C'est probable.

BOURGILLON.

D'abord, s'il ne se marie pas... mon étude lui passera devant le nez... il n'est pas assez riche...

BLANCMINET.

Et, s'il n'a pas l'étude, il n'aura pas ma fille!

BOURGILLON.

Ne dites rien!... j'attends un autre clerc de Paris depuis quinze jours pour traiter.

BLANCMINET.

Ah bah!... alors je le prends pour gendre!

BOURGILLON.

Attendez donc!... vous ne le connaissez pas!

BLANCMINET.

Ça m'est égal, s'il achète l'étude, je le prends pour gendre... car, voyez-vous, mon rêve depuis vingt ans, c'est de marier ma fille au notaire de Vitry-le-Brûlé, quel qu'il soit!... j'ai juré de ne pas mourir sans être le beau-père de cette étude!...

BOURGILLON.

Ambitieux!

BLANCMINET.

Vous n'êtes pas jeune... eh bien, si vous deveniez veuf, je vous prendrais!

BOURGILLON.

Oh! merci! si je devenais veuf... je ne me remarierais pas...

BLANCMINET.

Oh! je sais pourquoi! vous avez toujours aimé à courtiser les petites mères!

BOURGILLON.

J'avoue que je suis amateur... les femmes me sont sympathiques!...

BLANCMINET.

Et ce n'est pas pour des prunes qu'on vous appelle le beau Bourgillon!

BOURGILLON, avec modestie.

Le fait est qu'à Vitry-le-Brûlé on a des bontés pour moi!

BLANCMINET.

Ah çà! si votre jeune homme arrivait, vous me feriez prévenir... je viendrais l'inviter à dîner... il verrait ma fille, qui revient aujourd'hui de chez sa tante...

BOURGILLON.

Soyez tranquille!

BLANCMINET.

A tantôt!... on dînera à trois heures très-précises (A part.) C'est égal, les huitres... c'est bien hardi!

SCÈNE III.

BOURGILLON, LOISEAU

LOISEAU entre par la gauche, très-endimanché; il tient une canne dans une main et un parapluie dans l'autre.

Quel temps fait-il?... patron, faut-il prendre une canne ou un parapluie?

SCÈNE TROISIÈME.

BOURGILLON.

Où allez-vous donc?

LOISEAU.

Je vais me promener sur la grande place... c'est dimanche...

BOURGILLON.

Pour quoi faire?...

LOISEAU.

Dame! je ne sais pas... tous les dimanches... on se promène sur la grande place... on règle sa montre!

BOURGILLON, à part.

C'est drôle, s'il n'était pas de Paris, je le croirais bête... mais il est de Paris! (Haut.) Vous savez que nous sommes invités à dîner chez Blancminet. (Bas.) Il y aura des huîtres!

LOISEAU.

Des huîtres?... Cristi!... est-ce que c'est sa fête?

BOURGILLON.

Non, c'est pour vexer le receveur... qui s'est permi d'en manger hier.

LOISEAU, stupéfait.

Le receveur en a mangé hier?

BOURGILLON.

Il a invité Basin, le perruquier...

LOISEAU.

Ah! oui!... le... qui a un si beau salon de coiffure... à l'instar de Paris...

BOURGILLON.

Et toute la coterie...

LOISEAU, ravi.

Ah!

BOURGILLON.

Et aujourd'hui Blancminet lui riposte?

LOISEAU.

Eh bien, Blancminet est un homme de cœur!...

BOURGILLON.

Voyons, Loiseau... pourquoi ne voulez-vous pas épouser sa fille? (Loiseau bâille. —A part.) Encore son estomac!... (Haut.) La petite est gentille... elle a trente-cinq mille francs de dot qui serviraient à payer une partie de votre charge... je vous donnerais du temps pour le reste. (Loiseau bâille. — A part.) Quel fichu estomac! (Haut.) Voyons, répondez.

LOISEAU, mettant son pince-nez.

Monsieur Bourgillon... le mariage est un contrat synallagmatique...

BOURGILLON, à part.

Il me récite le Code!

LOISEAU.

Qui, pour être parfait, demande le consentement des deux parties.

BOURGILLON.

Article 146...

LOISEAU, continuant.

Les époux doivent être libres... français... e de sexe différent...

BOURGILLON

Eh bien?

SCÈNE TROISIEME.

LOISEAU.

Eh bien ? je suis lié par des serments antérieurs et supérieurs...

BOURGILLON.

Vous etes marié ?

LOISEAU.

Non !

BOURGILLON.

Alors ?...

LOISEAU.

De grâce, n'insistez pas... ce serait me désobliger.

Il ôte son lorgnon.

BOURGILLON, à part.

Mais qu'est-ce qu'il a ?

LOISEAU.

Quand revient madame Bourgillon ?

BOURGILLON.

Olympe ?... elle est chez sa marraine... je l'attends d'un jour à l'autre... Tiens ! ça me fait penser que j'ai reçu une lettre d'elle il y a trois jours !... je ne l'ai pas encore décachetée !...

LOISEAU, indigné.

Oh !

BOURGILLON.

Quoi ?

LOISEAU.

Rien !

BOURGILLON, tirant une lettre de sa poche.

La voici !... voyons ce qu'elle me chante.

LOISEAU, à part.

« Me chante ! » butor !

BOURGILLON, parcourant la lettre.

« Mon cher ami, je pense toujours à toi... ton image me suit sans cesse. » (Parlé en tournant la page.) Tra la la! (Lisant.) « Ah ! que l'absence est longue !... » (Tournant la page.) Tra la la!

LOISEAU, à part.

Tra la la! une si belle blonde !...

BOURGILLON, lisant.

« *Post-Scriptum.* — Tu diras à M. Loiseau que les potirons sont mûrs. »

LOISEAU.

O bonheur!

BOURGILLON.

Quoi ?... pourquoi dites-vous : « O bonheur ! »

LOISEAU, embarrassé.

Parce que... parce que les potirons sont mûrs, et, comme je les aime... (A part.) Une phrase convenue qui veut dire : Je vous aime toujours, ô Loiseau ! (Haut, à Bourgillon.) Quand vous répondrez à madame, voudrez-vous avoir l'obligeance de lui dire de ma part que les épinards montent à graine.

BOURGILLON.

Pourquoi ça?

LOISEAU.

Ça lui fera plaisir!

BOURGILLON, à part.

Sont-ils bêtes avec leurs légumes!

LOISEAU, à part.

Réponse ingénieuse pour lui dire que mon amour n'a plus de bornes!... nous empruntons aux légumes leur innocent langage!

SCÈNE IV.

BOURGILLON, LOISEAU, MISTRAL.

MISTRAL, entrant très-précipitamment.

Au feu!... de l'eau!... de l'eau!...

BOURGILLON.

Ah! mon Dieu!

LOISEAU, perdant la tête.

Le feu! où ça? (Le reconnaissant.) Tiens! c'est Mistral!

BOURGILLON, à part.

Le jeune homme que j'attends!

MISTRAL, à part.

Cet imbécile de Loiseau!...

BOURGILLON.

Eh bien, mais et ce feu?

MISTRAL.

Ne vous inquiétez pas... il brûle... toujours sur la grand' route.

BOURGILLON.

Vous avez incendié la grande route? c'est bien invraisemblable!

LOISEAU.

On brûle bien le pavé.

MISTRAL.

Tel que vous me voyez, messieurs, je viens de mettre le feu à la patache.

LOISEAU.

Ah bah!

BOURGILLON.

Sapristi! on venait de la faire repeindre!

MISTRAL.

J'étais monté près du conducteur pour fumer un cigare... il y avait sur l'impériale des pièces d'artifice pour un imbécile de bourgeois de l'endroit... mon amadou a volé dessus... et pif! paf! pan! fsst!...

LOISEAU.

Un feu d'artifice! oh! que ça devait être joli.

MISTRAL.

Je n'ai eu que le temps de me jeter à bas... On a pu dételer les chevaux, mais la voiture est en cendres!

LOISEAU.

Plus de patache!... à la bonne heure! voilà des nouvelles!

BOURGILLON, se frottant les mains.

Oui, c'est charmant! c'est charmant!

MISTRAL, à Bourgillon.

Comment! ça vous fait rire?

BOURGILLON.

Dame! nous en avons si peu l'occasion.

MISTRAL.

C'est égal... voilà un cigare qui va me coûter cher! j'attends le conducteur... je lui ai demandé l'addition...

SCÈNE QUATRIÈME.

LOISEAU.

Quelle addition ?

MISTRAL.

Puisque j'ai consumé un berlingot, il faut bien que je le paye !

BOURGILLON, à part.

Il est honnête ! (Haut.) Jeune homme, vous restez quelques jours avec nous... vous prendrez connaissance des affaires de l'étude... qui est très-forte... j'occupe deux clercs... (Montrant Loiseau.) Voici le premier..... quant à l'autre, dans ce moment, il plante des ciboules !

MISTRAL.

Comment ?

BOURGILLON.

Oui, il est à deux fins... je vous laisse avec Loiseau.

AIR :

Je vais écrire à mon amour de femme
Que je ne fais que geindre et que jeûner,
Que j'ai du noir... enfin du vague à l'âme,
Puis nous irons gaillardement dîner.

LOISEAU.

Ah ! dites-lui que sa trop longue absence
Attriste tout, même le potager ;
Puis ajoutez que le concombre avance :
A revenir, ça pourra l'engager.

BOURGILLON.

Qu'ils sont bêtes avec leurs légumes !...

ENSEMBLE

BOURGILLON.

Je vais écrire, etc.

MISTRAL.

Ce mari-là se passe de sa femme
Et sans, je crois, ni geindre ni jeûner;
C'est un farceur; honni soit qui le blâme,
Entre garçons, j'aime fort à dîner.

LOISEAU.

Homme sans cœur, il rit loin de sa femme.
Moi, je voudrais, hélas! toujours jeûner,
Mais, pour cacher le secret de mon âme,
Il me faudra, comme eux, très-bien dîner.

Bourgillon sort par la droite

SCENE V.

LOISEAU, MISTRAL.

LOISEAU.

Ce cher Mistral!... tu vas donc devenir mon patron.

MISTRAL.

Oh! ce n'est pas encore fait...

LOISEAU.

Voilà quinze jours que le Bourgillon t'attend... tu as flâné...

MISTRAL.

Ne m'en parle pas! j'ai fait en route la rencontre d'une blonde charmante... ça m'a retardé.

LOISEAU, avec passion.

Oh! les blondes!

MISTRAL.

Plaît-il?

SCÈNE CINQUIÈME.

LOISEAU.

Rien... continue...

MISTRAL.

C'est une veuve... elle n'a jamais voulu me dire son nom... mais, en me quittant, elle m'a donné une bague de ses cheveux... Aimes-tu les blondes, toi?

LOISEAU, avec passion.

Oh! les blondes!

MISTRAL.

Eh bien, « Oh! les blondes!... » après?

LOISEAU.

Ah! mon ami, si tu savais!... Les épinards montent à graine.

MISTRAL.

Hein?

LOISEAU.

Ah! non! tu ne comprends pas... oh! ma foi! tant pis... il y a trop longtemps que je renferme mon secret dans le double fond de mon cœur... Ce secret si doux et si cher, je ne pouvais le confier qu'au nuage qui passe, qu'à la feuille que le vent emporte; mon pauvre cœur va pouvoir enfin s'épancher, ouvre-moi le tien, Mistral, ouvre-le à deux battants, car ce secret, c'est toute ma vie...Mon ami, je suis un scélérat... j'ai abusé de la confiance de cet honnête Bourgillon, je lui ai dérobé ce qu'il avait de plus précieux.

MISTRAL.

Hein... tu as forcé sa caisse?

LOISEAU, indigné.

Oh!... non...

MISTRAL.

Qu'est-ce que tu lui as pris?

LOISEAU.

L'amour de son Olympe, oui, j'ai eu l'indélicatesse d'alumer une passion tropicale dans le cœur de ma patronne...

MISTRAL.

Comment! madame Bourgillon?

LOISEAU.

Chut!... J'ai juré de lui consacrer tous les jours qui me restent... de ne jamais me marier, pour être à jamais son premier clerc! voilà pourquoi je ne veux pas épouser mademoiselle Blancminet!

MISTRAL.

Qu'est-ce que c'est que ça, Blancminet?

LOISEAU.

Un horloger qui vend des sangsues!... Ah! je suis crânement pincé, va!

MISTRAL.

Au moins es-tu récompensé de ta fidélité?

LOISEAU.

Oh! non, c'est une chaste femme!... je ne possède encore que son cœur...

MISTRAL.

Aïe!... Alors tu poses!

LOISEAU.

Du tout!... avant de partir, elle m'a donné une bague de ses cheveux!

MISTRAL.

Tiens!

SCÈNE SIXIÈME.

LOISEAU.

Et, ce matin encore, elle m'écrivait : «Les potirons sont mûrs. »

MISTRAL.

Quels potirons?...

LOISEAU.

Ah! non! tu ne comprends pas!

BOURGILLON, entrant.

Antoine!...

LOISEAU, apercevant Bourgillon qui entre.

Chut! le mari!

SCÈNE VI.

LOISEAU, MISTRAL, BOURGILLON, ANTOINE.

BOURGILLON, appelant.

Antoine!... Antoine!

ANTOINE, entrant avec un rateau.

Voilà, patron!

BOURGILLON.

Ote ton tablier! je vais te présenter. (A Mistral.) Je vous présente mon second clerc...

MISTRAL.

C'est un fort joli cavalier...

BOURGILLON, à Antoine.

Remets ton tablier... et va me porter cette lettre à la poste... c'est pour ma femme.

LOISEAU.

Avez-vous pensé à lui dire...?

BOURGILLON.

Que la chicorée monte à graine?...

LOISEAU.

La chicorée?... Les épinards! pas la chicorée!

BOURGILLON.

Ah! qu'est-ce que ça fait?

LOISEAU, à part.

Sacrebleu! la chicorée, c'est la tiédeur!

BOURGILLON, bas à Loiseau.

Faites-moi le plaisir de courir chez Blancminet... et de lui dire que le jeune homme est arrivé. (A Antoine.) Et toi, cours à la poste!

LOISEAU, à part.

Sapristi! elle va me trouver tiède. C'est très-ennuyeux.

SCÈNE VII.

MISTRAL, BOURGILLON.

BOURGILLON.

Maintenant que nous voilà seuls... causons un peu de votre affaire.

MISTRAL.

De l'étude? Volontiers...

BOURGILLON.

Je suis rond; pour vous, ça vaut cinquante mille francs.

SCÈNE SEPTIÈME.

MISTRAL.

Diable!

BOURGILLON.

Vous dites?

MISTRAL.

C'est raide!

BOURGILLON.

J'occupe deux clercs!

MISTRAL.

Oui... mais il y en a un qui plante des ciboules.

BOURGILLON.

Le dimanche seulement... Vous vous plairez beaucoup ici... les promenades sont délicieuses... et le sexe donc! elles ont toutes le nez retroussé... ce qui est un signe.

MISTRAL.

Diable!... vous êtes un gaillard, vous!

BOURGILLON.

Je ne m'en cache pas!... les femmes me sont sympathiques... c'est même pour cela que je vends mon étude... parce qu'un notaire qui délire... ça fait jaser... mais, une ois retiré... je serai libre!

MISTRAL.

Ah çà! et madame Bourgillon?

BOURGILLON.

Elle est chez sa marraine.

MISTRAL.

Oui, mais elle reviendra... et si elle apprenait...

BOURGILLON.

Elle? allons donc! elle n'y voit que du feu... je l'entretiens dans une douce erreur... je lui dis des mots d'amour... des bêtises... nous nous faisons de petits cadeaux... Avant de partir, elle m'a donné une bague de ses cheveux. (La montrant.) La voilà !

MISTRAL, à part.

C'est drôle ! elle ressemble à la mienne.

BOURGILLON.

De mon côté, je lui ménage une surprise...(Tirant un petit cadre de sa poche.) Je lui ai fait encadrer ce daguerréotype... c'est un tableau de famille... me voici sur le devant avec ma femme, Loiseau dans le fond...

MISTRAL.

Ah ! Loiseau en est ?

BOURGILLON.

Pour faire la perspective.

MISTRAL.

La femme, le mari, et... le premier clerc !... c'est complet !

BOURGILLON, lui mettant le cadre sous les yeux.

C'est gentil, n'est-ce pas ?...

MISTRAL, regardant.

Ah ! fichtre !

BOURGILLON.

Quoi donc ?

MISTRAL.

Cette dame ?

BOURGILLON.

C'est madame Bourgillon !

MISTRAL, à part.

Ma veuve ! la belle blonde !

BOURGILLON.

C'est une femme très-sévère... je vous présenterai à elle!

MISTRAL, s'oubliant.

Ah! ce pauvre Loiseau!

BOURGILLON.

Quoi?... ce pauvre Loiseau!

MISTRAL.

Rien! (A part et tout à coup.) Eh bien, et le mari donc!

SCÈNE VIII.

MISTRAL, BOURGILLON, BLANCMINET

BLANCMINET, entrant vivement, à part.

Loiseau vient de me dire qu'il était arrivé!... (Apercevant Mistral.) Le voici!

BOURGILLON, à Mistral.

M. Blancminet, un voisin...

MISTRAL, mettant son pince-nez et saluant.

Monsieur... enchanté!

BLANCMINET, à part.

Sapristi! il a aussi un lorgnon!... ça m'intimide.

BOURGILLON.

Monsieur possède une fille charmante à marier...

MISTRAL.

Ah!

BLANCMINET, très-ému, à Mistral.

Et même je ne vous cacherai pas que mon ambition... (A part.) Diable de lorgnon! (Haut.) serait de lui faire épouser un notaire.

BOURGILLON.

Le notaire de Vitry-le-Brûlé?

BLANCMINET.

Si c'était possible?...

MISTRAL, à part.

Ah çà! est-ce qu'il va m'offrir sa fille?

Il ôte son pince-nez.

BLANCMINET, à part.

Ah! il l'a ôté! (Haut, prenant courage.) Monsieur, je n'ai qu'un enfant... je lui donne trente-cinq mille francs... et, si par hasard vous étiez dans l'intention de traiter... on pourrait faire les deux affaires ensemble.

MISTRAL, à part, gaiement.

Décidément, on me demande en mariage. (Haut.) Monsieur...

Il veut remettre son pince-nez.

BLANCMINET.

- Non!... ne le remettez pas!

MISTRAL.

Pourquoi ça? (Reprenant.) Monsieur, votre demande m'honore... mais, n'ayant jamais eu la bonne fortune de rencontrer mademoiselle votre fille... je demande à la voir un peu.

BLANCMINET.

Oh! c'est tout mon portrait!

MISTRAL

Merci! ça suffit!

SCÈNE HUITIÈME.

BOURGILLON.

Son portrait... allons donc!

BLANCMINET.

Au reste, vous la verrez... si vous voulez nous faire le plaisir de dîner avec nous... (A Bourgillon.) J'ai fait acheter des écailles d'huître...

BOURGILLON.

Comment, des écailles?

BLANCMINET.

Oui, c'est une idée qui m'est venue... nous les jetons à la porte... et, pour le receveur, ça fera le même effet!

BOURGILLON, à part.

Vieux rat!

BLANCMINET.

Nous nous mettons à table à trois heures précises...

MISTRAL, tirant sa montre.

Il en est deux!

BLANCMINET.

Tiens, vous avez une montre! (A part.) Ça fera six! (Haut.) Va-t-elle bien?

MISTRAL.

Elle ne se dérange jamais!

BLANCMINET.

Soyez tranquille! nous dérangerons... (Se reprenant.) nous arrangerons ça! Venez, Bourgillon, nous avons à causer du contrat.

MISTRAL.

Mais permettez.

BLANCMINET.

Si, si!... j'aime à mener les affaires rondement.

<small>Blancminet et Bourgillon entrent à droite.</small>

SCÈNE IX.

MISTRAL, puis UN POSTILLON.

<small>MISTRAL, seul.</small>

Ah çà! mais il me confisque!... c'est une souricière que ce beau-père-là!

<small>LE POSTILLON, entrant par le fond.</small>

Monsieur?

<small>MISTRAL.</small>

Ah! c'est le conducteur de la patache!... Tu m'apportes l'addition?

<small>LE POSTILLON, lui remettant un papier.</small>

Voilà, monsieur.

<small>MISTRAL, lisant.</small>

« Pour une patache repeinte à neuf six cent vingt francs. » (Parlé.) C'est salé! mais ça n'arrive pas tous les jours! nous disons six cent vingt francs?

<small>LE POSTILLON</small>

Ce n'est pas tout, monsieur.

<small>MISTRAL.</small>

Quoi?

<small>LE POSTILLON.</small>

Lisez...

SCÈNE NEUVIÈME

MISTRAL, lisant.

« Plus, pour une dame brûlée... » (S'interrompant.) Comment une dame ?

LE POSTILLON.

Qui était dans l'intérieur.

MISTRAL.

Qu'est-ce que tu me chantes ?

LE POSTILLON.

Je ne chante pas !.. elle est portée sur la feuille... il paraît qu'elle était montée à Reims... et au relais mon camarade m'a recommandé d'en avoir bien soin !...

MISTRAL, avec agitation.

Sapristi ! j'aurais brûlé une dame ! pourquoi ne l'as-tu pas sortie de là ?...

LE POSTILLON.

J'ai songé d'abord à mes chevaux ; les chevaux, ça passe avant tout !

MISTRAL.

Vite ! courons... il est peut-être encore temps !...

LE POSTILLON, froidement.

Ah ! monsieur... c'est inutile... j'ai cherché dans les cendres... et je n'ai retrouvé que son dé. (Le lui donnant.) Le voici !...

MISTRAL.

Un dé ! voilà tout ce qu'il en reste ! (Au postillon.) Mais cours donc, imbécile !... informe-toi de son nom !.. qui elle est ?... d'où elle vient ?... Cent francs pour toi !... va ! va !

Le postillon sort vivement.

SCÈNE X.

MISTRAL, puis BLANCMINET.

MISTRAL, seul.

Nom d'une bobinette!... me voilà bien!... une femme brûlée... Si je filais?...

BLANCMINET.

Ah! je suis bien aise de vous voir...

MISTRAL.

Moi aussi... Vous ne pourriez pas me prêter un cabriolet?

BLANCMINET.

Non... je viens de causer avec Bourgillon pour son étude.

MISTRAL.

Oui... oui... (A part.) Si j'avais seulement un cheval?

BLANCMINET.

Il vous demandera cinquante mille francs... offrez-en quarante mille.

MISTRAL, à part.

Avec une selle.

BLANCMINET.

A tout à l'heure, à dîner!

MISTRAL.

Merci... je n'ai pas faim.

BLANCMINET.

Vous verrez ma fille... elle doit être arrivée aujourd'hui par la patache.

SCÈNE ONZIÈME.

MISTRAL.

Hein?

BLANCMINET.

Avec un melon et un feu d'artifice.

MISTRAL.

Un feu d'artifice!

BLANCMINET.

Je vais faire servir!

Il sort.

SCÈNE XI.

MISTRAL, puis BOURGILLON, puis LOISEAU, puis ANTOINE.

MISTRAL, seul.

C'est elle!... c'est sa fille! ah!

Il tombe en défaillance sur une chaise.

BOURGILLON, entrant, des papiers à la main.

Voici notre petit projet de traité... Eh bien, qu'est-ce qu'il a? il se trouve mal? (Appelant.) Loiseau! Loiseau!

LOISEAU, entrant par le fond.

Quoi, patron?

BOURGILLON.

Vite! du sel! du vinaigre!

LOISEAU.

Vous voulez faire une salade?

BOURGILLON.

Une salade! imbécile! (Montrant Mistral.) Regarde-le donc.

LOISEAU.

Ah! mon Dieu! comme il est pâle... (Lui tapant dans les mains.) C'est l'émotion... une première entrevue...

MISTRAL, revenant à lui.

Non! ce mariage n'est plus possible.

BOURGILLON.

Pourquoi?

MISTRAL.

Pourquoi? Monsieur Bourgillon, je viens de brûler ma future!

LOISEAU.

Hein?

BOURGILLON.

Comment?

MISTRAL.

La malheureuse était dans l'intérieur... le feu d'artifice en haut... consumée!... plus rien!... Il est joli, mon voyage!

BOURGILLON.

Sapristi! quel événement!

ANTOINE, entrant.

Monsieur!...

BOURGILLON

Quoi?...

ANTOINE.

C'est M. Blancminet qui envoie dire que la soupe est servie.

Il sort.

MISTRAL, vivement.

Je n'irai pas!

SCÈNE DOUZIÈME.

BOURGILLON.

Voyons, du courage !... il compte sur vous...

LOISEAU.

Ce serait impoli...

MISTRAL.

Non... je ne peux pas aller manger sa soupe et lui dire au dessert : « Vous savez bien, votre fille ?... Eh bien !... » Non, c'est impossible !

BOURGILLON.

Diable !... alors il faudrait le faire prévenir, ce pauvre Blancminet... lui annoncer l'accident... Loiseau !

LOISEAU.

Ah ! non ! pas moi !... vous, patron !

BOURGILLON.

J'ai mal à l'estomac ! il faut quelqu'un d'adroit pour lui raconter ça doucement... Allez... Loiseau, allez !

MISTRAL.

Allez, Loiseau.

LOISEAU.

Comme c'est agréable !... dire doucement à quelqu'un que sa fille est en cendres ! (Mettant son pince-nez avant de sortir.) Enfin ! j'y vais !... (A part.) En voilà un dimanche !

Loiseau sort par le fond et Antoine rentre à droite.

SCÈNE XII.

MISTRAL, BOURGILLON.

BOURGILLON, à Mistral.

Voyons, du courage !... voulez-vous prendre une cerise ? ça vous remettra...

MISTRAL.

Merci! je n'ai pas le cœur aux cerises!

BOURGILLON.

Certainement... c'est un malheur... mais ce n'est pas votre faute...Ensuite, êtes-vous bien sûr?...car, enfin, une femme ne brûle pas comme ça... totalement!

MISTRAL.

Trop sûr, hélas! (Lui montrant le dé.) Voici ce qu'il en reste!

BOURGILLON, vivement.

Hein?... un dé?... le dé de ma femme! je reconnais son chiffre... O. B., Olympe Bourgillon... C'est ma femme!...

Il tombe en défaillance sur une chaise.

MISTRAL.

Allons, bon!... c'est sa femme à présent!

SCÈNE XIII.

MISTRAL, BOURGILLON, LOISEAU, puis ANTOINE.

LOISEAU, rentrant gaiement.

Bonnes nouvelles! ta future n'est pas brûlée!... je viens de la rencontrer... avec un melon! Elle avait pris le messager...

MISTRAL.

Ce n'est plus elle!... c'est bien plus affreux!

LOISEAU.

Qui donc?

MISTRAL, lui montrant le dé.

Regarde!

SCÈNE TREIZIÈME.

LOISEAU.

La patronne!... il a brûlé la patronne!
Il tombe sur une chaise de l'autre côté.

MISTRAL.

Et de deux!... Au secours!...
Il prend la carafe et les asperge alternativement pour les faire revenir.

BOURGILLON.

Une si bonne femme!... si fidèle!...

LOISEAU.

Qui nous aimait tant!

BOURGILLON.

Je ne m'en consolerai jamais!
Il embrasse sa bague.

LOISEAU, pleurant.

Ni moi!
Il embrasse sa bague.

MISTRAL.

Ni moi!
Il embrasse sa bague.

ANTOINE, entrant.

M. Blancminet renvoie dire que la soupe est servie...

BOURGILLON.

Tu nous ennuies!

MISTRAL.

Animal!

LOISEAU.

Nous ne sommes pas en train de manger!

BOURGILLON.

Oh! non! (Très-attendri.) Je souperai... mais je ne dinerai pas!

Antoine sort.

LOISEAU.

Quant à moi... je ne souperai plus... et je ne dinerai plus!... je sais ce qu'il me reste à faire...

Loiseau entre dans le pavillon à gauche.

SCÈNE XIV.

MISTRAL, BOURGILLON.

BOURGILLON, pleurant.

Heu!... heu!... rester veuf à la fleur de l'âge!

MISTRAL.

Il y a des douleurs qu'il ne faut pas chercher à consoler.

BOURGILLON.

Oh! c'est bien vrai!... et je n'ai pas d'enfants encore! il me faudra rendre la dot! (Pleurant.) Éheu!... éheu!...

MISTRAL, étonné.

Hein?

BOURGILLON, très-ému

Une si bonne femme!... je veux faire recueillir ses cendres... et leur élever un monument!

MISTRAL

Ça me regarde!

BOURGILLON, larmoyant.

Oui... vous payerez le marbre... et moi... je fournirai l'épitaphe... éheu! heu!

MISTRAL, cherchant à le consoler.

Voyons, monsieur Bourgillon!... du courage!.. vous vous rendrez malade!

BOURGILLON, éclatant en sanglots.

C'est plus fort que moi!... je sais bien que, quand je me désolerai... ça n'y changera rien... Aussi... (Se calmant tout à coup et mettant son mouchoir dans sa poche.) voyons!... causons de la petite indemnité, maintenant?

MISTRAL, étonné.

Quelle indemnité?

BOURGILLON.

L'indemnité d'Olympe!... est-ce que vous croyez qu'on a le droit de brûler une femme sans la rembourser à son mari?

MISTRAL.

Comment!... mais il est de ces pertes qu'on ne peut réparer!

BOURGILLON, pleurant.

Oh! si!... on peut!...

MISTRAL.

Oh! non!

BOURGILLON.

Oh! si... vous comprenez que, si je me portais partie civile, j'obtiendrais de jolis dommages-intérêts.

MISTRAL.

Un procès!

BOURGILLON.

Non!... pas de procès! respectons son ombre! il vaut toujours mieux s'entendre à l'amiable... Ce n'est pas parce que Olympe était ma femme, monsieur... mais elle valait son pesant d'or!...

MISTRAL, à part.

Diable! ce sera cher!

BOURGILLON.

Elle était belle, spirituelle, gracieuse, élancée.

MISTRAL.

Élancée!... c'est-à-dire...

BOURGILLON.

Qu'en savez-vous?

MISTRAL.

Mais... j'ai vu son daguerréotype!

BOURGILLON, vivement.

Il n'est pas ressemblant!... le daguerréotype grossit!... et puis je l'aimais!... oh! oui!... je l'aimais!...

MISTRAL.

Vous l'aimiez!... ça ne vous empêchait pas de lui faire des traits!

BOURGILLON.

Moi!... la tromper!... un ange!... Vous parlerai-je de sa vertu?

MISTRAL, viveme

Oh!

BOURGILLON.

Quoi?

MISTRAL.

Rien!

BOURGILLON.

Une femme qui ne s'occupait que de son mari... et de son potager!... demandez à Loiseau?... ils ne parlaient que de légumes.

SCÈNE QUATORZIÈME.

MISTRAL.

Oh! Loiseau!

BOURGILLON.

Quoi?

MISTRAL.

Rien! (A part.) Sapristi!

BOURGILLON, sanglotant tout à coup.

Et vous croyez qu'un trésor pareil peut se payer?

MISTRAL, vivement.

Non!... je ne le crois pas!

BOURGILLON.

Voyons!... qu'est-ce que vous proposez?

MISTRAL.

Mais dame!... (A part.) Voilà une situation! (Haut.) Pensez-vous que dix mille francs...?

BOURGILLON, sanglotant.

Éheu! heu! allez toujours!

MISTRAL, à part.

Fichtre! (Haut.) Voyons... vingt mille!...

BOURGILLON, sanglotant plus fort.

Éheu! heu!... allez toujours!

MISTRAL.

Ah! mais non!... je n'irai plus!... en voilà assez!

BOURGILLON.

Alors rendez-moi ma femme chérie... ma moumoute!

MISTRAL.

Ce n'est pas ma faute aussi!... pourquoi n'a-t-elle pas appelé, crié?... que diable!... quand on brûle, on crie!

BOURGILLON.

Je suis sûr que le feu aura pris à ses jupes... et elle n'aura pas osé se montrer en cet état-là!... quelle vertu!... Vous avez la petitesse de m'offrir vingt mille francs pour un pareil trésor... mais il ne serait pas payé trente mille.

MISTRAL.

Sapristi! c'est tout ce que je possède... je ne pourrai pas vous acheter votre étude!

BOURGILLON.

Ah! ça m'est égal... je la vendrai à un autre...

MISTRAL.

Trop bon!

BOURGILLON.

Avez-vous les fonds?

MISTRAL.

Oui...

BOURGILLON.

Je vais rédiger la petite quittance...

MISTRAL, résistant.

Permettez...

BOURGILLON, lui prenant les mains.

Ah! vous êtes un honnête jeune homme!... je vous donne! (Il sort en poussant un petit gémissement.) Hai!

SCÈNE XV.

MISTRAL, LOISEAU.

MISTRAL, seul.

Trente mille francs, sans compter la patache!... décidément je ne fumerai plus... les cigares sont trop chers!

LOISEAU entre, un réchaud de charbon sous le bras et une bougie allumée à la main, il est en grand deuil et très-sombre, à part.

Impossible d'exécuter mon projet par là... il y manque des carreaux... (S'attendrissant.) Madame Bourgillon m'avait promis de faire venir le vitrier!... et maintenant la pauvre femme!... (Il pleure.) Ah! ah!...

MISTRAL, se retournant.

Loiseau!... (Montrant la bougie allumée.) Tu vas à la cave?

LOISEAU, très-sombre.

Oui... à la grande cave!

MISTRAL.

Ah! mon Dieu! ce réchaud!

LOISEAU.

Quand reviendra la pâle aurore... Loiseau sera remonté vers les cieux!

MISTRAL.

Ah! bon! voilà autre chose!

LOISEAU.

C'est plus fort que moi, vois-tu!... je ne peux pas lui survivre, à cette femme!... si tu avais connu toutes ses qualités...

MISTRAL.

Elle en avait trente mille!...

LOISEAU, avec force.

Elle en avait cent mille!...

MISTRAL, lui mettant vivement la main sur la bouche.

Tais-toi donc!... si on t'entendait!... (A part.) Il n'est pas chargé de les payer, lui!

LOISEAU

Une femme qui, hier encore, m'écrivait: « Les potirons sont mûrs! »

MISTRAL.

Eh bien?

LOISEAU.

Et qui me donnait des bagues de ses cheveux!

MISTRAL.

Oh! si ce n'est que ça!

LOISEAU, lui montrant sa main.

La voici!

MISTRAL, même jeu.

La voilà!... les deux font la paire!

LOISEAU.

Hein?... la même nuance!... que signifie?

MISTRAL.

Cela signifie que madame Bourgillon et la veuve que j'ai rencontrée ne font qu'une seule et même blonde!... grand imbécile!

LOISEAU.

Sapristi!...

Il souffle le bougeoir de toutes ses forces.

MISTRAL.

A la bonne heure!

LOISEAU.

La coquette! la perfide! deux bagues!

MISTRAL.

Qu'est-ce que tu veux! il y a des femmes qui ont trop de cheveux!

SCÈNE XVI.

LOISEAU, MISTRAL, BOURGILLON, puis ANTOINE.

BOURGILLON, entrant, à Mistral.

Mon ami... voici la petite quittance...

MISTRAL.

Saprédié!... en y réfléchissant... c'est bien cher!

BOURGILLON.

Bien cher!... il marchande!... (Sanglotant.) Éheu! heu!

ANTOINE, accourant.

Monsieur!...

TOUS.

Qu'est-ce qu'il y a?...

ANTOINE.

C'est une lettre de madame...

BOURGILLON.

Ma femme! (Regardant le timbre.) Datée d'aujourd'hui...

LOISEAU.

Comment?

MISTRAL.

Elle n'est donc pas brûlée!...

BOURGILLON, très-froidement.

Ah! je suis bien heureux... bien heureux!... mon Dieu! que je suis heureux! (Lisant.) « Mon cher ami, je ne reviendrai que dans huit jours... fais-moi le plaisir de réclamer mon dé d'or, que je crois avoir laissé tomber dans la patache... en la quittant à Reims. »

MISTRAL, avec joie.

Ah!

BOURGILLON.

« *Post-Scriptum.* Surtout, n'oublie pas de dire à Loiseau que les potirons sont très-mûrs... »

LOISEAU.

Ça m'est bien égal! (A Bourgillon, avec dignité.) Veuillez lui dire qu'il a gelé blanc sur les épinards!

BOURGILLON.

Mon Dieu! qu'ils sont bêtes avec leurs légumes

MISTRAL.

Mais cette dame que j'ai brûlée?... car enfin j'en ai brûlé une, à qui est-elle?

ANTOINE.

Elle est à Basin... le perruquier

MISTRAL.

Ah! le pauvre homme!

ANTOINE.

Il m'a chargé de vous remettre sa note.

Il donne un papier.

SCÈNE DIX-SEPTIÈME.

MISTRAL, à Bourgillon.

Voyons! s'il est plus raisonnable que vous. (Lisant. « Pour une femme brûlée, soixante francs. »

LOISEAU et BOURGILLON.

Soixante francs!...

MISTRAL.

A la bonne heure!... il est modéré!... il y a du plaisir à faire des affaires avec cet homme-là!

ANTOINE.

Il ne veut pas gagner sur vous... il dit que c'est le prix de facture?

MISTRAL.

Comment, le prix de facture?

ANTOINE.

Mais oui! c'est une femme en cire.

BOURGILLON.

Ah! j'y suis!... une vertu décolletée... pour son salon de coiffure, et tournant sur pivot... comme ça.

MISTRAL, avec joie.

Ah! sapristi!... je l'échappe belle!

SCÈNE XVII.

LES MÊMES, BLANCMINET.

BLANCMINET, entrant furieux.

Ah çà! venez-vous dîner oui ou non?

BOURGILLON.

Est ce que nous sommes en retard ?

BLANCMINET.

Je vous avais dit à trois heures précises... et il en est sept!... la soupe est froide et le melon est chaud !

LOISEAU.

Allons !

BOURGILLON.

Un instant !... avant de partir, signons l'acte de vente pour l'étude !

MISTRAL.

Au fait !... j'aime mieux signer ce papier-là que l'autre !... Donnez-moi la plume.

BOURGILLON, apercevant la bague de Mistral.

Tiens ! vous avez une bague qui ressemble à la mienne

MISTRAL, à part.

Bigre !... (Haut, tout en signant.) Oui... ce sont des cheveux de ma tante !... qui est blonde !

BOURGILLON, tendant la plume à Loiseau.

Signez, Loiseau... comme témoin.

LOISEAU.

Volontiers...

BOURGILLON, apercevant la bague de Loiseau.

Encore une bague qui ressemble à la mienne !

LOISEAU, à part.

Mâtin ! (Haut.) Ce sont des cheveux de mon oncle qui est blonde... (Se reprenant.) blond !... blond !...

SCÈNE DIX-SEPTIÈME.

TOUS.

A table!... à table!

CHOEUR.
AIR :

Cet incendie effroyable
N'est qu'un tout petit malheur;
Courons oublier à table
Notre commune douleur.

FIN D'UN MONSIEUR QUI A BRULÉ UNE DAME.

LE CLOU AUX MARIS

COMÉDIE-VAUDEVILLE EN UN ACTE

Représentée pour la première fois, à Paris, sur le théâtre du PALAIS-ROYAL.
le 1er avril 1858

COLLABORATEUR : E. MOREAU

PERSONNAGES

	ACTEURS qui ont créé les rôles
PICQUEFEU, avoué.	MM. Ravel.
BESUCHON.	Pellerin.
AMÉDÉE, domestique.	Poirier.
OLYMPIA, femme de Picquefeu.	Mlles Aline Duval
FRIQUETTE, femme de chambre.	H. Daroux.

La scène est à Paris, chez Olympia.

LE CLOU AUX MARIS

Le théâtre représente un salon. — Portes latérales, porte au fond conduisant à l'extérieur; un bureau, à droite; au fond, un portrait d'homme en cravate blanche et en lunettes; à droite, toujours au fond, un cadre dans un cadre pareil à celui du portrait, et faisant pendant.

SCÈNE PREMIÈRE.

FRIQUETTE, puis BESUCHON.

FRIQUETTE, seule, époussetant, puis regardant le portrait.

C'était tout de même un bel homme que le premier mari de madame!... C'est égal, je ne peux pas le regarder sans rire!... Ce bon M. Montgicourt!... Quand je pense que, dans ce moment, sa femme est à la mairie, en train de se remarier avec M. Picquefeu!... (Parlant au portrait.) Pauvre homme, va!... jouis de ton *reste!* tu ne flâneras pas longtemps là!... on va te décrocher pour raccrocher l'autre... le nouveau!... mais celui-ci n'a qu'à bien se tenir.

AIR : *Ils m'ont fait, hier, à l'office.*

Car le second aura beau faire,
Toujours sa femme lui dira
Que son premier savait mieux plaire!
A tout propos il reviendra :
Le premier sera toujours là!
De fait! eût-il ruiné sa femme!
L'eût-il trompée! eût-il fait plus!
    Geste.
Un mari n'a qu'à rendre l'âme
Pour avoir toutes les vertus!   (*Bis.*)

Eh bien, je n'aurais jamais cru que madame se remarierait... si tôt!... L'a-t-elle pleuré son premier! ses yeux avaient l'air de deux ruisseaux ! Après ça, plus les ruisseaux coulent vite... plus ils sèchent vite!

BESUCHON, entrant par le fond.

M. Picquefeu, s'il vous plaît? je suis très-pressé

FRIQUETTE.

Il est sorti.

BESUCHON.

Allons! c'est fait pour moi! Pourquoi est-il sorti? un avoué ne doit pas sortir!

FRIQUETTE

Il se marie!

BESUCHON.

Ah!... l'imbécile!

FRIQUETTE.

Hein?

BESUCHON.

A quelle heure se marie-t-il?

FRIQUETTE.

A midi.

SCÈNE DEUXIÈME.

BESUCHON.

Très-bien!... je serai ici à midi un quart... (Sortant.) Bonsoir!

FRIQUETTE.

Bonjour! En voilà un original!

SCÈNE II.

FRIQUETTE, AMÉDÉE.

AMÉDÉE, entrant par la droite, et se détirant.

Ah! j'ai bien dormi!

Il bâille.

FRIQUETTE, à part.

M. Amédée... l'ancien valet de chambre du premier! (Haut.) Vous vous levez à onze heures?

AMÉDÉE.

Mon Dieu, oui! Mon chocolat est-il prêt?

FRIQUETTE.

Je n'en sais rien! je ne suis pas la cuisinière! Ah çà! est-ce que vous vous figurez que ça va continuer?

AMÉDÉE.

Quoi?

FRIQUETTE.

Votre petit commerce.

AMÉDÉE.

Quel petit commerce?

FRIQUETTE.

Vous ne faites rien ici... que vos quatre repas!

AMÉDÉE.

Mademoiselle Friquette!

FRIQUETTE.

Sous prétexte que vous avez connu le défunt, madame vous a gardé... Vous lui parlez de son premier mari, vous lui citez ses bons mots, ses traits d'esprit... vous la faites pleurer.

AMÉDÉE.

Oui, nous nous attendrissons ensemble sur la mémoire de cet excellent M. Montgicourt!...

FRIQUETTE.

Dont vous vous moquez comme de l'an quarante!

AMÉDÉE.

Par exemple!...

FRIQUETTE.

Dites donc, entre nous... il paraît qu'il n'était pas fort?

AMÉDÉE, s'oubliant.

Lui? il était bête comme... (S'arrêtant et à part.) Oh! diable!

FRIQUETTE.

Allez donc! madame n'est pas là!

AMÉDÉE.

Au fait... c'est entre nous... Non-seulement il était bête comme... (Montrant le portrait.) comme son caniche... Fox... que nous avons fait peindre pour lui servir de pendant, mais encore il était avare, gourmand, sournois, têtu...

FRIQUETTE.

Et vous le pleurez toute la journée

AMÉDÉE.

Dame! c'est ma position!

SCÈNE DEUXIÈME

AIR de *Joseph*.

Il m'a légué près de sa femme
Le soin de lui parler de lui :
Au défunt je sers de réclame,
Sauvant ses vertus de l'oubli.
Chaque jour, je les lui rappelle,
En éternisant sa douleur.

FRIQUETTE.

Alors, il vous planta près d'elle,
En guise de saule pleureur.

TOUS DEUX.

Alors, il $\genfrac{}{}{0pt}{}{vous}{me}$ planta près d'elle,

Etc.

FRIQUETTE.

C'est égal, c'est un bon truc que vous avez trouvé là.

AMÉDÉE.

Oui, il n'est pas mauvais !

FRIQUETTE.

Mais je vous préviens que ça ne durera pas !

AMÉDÉE.

Et pourquoi ça ?

FRIQUETTE.

Puisque madame prend un second mari, c'est probablement avec l'intention d'oublier le premier !

AMÉDÉE.

L'oublier ? jamais !

FRIQUETTE, montrant le portrait.

Eh bien, je vous dis, moi, qu'on va le décrocher !

AMÉDÉE.

Décrocher M. Montgicourt? Vous ne connaissez pas madame!

FRIQUETTE.

Ah! ouat!

SCÈNE III.

AMÉDÉE, FRIQUETTE, PICQUEFEU, OLYMPIA, en costume de mariée; INVITÉS. — Picquefeu entre en donnant la main à Olympia; ils sont suivis des invités.

CHOEUR.
AIR.

Chantons tous les doux nœuds
Qui vont faire encore deux heureux!
C'est l'assurance,
Pour $\genfrac{}{}{0pt}{}{\text{leur}}{\text{mon}}$ cœur,
D'une existence
De bonheur!

PICQUEFEU, aux invités.

Merci, mes bons amis, d'avoir bien voulu assister à mon mariage... (A Olympia.) Car il n'y a plus à s'en dédire... nous sommes célébrés!

OLYMPIA, soupirant.

Hélas!

AMÉDÉE, de même.

Hélas!

PICQUEFEU.

Plaît-il? (Aux invités.) Je regrette de ne pouvoir vous offrir ni repas de noces, ni bal...

SCÈNE TROISIÈME.

OLYMPIA.

Oh! non! pas de bal!

AMÉDÉE.

Pas de bal!

PICQUEFEU, à part, regardant Amédée.

De quoi se mêle-t-il, celui-là?...

OLYMPIA.

Dans ma position, tout ce qui aurait pu ressembler à une fête eût été une inconvenance, pour ne pas dire un remords...

PICQUEFEU.

Oh! un remords!

AMÉDÉE

Un grand remords!

PICQUEFEU, à part.

Est-ce qu'il ne va pas finir, cet animal-là?

OLYMPIA, saluant les invités.

Messieurs...

LES INVITÉS, saluant.

Madame...

REPRISE DU CHOEUR.

Chantons tous les doux nœuds,
Etc.

Les invités sortent par le fond. — Olympia entre à gauche, Amédée et Friquette entrent à droite.

SCÈNE IV.

PICQUEFEU, seul.

Ça y est! me voilà marié! Mon Dieu, mon Dieu, que la vie est drôle!.. il y a quinze jours, j'étais maître clerc dans l'ex-étude de feu M. Montgicourt... un avoué... pas drôle... décédé il y a dix mois... Je voulais être seul, je m'étais enfermé dans mon cabinet pour travailler... et je faisais des petits bateaux avec des coquilles de noix... comme c'est mon habitude après mon déjeuner. Tout à coup on frappe... «Entrez!» Entre un monsieur... un parent... très-grêlé... qui, le jour suprême, avait prononcé quelques paroles bêtes, mais bien senties! Ce monsieur me déclare, après plusieurs circuits, que j'avais inspiré de l'intérêt à madame Montgicourt la veuve! Bref! il me propose sa main, et l'étude avec! Je tombai de mon haut... et cependant j'aurais dû m'y attendre... il y a quelque chose en moi qui aimante les veuves... c'est dans l'œil, ça... j'ai l'œil aux veuves! Je n'ai pas besoin de dire que j'acceptai avec empressement... Je voulais aller me jeter aux pieds de la patronne, lorsque ce bonhomme m'arrêta : « Pas de cour! pas de bouquets! c'est la volonté de madame Montgicourt; elle vous connaît, vous lui convenez, vous la verrez le jour de la célébration!... » Ça me parut drôle... mais le moyen de refuser... une femme charmante! une étude de premier ordre, un appartement délicieux... parfaitement meublé! (Apercevant le portrait.) Tiens!...voilà le patron!... Bonjour, patron!... vous savez que vous n'allez pas rester là!... c'est ma place! (A lui-même.) Ça me gênerait de l'avoir sur le dos... quand j'embrasserais sa femme... c'est-à-dire ma femme ; il aurait l'air de me dire : « Je l'ai embrassée avant toi!... » C'est désagréable! je lui trouverai un petit coin... noir! seulement je garderai son cadre... pour me mettre dedans! (S'adressant au portrait.) Tu ne tiens pas à ton cadre, n'est-ce pas?... Très-bien, il est brave homme!... tu es brave homme!

SCÈNE V.

PICQUEFEU, AMÉDÉE

<small>Amédée entre en brossant une tunique de garde national.</small>

PICQUEFEU, l'apercevant.

Ah! ah! c'est ce jocrisse d'Amédée... (A Amédée.) Eh bien, qu'est-ce que tu fais là? je ne suis pas de garde, imbécile!

AMÉDÉE.

Je ne sais pas si vous êtes de garde... je brosse la tunique de M. Montgicourt...

PICQUEFEU.

Comment, la tunique, puisqu'il est rayé des cadres?

AMÉDÉE.

Ah! pas pour nous! jamais pour nous!

PICQUEFEU.

C'est possible! mais pour la garde nationale?...

AMÉDÉE.

La garde nationale ne me regarde pas!... Madame m'a dit : « Vous continuerez à le servir. »

PICQUEFEU, à part.

Qu'est-ce qu'il chante?

AMÉDÉE.

Aussi, tous les matins, je brosse ses habits, je cire ses

souliers, je lui monte de l'eau chaude pour sa barbe... absolument comme s'il existait, il n'y a rien de changé!

PICQUEFEU, à part.

Il n'y a qu'un avoué de moins.

AMÉDÉE.

Je lui prépare son verre d'eau sucrée le soir... je le bois le matin...

PICQUEFEU.

Ah!...

AMÉDÉE, avec conviction.

Un si bon maître! je ne suis pas dégoûté de lui!

PICQUEFEU.

Parbleu! et pourquoi ce verre d'eau posthume?

AMÉDÉE.

C'est pour son ombre... nous avons la religion du souvenir, nous!... Il m'a augmenté, monsieur; son dernier soupir a été pour m'augmenter!

PICQUEFEU, à part.

Ah! mais il m'ennuie. (Haut.) Veux-tu me faire un plaisir?

AMÉDÉE.

Lequel?

PICQUEFEU, montrant le portrait.

C'est de le mettre délicatement sur ton dos, et d'aller le murer au grenier.

AMÉDÉE.

M. Montgicourt au grenier? jamais!

PICQUEFEU.

Ah! mais... quand je te commande...

AMÉDÉE.

Je vais allumer son feu! (Il va à la porte de gauche et frappe.) Monsieur?... peut-on entrer?

PICQUEFEU.

Puisqu'il n'y est pas!...

AMÉDÉE.

J'avais l'habitude de frapper... et je frappe! il n'y a a rien de changé!...

Il entre à droite, emportant la tunique.

SCÈNE VI.

PICQUEFEU, puis FRIQUETTE.

PICQUEFEU, seul.

Ah! mais il m'agace, celui-là; je ne crois pas qu'il use beaucoup d'escarpins à mon service!... Je vais prier ma femme de le camper à la porte...

Il remonte vers la porte de gauche.

FRIQUETTE, paraissant à la porte de gauche.

On n'entre pas.

PICQUEFEU.

Comment?

FRIQUETTE.

C'est la chambre de madame...

PICQUEFEU.

Eh bien, il me semble que...

FRIQUETTE, montrant une porte.

Vous avez la vôtre.

PICQUEFEU.

Deux chambres? ah! mais je n'entends pas ça.

FRIQUETTE.

Voici madame.

PICQUEFEU.

Laisse-nous... j'ai besoin de lui parler.

Friquette sort au fond.

SCÈNE VII.

PICQUEFEU, OLYMPIA.

OLYMPIA paraît à gauche; elle a quitté sa robe de noces, elle porte une robe un peu foncée et une corbeille à ouvrage à la main. — Rêveuse et à elle-même.

Ai-je bien fait d'épouser ce petit bonhomme? l'avenir me le dira!

PICQUEFEU, à part.

Elle ne me voit pas. (Haut.) Ma chère Olympia...

OLYMPIA, avec indifférence.

Ah! c'est vous?... bonjour!

PICQUEFEU, à part.

Elle est très-belle, la patronne! (Haut.) Je voulais vous dire.. Tiens! vous avez quitté votre robe de noces?

OLYMPIA.

Oui.

PICQUEFEU

Pourquoi? Je trouve cette nuance un peu sombre pour la circonstance...

SCÈNE SEPTIÈME.

OLYMPIA.

Que voulez-vous ! une veuve !...

PICQUEFEU.

Veuve !... mais vous ne l'êtes plus... J'espère vous démontrer que vous ne l'êtes plus.

Il rit.

OLYMPIA, sévèrement.

Monsieur, je ne ris jamais d'une plaisanterie de mauvais goût !

PICQUEFEU.

Pardon ! (A part.) Elle est bégueule ! (Haut.) Ne vous fâchez pas, chère amie.

OLYMPIA.

Appelez-moi madame Montgicourt !

PICQUEFEU.

Ah ! permettez !... madame Picquefeu !... puisque nous sommes...

OLYMPIA, négligemment.

Ah ! oui, c'est vrai ! je l'avais oublié.

PICQUEFEU.

Je vous demanderai la permission de vous en faire ressouvenir... quelquefois !

OLYMPIA, sévèrement.

Encore !

PICQUEFEU, à part.

Elle a compris ! (Haut.) Je n'en dirai plus !... c'est la dernière !.. je le jure sur cette main, cette main si jolie...

Il prend la main d'Olympia et veut l'embrasser.

OLYMPIA, le repoussant vivement.

Finissez !... je n'aime pas ces licences !

PICQUEFEU.

Ces licences?... permettez...

OLYMPIA.

Vous ne rougissez pas! (Montrant le portrait.) devant son portrait! sous ses yeux!

PICQUEFEU.

C'est juste. (A part.) Il est gênant, cet animal-là!... Ah çà! c'est un ménage à trois : Montgicourt et compagnie! (Offrant son bras à Olympia.) Si nous passions dans une autre pièce?...

OLYMPIA.

Jamais

PICQUEFEU

Comment, jamais?

OLYMPIA.

Voyons, que prétendez-vous, monsieur?

PICQUEFEU.

Mais... si je n'ai pas la berlue... il me semble que nous nous sommes un peu mariés ce matin...

OLYMPIA.

Eh bien, après?

PICQUEFEU.

Dame! après... Voulez-vous me permettre d'en dire encore une?

OLYMPIA.

Je vous le défends!

PICQUEFEU, à part.

Elle a encore compris!

SCÈNE SEPTIÈME

OLYMPIA.

Monsieur Ernest, je vois que vous ne vous rendez pas bien compte de notre position réciproque... Nous avons à causer... Asseyez-vous !

Elle s'assied à gauche.

PICQUEFEU.

Asseyons-nous.

Il prend une chaise et se place tout près d'Olympia.

OLYMPIA.

Pas si près !

PICQUEFEU.

Ah ! (A part, reculant sa chaise.) Il me semble pourtant que nous nous sommes un peu mariés ce matin...

OLYMPIA.

Je serai franche, monsieur Ernest... j'aime passionnément mon mari...

PICQUEFEU, se levant et empressé.

Ah ! Olympia !... voilà une bonne parole !... croyez que, de mon côté...

OLYMPIA, froidement.

Il ne s'agit pas de vous !... je parle de M. Montgicourt !

PICQUEFEU, allant se rasseoir.

Ah !... pardon... je croyais... (A part.) Ce n'est pas gracieux, ce qu'elle me dit là !

OLYMPIA.

Vous l'avez connu, cet homme remarquable !

PICQUEFEU.

Oh ! remarquable... (A part.) par son embonpoint !

OLYMPIA.

Ah! si vous aviez pu, comme moi, effeuiller l'âme de Jules!

PICQUEFEU.

J'avoue que je n'ai jamais eu l'occasion de me livrer à ce travail sur l'âme de mon patron.

OLYMPIA.

Il était bon, généreux, sobre... il déjeunait avec un œuf!

PICQUEFEU.

Petite fourchette!

OLYMPIA, continuant.

Je vous ferai lire les lettres qu'il m'écrivait avant notre mariage, et vous verrez combien il était fidèle, aimant et tendre! ah! tendre! si vous saviez!

PICQUEFEU.

Assez! assez! je ne demande pas de détails; je ne me refuse pas à donner une petite larme... petite!... à mon prédécesseur; mais je ne tiens pas à connaître les... vivacités de son caractère... (Se levant.) Tout ce que je puis dire, madame, c'est que je ne redoute aucune comparaison... aucune!

OLYMPIA, se levant.

Monsieur... un dernier mot... Je me suis juré de ne jamais appartenir à un autre que Jules!

PICQUEFEU.

Hein?

OLYMPIA.

A mon Jules!

Elle envoie plusieurs baisers au portrait.

SCÈNE SEPTIÈME.

PICQUEFEU.

Ah! mais finissez! madame, finissez!

OLYMPIA

N'insistez pas, c'est un serment.

PICQUEFEU.

J'en suis désolé, madame... mais on n'a pas le droit de collectionner des maris pour l'amour de l'art! Quand monsieur votre parent m'a fait l'honneur de me demander ma main, il ne m'a pas prévenu de cette clause... platonique.

OLYMPIA.

Il a bien fait! car vous n'auriez sans doute pas voulu m'épouser?...

PICQUEFEU.

Je ne dis pas ça... mais généralement on n'aime pas entrer dans une société qui ne donne pas de dividendes!

OLYMPIA.

Alors, il m'eût fallu vendre l'étude!... il m'eût fallu quitter cet appartement... tout plein de son souvenir!... renoncer à contempler son bureau, sa plume, son encrier!...

PICQUEFEU, à part.

Tout ce qu'il faut pour écrire...

OLYMPIA.

Renoncer à m'asseoir dans son fauteuil.... (S'attendrissant.) à me regarder dans le petit miroir où il avait coutume de se faire la barbe!... Oh! c'était au-dessus de mes forces!... (Tranquillement.) Alors j'ai pensé à vous!

PICQUEFEU.

Merci bien!

OLYMPIA.

Je me suis dit : « Un petit clerc... sans position... sans fortune... voilà mon affaire ! »

PICQUEFEU.

Mais c'est immoral!

OLYMPIA.

« Et puis ce n'est pas un étranger!... il a connu Montgicourt, il a vécu de ses bienfaits!... »

PICQUEFEU.

Moi? il me donnait quarante francs par mois!

OLYMPIA.

« Eh bien, le soir, me disais-je... nous pourrons parler de lui!... » (Lui prenant le bras.) Oh! n'est-ce pas que nous parlerons de lui?

PICQUEFEU, à part, se dégageant.

Turlututu!

OLYMPIA.

Au moins, si je pleure, j'aurai là queiqu'un pour me comprendre...

PICQUEFEU.

C'est ça!...

AIR : *Ces postillons.*
Vous voulez que, près de vos charmes,
Le successeur d'un homme heureux,
De sa veuve toujours en larmes
Ne fasse qu'essuyer les yeux?

OLYMPIA

Ah! vous comprenez bien mes vœux.

PICQUEFEU.

Alors, si j'ai su vous comprendre,
Ce n'était pas (dans cet espoir)

SCÈNE SEPTIÈME.

Un mari qu'il vous fallait prendre :
Ce n'était qu'un mouchoir. (*Bis.*)

OLYMPIA.

Oh! mais j'entends vous faire une position honorable!., vous dînerez à ma table, vous serez logé, chauffé...

PICQUEFEU.

Et blanchi... en qualité de mouchoir! Madame, tout cela est fort joli, mais je n'entre pas dans vos petites combinaisons!... il faut en finir!

OLYMPIA.

Que voulez-vous dire?

PICQUEFEU.

La loi m'accorde des droits, et...

Il veut s'approcher d'elle

OLYMPIA.

Des droits! vous oseriez...?

PICQUEFEU.

Mais... il me semble!...

OLYMPIA, montrant le portrait avec dignité.

Je suis mariée, monsieur!

PICQUEFEU.

Eh bien, et moi?

Il veut lui prendre la taille.

ENSEMBLE.

AIR de *la Juive*.

OLYMPIA.

Oser, quelle impudeur!
Profaner mon corsage!
Et devant cette image!
Monsieur, c'est une horreur

Quand je vous ai promis
En tout obéissance,
L'amour était, d'avance,
Dans le tout non compris

PICQUEFEU.

Sortez de cette erreur :
Je prétends, en ménage,
Que ma femme s'engage
A faire mon bonheur.
Quand vous m'avez promis
En tout obéissance,
L'amour était, je pense,
Dans le tout bien compris.

Olympia se réfugie à droite, dans la chambre de Montgicourt.

SCÈNE VIII.

PICQUEFEU, puis FRIQUETTE.

PICQUEFEU, seul.

Ah! mais... ce n'est pas une femme que j'ai épousée.. c'est une urne! l'urne Montgicourt! et moi qui ai promis à papa de le faire grand-père! (Regardant le portrait du chien.) Et dire que voilà mon rival!... ah! non! (Se retournant vers le portrait de Montgicourt.) Et dire que voilà mon rival!... Si je pouvais démolir sa mémoire et en faire des petits morceaux!... Il a dû avoir des vices, ce gros bonhomme-là!... un grand nez et l'œil sournois... je parie qu'il trompait sa femme!... c'est ça qui serait bon si je pouvais découvrir...

FRIQUETTE, entrant.

Madame, on demande.

SCÈNE HUITIÈME.

PICQUEFEU.

Friquette! avance ici!

FRIQUETTE.

Monsieur?

PICQUEFEU.

J'ai besoin de toi... tu vas m'aider!

FRIQUETTE.

A quoi?

PICQUEFEU.

A faire dégringoler le Montgicourt!

FRIQUETTE.

Comment?

PICQUEFEU.

Tu vas répandre le bruit qu'il te pinçait la taille dans les escaliers... et qu'il t'a donné une montre en or!...

Il lui donne sa montre.

FRIQUETTE.

Par exemple!... je ne trouverais plus de mari!

PICQUEFEU.

Tu veux un mari? (Lui prenant la taille.) Dis donc, j'en connais un sans emploi.

Il veut l'embrasser.

FRIQUETTE, se défendant.

Finissez!

PICQUEFEU.

Ah! c'est comme ça?... rends-moi ma montre... (Il la reprend.) Écoute, le jour où tu m'apporteras la preuve de l'infidélité de M. Montgicourt, je te compte cinquante écus... en argent!

FRIQUETTE.

Oh! monsieur, c'est inutile... il était fidèle comme un caniche!

PICQUEFEU.

Friquette, il ne faut pas toujours se fier aux caniches... j'en ai connu qui se dérangeaient!

FRIQUETTE, à elle-même.

Après ça, c'est possible... Voyons, où pourrait-on bien prendre des renseignements?

PICQUEFEU.

Questionne, interroge... lie-toi avec le portier!

FRIQUETTE.

C'est une portière.

PICQUEFEU.

Raison de plus... une portière vaut deux portiers!... de mon côté, je vais fouiller, fureter. (Apercevant le bureau.) Ah! son bureau!...

FRIQUETTE.

Moi, je vais faire causer la portière!

PICQUEFEU.

Promets-lui un pain de sucre et deux bouteilles d'anisette!

Friquette sort.

SCÈNE IX.

PICQUEFEU, puis BESUCHON.

PICQUEFEU, ouvrant un tiroir du bureau.

Voyons!... (Il fouille.) Ah! son écriture!... je la reconnais! (Lisant.) « Documents secrets. Recette pour faire reluire les flambeaux... On frotte... » Ce n'est pas ça!... (Prenant un autre papier.) « Recette pour les boutons... » Ah!... « de bretelles... Si, dans un salon, vous avez le malheur de perdre un bouton de bretelle, prenez une épingle... Si vous n'en avez pas... empruntez-en une... » (Parlé.) Je ne l'invente pas... c'est écrit! et voilà l'huître qu'on me préfère! (Prenant un volumineux cahier de papier et lisant.) « Notes pour servir à l'histoire de ma vie... » (Ouvrant au hasard.) « 9 janvier, pris un bain trop chaud... »

BESUCHON, entrant.

M. Picquefeu, avoué?

PICQUEFEU.

C'est moi...

BESUCHON, brusquement.

Enfin, l'on vous rencontre! ce n'est pas malheureux!

PICQUEFEU.

Qu'est-ce qu'il y a?

BESUCHON.

En trois mots, voici mon affaire...

PICQUEFEU.

Vous venez pour affaires?... Pardon, monsieur, je viens de me marier, l'étude est fermée, c'est fête...

BESUCHON, furieux.

Qu'est-ce que ça me fait? il n'y a pas de fête pour un mari trompé!

PICQUEFEU.

Ah! monsieur est...?

BESUCHON.

Oui, monsieur!

PICQUEFEU.

Enchanté!... donnez-vous la peine de vous asseoir.

BESUCHON.

Non, monsieur, je ne veux pas m'asseoir.

PICQUEFEU.

Alors, restez debout... (Il s'assied près du bureau. — Lisant.) « 4 mars, pris un bain trop froid. »

BESUCHON, s'asseyant près de Picquefeu.

Monsieur, ma femme est une coquine!...

PICQUEFEU.

Le mot est dur!

BESUCHON, furieux, se levant.

Plaît-il?... vous la défendez? vous prenez son parti?

PICQUEFEU, se levant.

Moi? du tout!... vous me faisiez l'honneur de me dire que madame votre épouse était une coquine!... c'est à merveille! ça me fait plaisir!... continuez!

Il s'assied.

BESUCHON, s'asseyant.

Partie pour les eaux de Cauterets depuis un mois..

PICQUEFEU.

Vous?

SCÈNE NEUVIÈME.

BESUCHON.

Mais non! ma femme! Vous ne comprenez donc rien?

PICQUEFEU, à part.

Ah! mais c'est un porc-épic!

BESUCHON.

Resté seul à Paris. (Criant.) Seul! comprenez-vous?

PICQUEFEU, criant.

Vous?...

BESUCHON.

Oui, moi!

PICQUEFEU.

Oui!... oui!...

BESUCHON.

Ce matin, il me prend fantaisie d'ouvrir son armoire à glace... derrière une pile de linge, mes doigts se heurtent contre un coffret mystérieux, je le prends, je l'éventre... et je trouve trente-deux lettres d'amour!...

PICQUEFEU.

C'est désagréable.

BESUCHON.

Signées Jules!... un monsieur qui la tutoie! qui l'appelle « mon petit sapajou »!

PICQUEFEU, tout en feuilletant les mémoires de Montgicourt.

Oh! peut-être aurez-vous mal lu...

BESUCHON, exaspéré, se levant.

C'est ça! je ne sais pas lire!

PICQUEFEU, se levant.

Je ne dis pas ça!

BESUCHON.

Alors j'en ai menti?...

PICQUEFEU, impatienté.

Oh!...

BESUCHON.

Je suis un idiot! une brute!... Mal lu! une écriture qui ne me sort pas de la tête!... une écriture grosse comme... (Apercevant le cahier que tient Picquefeu.) Ah! mon Dieu! sapristi!

PICQUEFEU.

Quoi?

BESUCHON, lui arrachant le cahier

Permettez!... juste!... la même!

PICQUEFEU.

Hein?

BESUCHON.

L'écriture de Jules!

PICQUEFEU.

De Jules?... vous êtes bien sûr?

BESUCHON.

Parbleu!... Vous le connaissez?

PICQUEFEU.

Certainement!.. Ah! mon ami! si vous saviez!... ces lettres, il faudra me les remettre... elles font partie du dossier...

BESUCHON.

Dans une heure, vous les aurez.

PICQUEFEU.

Dans une heure! (Il se met à danser.) Tra la la!

SCÈNE NEUVIÈME.

BESUCHON, à part.

Qu'est-ce qu'il a donc cet avoué?

PICQUEFEU.

Vous ne pouvez pas comprendre le plaisir que me cause... votre anecdote!... Tra la la la!...

BESUCHON.

Comment, parce que ma femme...?

PICQUEFEU.

Rien ne pouvait m'être plus agréable! (Lui serrant les mains.) Mon cher ami!... voulez-vous dîner avec moi?

BESUCHON.

Merci, je n'ai pas faim!... j'ai soif!...

PICQUEFEU.

Un verre de madère?

BESUCHON.

Non! j'ai soif de vengeance! voyons, où est-il, ce Jules, que je le broie?

PICQUEFEU.

Montgicourt! il s'appelle Montgicourt!... mon ancien patron... Tenez, voilà son portrait.

BESUCHON, s'élançant vers le portrait.

Lui!

PICQUEFEU, à part.

S'il pouvait le crever! (Il lui donne une règle. — Haut.) Ne vous gênez pas, allez!

BESUCHON, menaçant le portrait.

Enfin!... je le tiens! Ah! gredin! lâche... suborneur!

PICQUEFEU.

Plus haut! sa femme est là!

BESUCHON.

Ah! il est marié!... Eh bien, tant mieux! je tiens ma vengeance... je veux lui rendre ce qu'il m'a fait!

PICQUEFEU.

Oui! c'est une bonne idée! (Se rappelant.) Ah! mais non! non! je m'y oppose!

BESUCHON.

Vous avez raison! j'aime mieux le tuer!

PICQUEFEU.

C'est ça. (A part.) Ça ne lui fera pas de mal!

BESUCHON.

Du papier! une plume! je vais lui écrire! le provoquer!

Il s'assied au bureau

SCÈNE X.

BESUCHON, PICQUEFEU, OLYMPIA.

OLYMPIA, entrant, à elle-même avec attendrissement.

Je viens de contempler sa tunique... elle se mangeait aux vers... Alors j'ai pris du poivre et...

Elle éternue.

PICQUEFEU, à Olympia.

Dieu vous bénisse!

OLYMPIA, se remettant.

Ah! c'est vous?

PICQUEFEU.

Je suis fâché de vous déranger, mais il y a là un monsieur qui désire vous parler de ce vertueux Montgicourt...

SCÈNE ONZIÈME.

OLYMPIA, vivement.

Un ami de Jules?

PICQUEFEU.

Intime!

OLYMPIA.

Vite! qu'il entre!

PICQUEFEU, montrant Besuchon qui se lève.

Le voici!... (Présentant sa femme.) Madame Montgicourt... madame Jules Montgicourt.

OLYMPIA, saluant.

Monsieur... (A Picquefeu.) Laissez-nous!

PICQUEFEU.

Plait-il?

OLYMPIA.

Laissez-nous!

PICQUEFEU.

Oui! (A part.) Je crois que petit Jules va un peu dégringoler!

Il disparaît au fond.

SCÈNE XI.

BESUCHON, OLYMPIA, puis PICQUEFEU, caché.

OLYMPIA.

Parlez!... vous l'avez connu, cet homme de bien... il a été votre ami?...

BESUCHON.

Lui?.. Madame, votre mari est un polisson!

OLYMPIA.

M. Montgicourt!

BESUCHON.

Il vous trompe! il a des maîtresses!

OLYMPIA.

Jamais! vous mentez!

BESUCHON.

J'ai trente-deux lettres écrites de sa main... adressées à ma femme...

OLYMPIA.

Où sont-elles?

BESUCHON.

Chez moi... je vais les chercher.

OLYMPIA, à elle-même.

C'est impossible!

BESUCHON.

Il la tutoie! il l'appelle « mon petit sapajou »!

OLYMPIA, avec explosion.

Juste le nom qu'il me donnait! (Défaillant.) Ah! je ne sais ce que j'éprouve... un pareil coup...

Elle tombe sur un fauteuil.

BESUCHON.

Eh bien, elle se pâme!... Madame!... Tiens, c'est une jolie femme! j'en reviens à mon idée!... si je me vengeais?

PICQUEFEU, entr'ouvrant sa porte et passant sa tête.

Je n'entends plus rien!

BESUCHON.

Ma foi! je me venge!

Il donne plusieurs baisers à Olympia, qui reste évanouie

SCÈNE ONZIÈME.

PICQUEFEU, l'apercevant, d'abord enchanté, riant, à part.

Bravo!... bravo!... (Se ravisant.) Ah! mais... non!... Eh bien!... qu'est-ce qu'il fait donc? (Courant à lui.) Monsieur!... monsieur!... je vous défends...

BESUCHON.

Mêlez-vous de vos affaires!

Il veut embrasser de nouveau Olympia.

PICQUEFEU, le prenant au collet et le poussant vers la porte

Il est superbe!... Sortez! A la garde! à la garde!

ENSEMBLE.

AIR.

PICQUEFEU.

Je vais vous flanquer à la porte,
Pour vous conduire ainsi chez moi;
A la porte!
Que l'on sorte!
Pour moi, j'ai le droit et la loi!

BESUCHON.

Pourquoi donc me mettre à la porte,
Quand je viens invoquer la loi?
Peu m'importe
Que je sorte!
Je reviendrai, croyez-moi!

Picquefeu pousse Besuchon dehors et sort avec lui. — Le bruit de la porte, en se refermant, réveille Olympia.

SCÈNE XII.

OLYMPIA, puis FRIQUETTE.

OLYMPIA, se levant en sursaut.

Le galopin !... Et moi qui mettais sa mémoire dans du coton ! moi qui me condamnais aux larmes et au désespoir ! Canaille !...

AIR : *Faut-il qu'un homme...*

Quoi ! pendant que je te vantais,
Ta vertu n'était qu'imposture !
Quand je croyais ton âme pure,
Quand j'admirais jusqu'à tes traits,
Vieux singe ! tu me trahissais !
Pour interpeller cet infâme,
Les mots manquent à ma douleur,
Car, pour tromper ainsi sa femme,
Ah ! faut-il qu'un homm' soit sans cœur !

Elle sonne.

FRIQUETTE, paraissant.

Madame ?

OLYMPIA, indiquant le portrait.

Décrochez-moi ça !

FRIQUETTE.

Ah bah !

OLYMPIA, sanglotant.

Oh ! les hommes ! les hommes !... (Gaiement.) Prout ! je quitte le deuil.

Elle rentre à gauche.

SCÈNE XIII.

FRIQUETTE, puis PICQUEFEU.

FRIQUETTE, seule.

Ah bien!... en voilà une révolution!... décrocher le premier!... Quand je disais qu'il ne flânerait pas longtemps à son clou!... C'est le second qui aura prouvé à sa femme qu'il valait mieux qu'un mari en peinture!... (Montant sur une chaise.) Allons, décrochons monsieur!

PICQUEFEU, rentrant.

Enfin! je l'ai flanqué à la porte! (Apercevant Friquette montée sur la chaise.) Friquette, qu'est-ce que tu fais là?

FRIQUETTE.

Le Montgicourt est mûr... je le cueille!

PICQUEFEU.

Comment, tu oses...?

FRIQUETTE.

Par ordre de madame!

PICQUEFEU.

Par ordre? Un instant! (La faisant descendre de la chaise et prenant sa place.) Ça me regarde!... Tu ne voudrais pas me priver de ce plaisir-là?

FRIQUETTE.

C'est trop juste!

PICQUEFEU, cherchant à décrocher le portrait.

Eh bien, il ne veut pas venir!... Il est donc cloué?

FRIQUETTE.

Il en est bien capable!

PICQUEFEU.

Ah! le voilà! (Descendant, et très-gaiement.) Le bastion Montgicourt est enlevé! (Il se promène, le portrait sous le bras, en imitant le son de la trompette.) Ta ra ta ta! ta ra ta ta!

Il pose le portrait contre le bureau.

PRIQUETTE.

Il devient fou!

PICQUEFEU.

Oui! j'entrevois tout un horizon d'amour!... Tiens! il faut que je t'embrasse!

FRIQUETTE.

Mais, monsieur...

PICQUEFEU.

Ne fais pas attention...

Il veut l'embrasser.

AIR de l'*Apothicaire.*

FRIQUETTE.

Finissez, monsieur! c'est très-mal!

PICQUEFEU.

Du tout, je prélude à ma flamme...
Comprends-tu? je puis sans rival
Chanter mon amour à ma femme!

FRIQUETTE.

Mais... ce n'est pas une raison!

PICQUEFEU.

Si fait! puisque je vais, près d'elle,
Continuer cette chanson
Dont tu n'es que la ritournelle.

Il l'embrasse

SCÈNE XIV.

Les Mêmes, AMÉDÉE, un journal sous bande à la main.

AMÉDÉE, apercevant Picquefeu qui embrasse Friquette.

Qu'est-ce que je vois?

PICQUEFEU.

Ah! te voilà, toi!... Avance!

AMÉDÉE.

Pardon, il faut que je porte le journal de M. Montgicourt... Nous lui avons conservé son abonnement...

PICQUEFEU.

Ah çà! est-ce que tu vas continuer longtemps à jouer de ce mirliton?

AMÉDÉE.

Quel mirliton?

PICQUEFEU.

Tu n'as qu'une note... elle n'est pas drôle... donc, je te chasse!

FRIQUETTE.

Bravo!

AMÉDÉE, fièrement.

Monsieur oublie que je suis au service de M. Montgicourt!

PICQUEFEU.

Il n'y a plus de Montgicourt!... je l'ai avalé'

AMÉDÉE.

Avalé!

PICQUEFEU.

Il paraît que c'était un vieux farceur!... Voyons, conte moi ses fredaines... je te payerai ton mois.

AMÉDÉE.

Jamais!

PICQUEFEU.

Alors file!... tu n'auras que huit jours! (Donnant le portrait à Friquette.) Toi, porte ça au grenier!

AMÉDÉE.

Son portrait! profanation!

PICQUEFEU, à Amédée.

Oui, c'est convenu!... va faire ton paquet!

AIR du *Médecin de campagne.*

PICQUEFEU.

Décampe bien vite,
Je te tiens quitte;
Quant au premier,
On va de suite,
Dans le grenier,
Lui trouver un excellent gîte.

ENSEMBLE, REPRISE.

AMÉDÉE.

Bannir son image!

PICQUEFEU.

Puisqu'elle te plaît,
Je t'en fais hommage.
Avec ton paquet,
Décampe bien vite,
Etc.

FRIQUETTE.

Décampe bien vite,
On te tient quitte;

SCÈNE QUINZIÈME.

Mais, au premier,
On va de suite,
Etc.

AMÉDÉE.

Je m'en vais de suite,
Puisque je quitte
Mon bon métier.
Mais, quant au gîte
Dans le grenier,
Qu'on ne l'y porte pas si vite!

Friquette sort par le fond, et Amédée par la droite

SCÈNE XV.

PICQUEFEU, OLYMPIA.

PICQUEFEU.

Ah! je crois que j'ai un peu nettoyé la place!

OLYMPIA. Elle est en robe rose. — Elle cherche à contenir son rire.

Je ne sais pas ce que j'ai... depuis un quart d'heure, je ris comme une folle... c'est nerveux!

PICQUEFEU.

Ah! vous avez mis une robe rose?...

OLYMPIA, riant.

Mon Dieu, oui!...

PICQUEFEU, riant aussi.

Hi hi hi!... (Montrant la place où était le portrait.) donc?... il est parti!

OLYMPIA.

Je le vois bien! (Riant.) Hi hi!...

PICQUEFEU, riant

Hi hi!... Était-il laid, hein?

OLYMPIA.

Oh! oui... asseyons-nous.

PICQUEFEU.

Avec plaisir, madame Montgicourt.

OLYMPIA.

Oh! non, je vous en prie, ne m'appelez plus madame Montgicourt.

PICQUEFEU.

Ah!...

OLYMPIA.

Appelez-moi madame Picquefeu... (Elle rit.) car, enfin, nous sommes mariés...

Elle s'assied à droite.

PICQUEFEU, s'asseyant un peu loin.

Mon Dieu, oui!

OLYMPIA.

Plus près... nous sommes mariés... et nous nous connaissons à peine!

PICQUEFEU.

Le fait est que nous nous connaissons... bien superficiellement... bien superficiellement...

OLYMPIA, après un grand temps.

Ernest... aimez-vous le sentiment?

PICQUEFEU.

Si je l'aime!... Mais c'est-à-dire que mon rêve... le rêve de ma vie... serait de me promener continuellement autour d'un lac bleu... avec ma femme et mes enfants... pendant les vacances!

SCÈNE QUINZIÈME.

OLYMPIA.

Au moins, tu ne me tromperas pas, toi !

PICQUEFEU.

Je vous le jure... je te le jure ! (A part.) Nous nous tutoyons !

OLYMPIA.

Ah ! je suis une singulière femme, va !... quand j'aime... c'est avec passion ! c'est avec fureur !...

PICQUEFEU.

Eh bien, ça me va ! ça me va !... soyons furieux

OLYMPIA.

Est-ce drôle ? Voilà une heure que nous causons... et tu ne m'as pas encore embrassée !... moi, ta femme !

PICQUEFEU, l'embrassant.

Oh ! pardon !

OLYMPIA.

Encore !

PICQUEFEU.

Toujours ! (Après l'avoir embrassée plusieurs fois.) La !
Il se rassoit en éloignant un peu sa chaise.

OLYMPIA.

Tu me donneras ton portrait.. je te veux rêveur...

PICQUEFEU.

A l'huile !

OLYMPIA.

Avec ton Code à la main !... Et je te suspendrai à ce clou doré...
Elle désigne la place où était le portrait

PICQUEFEU.

Oui... (A part.) Il paraît que c'est le clou aux maris !

OLYMPIA.

Tu ne me dis rien !... embrasse-moi.

PICQUEFEU, se levant.

Voilà ! voilà !

Il l'embrasse. — Il se rassoit en éloignant un peu sa chaise.

OLYMPIA.

Tu m'aimeras toujours, n'est-ce pas ?

PICQUEFEU.

Oh ! toujours !

OLYMPIA.

Moi, vois-tu, je veux me consacrer à ton bonheur !... Embrasse-moi !

PICQUEFEU, à part.

Encore !... Elle ne me laisse pas respirer ! (L'embrassant à plusieurs reprises.) Je vais lui en donner une petite provision... là !

Il éloigne sa chaise et se rassoit.

OLYMPIA.

Maintenant, parle-moi... je veux effeuiller ton âme... dis-moi de jolies petites choses.

PICQUEFEU.

De jolies petites choses ? dame !...

OLYMPIA.

Dis-moi que tu m'aimes !

PICQUEFEU.

Parbleu !

SCÈNE QUINZIÈME.

OLYMPIA.

Ah! tu ne me le dis pas!

PICQUEFEU.

Mais si!

OLYMPIA.

Je veux que tu me le dises!

PICQUEFEU.

Eh bien! je te le dis!

OLYMPIA.

Non, tu ne l'as pas dit!

PICQUEFEU.

Mais si! je t'aime... la!

OLYMPIA.

Alors, embrasse-moi!

PICQUEFEU, se levant. — A part.

Ah! mais!... ah! mais!... Elle devient fatigante! (Il l'embrasse. — A part.) Ça ne peut pas durer comme ça!

Il porte sa chaise à l'autre bout de la scène.

OLYMPIA, se levant.

Tu me quittes?... Où vas-tu?

PICQUEFEU.

Mettre un paletot... j'ai une course à faire. (A part.) Ça me reposera.

OLYMPIA.

Tu vas revenir... je t'attends ici... je veux que tu m'embrasses avant de partir!

PICQUEFEU.

Parbleu!

OLYMPIA.

Et en rentrant!

PICQUEFEU.

Et dans l'escalier! et sous la porte cochère!... (A part.) Ah! mais! ah! mais!

CHŒUR.

AIR de Mangeant.

PICQUEFEU.

Faut du bonheur, pas trop n'en faut :
Excès en tout est un défaut;
J'en avais par trop peu tantôt.
Maintenant, j'en ai vraiment trop!

OLYMPIA.

Mon premier me trompait!... mieux vaut
Aimer mon second comme il faut :
Le bonheur qui me fit défaut,
Pour moi, va renaître bientôt!

Picquefeu rentre à droite.

SCÈNE XVI.

OLYMPIA, puis AMÉDÉE.

OLYMPIA, seule.

Qu'est-ce qu'il a donc?... Je le trouve timide, mon second.

AMÉDÉE, entrant, avec un paquet dans un mouchoir.

Je viens faire mes adieux à madame... du moment qu'on a décroché M. Montgicourt.

OLYMPIA.

Ne me parlez plus de ce bohème!

SCÈNE SEIZIÈME.

AMÉDÉE.

M. Montgicourt un bohème!

OLYMPIA.

Vous étiez son confident... son complaisant peut-être.. je vous chasse!

AMÉDÉE.

Merci!... c'est déjà fait... Mais, avant de partir, il est de mon devoir de prévenir madame...

OLYMPIA.

Quoi? de quoi voulez-vous me prévenir?

AMÉDÉE.

Madame aura à se méfier de son second...

OLYMPIA.

Me méfier?... que voulez-vous dire?

AMÉDÉE.

Je l'ai surpris tout à l'heure en train d'embrasser mademoiselle Friquette!

OLYMPIA.

Lui! ma femme de chambre! c'est impossible!

AMÉDÉE.

Je l'ai vu et entendu!

OLYMPIA.

Le jour de son mariage!... Ah! voilà donc pourquoi il ne m'embrassait pas, moi! (Tragiquement.) Oh! je sens les serpents de la jalousie! (A Amédée.) Ne t'en va pas! je te reprends!

AMÉDÉE, posant son paquet.

Ah bah!

OLYMPIA.

Je t'attache au service de M. Picquefeu...

AMÉDÉE.

Comment?

OLYMPIA.

Tu me rendras compte de ses paroles, de ses actions, de ses gestes, de tout enfin!... c'est une place de confiance!

AMÉDÉE, à part.

J'aimais mieux l'autre!

Picquefeu paraît.

OLYMPIA.

Lui!... (A Amédée.) Laisse-nous!

Amédée sort.

SCÈNE XVII.

OLYMPIA, PICQUEFEU, puis AMÉDÉE.

PICQUEFEU.

Ah! te voilà! Tu m'attendais?

OLYMPIA.

Oui!

PICQUEFEU, ouvrant ses bras pour l'embrasser.

Ma chère amie!

OLYMPIA, lui abaissant les bras.

Non!

PICQUEFEU

Tiens!

SCÈNE DIX-SEPTIÈME.

OLYMPIA.

Où allez-vous?

PICQUEFEU.

Chez mon tailleur.

OLYMPIA.

Prétexte!... vous ne sortirez pas.

PICQUEFEU.

Comment!... mais j'ai besoin d'un pantalon...

OLYMPIA, lui arrachant son chapeau et le jetant à terre.

Je vous dis que vous ne sortirez pas!

PICQUEFEU, ramassant son chapeau.

Ah! mais prends garde... c'est mon neuf! (A part.) Qu'est-ce qu'elle a?

OLYMPIA.

Si vous avez absolument besoin de votre tailleur... écrivez-lui de venir.

PICQUEFEU.

C'est que... j'avais aussi l'intention de prendre un bain.

OLYMPIA.

Vous voulez prendre un bain?... très-bien!

Elle sonne à droite.

AMÉDÉE, paraissant.

Madame?..

OLYMPIA.

Allez demander un bain pour monsieur. (Amédée sort. — A Picquefeu.) Vous le prendrez ici!

PICQUEFEU.

Je voulais, en même temps, passer chez mon coiffeur.

OLYMPIA.

Votre coiffeur?... très-bien!

Elle sonne à gauche.

AMÉDÉE, reparaissant.

Madame?

OLYMPIA.

Vous amènerez le coiffeur de monsieur?

Amédée sort

PICQUEFEU.

Alors, attachez-moi par la patte!

OLYMPIA.

Oh! je ne vous quitterai plus! je serai là! toujours!

PICQUEFEU.

Comment! pour le bain aussi?

OLYMPIA.

Je ne plaisante pas, monsieur!...

PICQUEFEU.

Quoi?

OLYMPIA.

Répondez : depuis que nous sommes mariés, m'avez-vous toujours été fidèle?

PICQUEFEU.

Cette bêtise! nous sommes mariés depuis cinquante-cinq minutes. (A part.) Elle est jalouse à présent!

OLYMPIA.

Jurez-le!

PICQUEFEU, levant la main.

Oh, ça, je le jure!

SCÈNE DIX-SEPTIÈME.

OLYMPIA, éclatant.

C'est infâme! c'est infâme!

PICQUEFEU.

Mais qu'est-ce qu'il y a?

OLYMPIA.

Après ça, Montgicourt aussi me le jurait... Montgicourt aussi m'embrassait, me donnait les noms les plus tendres... les plus insensés...

PICQUEFEU.

C'était un gros hypocrite!

OLYMPIA.

Je ne croyais pas qu'un mari pût tromper sa femme... j'étais simple et naïve... je ne comprenais pas la jalousie; mais vous m'avez ouvert les yeux!

PICQUEFEU, à part.

Ah! diable! qu'est-ce que j'ai fait!...

OLYMPIA.

Et maintenant, je ne crois plus à rien, ni à lui, ni à vous, ni à personne!

PICQUEFEU, à part.

Sapristi! quelle boulette!

OLYMPIA.

Aussi, à partir d'aujourd'hui, je ne vous quitte plus! je vous suivrai partout! je vous surveillerai!... je vous... Avez-vous votre porte-monnaie?

PICQUEFEU.

Mon porte-monnaie?

OLYMPIA.

Donnez, c'est pour payer une note!... (Elle le lui prend.)

Voici vingt sous..... je vous en donnerai autant toutes les semaines.

PICQUEFEU.

Elle me donne ma semaine!... Envoyez-moi tout de suite en demi-pension... avec un petit panier!

OLYMPIA.

Quant à la clef de la caisse, je l'ai et je la garde!

PICQUEFEU, se montant.

Ah! permettez, madame!

OLYMPIA.

Et maintenant, si vous me trompez... (Le menaçant.) malheur à vous!

PICQUEFEU.

Ah! mais, madame...

Il fait un pas vers elle.

OLYMPIA, le menaçant.

Ne me touchez pas!... je vous le rendrais!...

PICQUEFEU, à part.

Nous allons boxer, à présent!

SCÈNE XVIII.

Les Mêmes, FRIQUETTE.

FRIQUETTE.

Il y a une dame qui attend monsieur dans son cabinet.

OLYMPIA, jalouse.

Une dame!... qu'est-ce que cette dame? Voyons, parlez!

SCÈNE DIX-NEUVIÈME.

PICQUEFEU.

Comment veux-tu que je le sache?

OLYMPIA.

Vous hésitez?

PICQUEFEU.

Moi? je vais voir!

OLYMPIA.

Restez! c'est moi qui vais la recevoir, cette dame!...

PICQUEFEU.

Oh! je ne crains rien!...

OLYMPIA, qui est remontée, à part.

Les laisser ensemble!... (Haut.) Friquette!

FRIQUETTE.

Madame?

OLYMPIA.

Marchez devant!

Elle fait passer Friquette devant elle.

SCÈNE XIX.

PICQUEFEU, puis FRIQUETTE.

PICQUEFEU.

Saprelotte! elle devient très-embêtante!... Elle veut me donner des calottes, à présent!... Je crois que j'ai eu tort de démolir Montgicourt! Voilà ce que c'est... j'ai démuselé le soupçon, et maintenant il me mord les jambes! Impossible de calmer ma femme!... c'est une chaudière à vapeur! Montgicourt était sa soupape de sûreté, et je l'ai cassée!... Décidément, j'ai eu tort de le démolir! il n'était pas gênant, cet homme!

FRIQUETTE, entrant vivement.

Monsieur! monsieur!

PICQUEFEU.

Quoi?

FRIQUETTE.

Ah! quelle scène!... dans votre cabinet...

PICQUEFEU.

Eh bien, cette dame...

FRIQUETTE.

Madame de Launay!

PICQUEFEU.

La comtesse de Launay... ma meilleure cliente.

FRIQUETTE.

Eh bien, madame l'a joliment traitée, elle l'a appelée musardine!

PICQUEFEU.

Musardine! la comtesse!... je cours!

SCÈNE XX.

Les Mêmes, OLYMPIA.

OLYMPIA, paraissant, à part.

Encore ensemble! j'en étais sûre! (Haut, à Picquefeu.) que lisiez-vous à cette fille?

PICQUEFEU.

Moi? rien...

SCÈNE VINGTIÈME.

OLYMPIA.

Parbleu! (A Friquette.) Sortez.

Friquette sort.

PICQUEFEU.

Maintenant, madame, vous allez m'expliquer votre conduite vis-à-vis de madame la comtesse de...

OLYMPIA.

Votre comtesse, je l'ai prise par le bras et je l'ai jetée à la porte!

PICQUEFEU.

Allons, bien!

OLYMPIA.

Dorénavant, c'est moi qui recevrai toutes vos clientes!

PICQUEFEU.

Vous appelez ça recevoir les clientes!

OLYMPIA.

Si j'en avais agi de la sorte avec M. Montgicourt...

PICQUEFEU, à part.

Toujours Montgicourt! Allons, il n'y a pas à hésiter! il faut le recoudre, cet animal-là. (Haut.) Olympia! je suis un grand misérable, je vous ai trompée.

OLYMPIA.

Ah! vous en convenez?...

PICQUEFEU.

J'ai fait des cancans sur le bon, l'honnête, l'estimable, le regrettable M. Montgicourt!

OLYMPIA.

Je ne comprends pas.

PICQUEFEU.

Lui infidèle! vous ne l'avez pas cru?

OLYMPIA.

Parfaitement!

PICQUEFEU.

Enfant!... mais il n'y a pas de maris infidèles... ça ne se voit que sur les théâtres et dans les romans; mais, dans le monde, jamais!

OLYMPIA.

Ta ta ta!... et ce monsieur?... avec ses trente-deux lettres!

PICQUEFEU.

Ce monsieur!... Comment!... vous n'avez pas deviné?... mais c'est un portier auquel j'ai promis trois francs soixante-quinze pour jouer cet ignoble rôle.

OLYMPIA, ébranlée.

Est-il possible!

SCÈNE XXI.

Les Mêmes, BESUCHON.

BESUCHON, entrant.

Me voilà!

PICQUEFEU.

Lui!

OLYMPIA.

Le portier!

SCÈNE VINGT ET UNIÈME.

BESUCHON, tirant de sa poche une liasse de lettres.

J'apporte des lettres !

PICQUEFEU, à part.

Patatras! (Haut, à Besuchon.) C'est bien, madame sait tout!... votre rôle est fini !

BESUCHON.

Quel rôle ?

OLYMPIA, à Picquefeu.

Donnez-lui ses trois francs soixante-quinze... et qu'il retourne à sa loge !

BESUCHON.

Ma loge ?

PICQUEFEU, lui remettant de l'argent.

Oui... voilà vos trois francs...

BESUCHON.

Je n'ai pas besoin de votre argent !... je suis plus riche que vous... j'ai trois maisons.

OLYMPIA.

Trois maisons !

BESUCHON.

Si vous ne voulez pas vous charger de mon procès, j'irai chez un autre !

PICQUEFEU.

C'est ça ! allez chez un autre.

OLYMPIA.

Un instant! (Arrachant les lettres des mains de Besuchon.) Donnez-moi ces lettres !

PICQUEFEU, à part.

Perdu !...

OLYMPIA.

J'entrevois un mensonge!...

PICQUEFEU, à part.

Imbécile!

OLYMPIA.

Ah! mon Dieu!

PICQUEFEU et BESUCHON.

Quoi?...

OLYMPIA.

Ces mots... ces phrases... je les reconnais!

PICQUEFEU et BESUCHON.

Quoi?...

OLYMPIA.

Ces lettres... celles qu'il m'avait écrites, je les avais confiées à une de mes amies... Hortense...

BESUCHON.

Ma femme!

OLYMPIA.

Je suis si nerveuse... on m'avait défendu de les lire... (Embrassant les lettres.) Jules est innocent! Jules est innocent!

TOUS.

Jules est innocent!

BESUCHON, à part.

Diable! et moi qui viens d'envoyer des gros mots à ma femme par le télégraphe! Je cours réparer ça... Monsieur... madame...

Il sort vivement.

PICQUEFEU.

Quant au portrait, soyez tranquille !... nous allons le remettre à son clou !

OLYMPIA.

Croyez-vous ?

PICQUEFEU.

Comment donc !... (Appelant.) Le portrait !... le portrait !... (A Olympia.) Nous allons le rependre bien gentiment !... et pour toujours !

SCÈNE XXII.

Les Mêmes, AMÉDÉE, puis FRIQUETTE.

AMÉDÉE, entrant avec le portrait.

Le voilà !

PICQUEFEU.

Quel noble visage !... Comme la vertu est empreinte sur tous ses traits !

AMÉDÉE.

Et on l'accusait !

OLYMPIA.

Allons ! je vais relire ses lettres ! (A Picquefeu.) Bonsoir, mon ami !

PICQUEFEU.

Comment, bonsoir ? Permettez-moi de vous accompagner.

OLYMPIA.

Impossible ! Je le regrette... vous le savez, j'ai fait serment !...

PICQUEFEU, à part.

Ah bien, ça va recommencer?... (Haut.) Nous ne parlerons absolument que de M. Montgicourt.

OLYMPIA.

Pas d'autre chose!... vous me le jurez?

PICQUEFEU.

Je le jure.

OLYMPIA.

Allons!

FRIQUETTE, entrant.

Monsieur, il y a là un bain et un coiffeur.

PICQUEFEU.

Eh bien, tu diras au coiffeur de se mettre dans le bain... il y a longtemps que je désirais opérer ce rapprochement.

AMÉDÉE.

Ah! faudra-t-il toujours lui préparer son verre d'eau sucrée?

OLYMPIA.

Oh! toujours!

PICQUEFEU.

Seulement... c'est moi qui le boirai.

CHOEUR FINAL.

REPRISE DU CHOEUR DE LA SCÈNE III.

PICQUEFEU, au public.

AIR : *Il vous faudra quitter l'empire.*

Je viens de donner ma parole,
Et, franchement... j'y manquerai!
La tenir serait par trop drôle!

SCÈNE VINGT-DEUXIÈME.

Tout bas, même, je le dirai :
Olympia m'en saura gré.
Mais j'ai promis que notre pièce
Ferait rire aussi le caissier,
Et je voudrais bien vous prier
D'en tenir pour moi la promesse,
Si je venais à l'oublier ! *(Bis.)*

CHŒUR, REPRISE.

FIN DU HUITIÈME VOLUME.

TABLE

LES PETITES MAINS 1
DEUX MERLES BLANCS 115
LA CHASSE AUX CORBEAUX. 255
UN MONSIEUR QUI A BRULÉ UNE DAME . . . 395
LE CLOU AUX MARIS 445

ÉMILE COLIN. — IMPRIMERIE DE LAGNY.

www.ingramcontent.com/pod-product-compliance
Lightning Source LLC
Chambersburg PA
CBHW050558230426
43670CB00009B/1177